台灣建國

和台灣人共同走過的四十七年

宗像隆幸 著

楊鴻儒 譯

李登輝序

台灣變成自由、民主國家，國民成爲台灣的主權者只有十多年而已。在此之前，都是外來政權統治的歷史，因此，可謂台灣人首次成爲台灣的主人。以往常有稍微批判政權就會被逮捕、被處嚴刑的情形，因此，我們在夜晚都不能安心就寢。就是這樣，當我就任總統推行民主化時，台灣人都熱烈支持。否則，就不可能排除國民黨保守派，遂行民主化。但是，在台灣人中，有不少人早已忘記那種苦難的時代，不了解那種恐怖時代的年輕人也不少。

中國的威脅持續增強，而且也有呼應的勢力，台灣正面臨存亡的危機。國家一旦失去獨立，自由和民主就隨之消滅。台灣人如果無法體認到這種危機，就不能團結一致，保護國家的獨立和民主。這種危機不啻是台灣的危機，也是全體東亞的危機。尤其，在地緣政治學上，台灣與日本是命運共同體，因此，我希望日本人也應該充分認識才好。只要閱讀本書，應該就能充分理解這些問題。

宗像君爲了台灣的自由、民主奉獻大半輩子的人生，就是對自由主義具有堅定的信念，同時認識到台灣和日本是命運共同體所致吧！據聞，本書發行日文版的同時，也在台灣發行中文版。但願有更多的人讀到本書。

二〇〇八年正月

自 序

二〇〇六年，從日本前往台灣的人士約有一百二十萬人。從台灣前往日本的人則約有一百三十五萬人。據說約16%的日本人曾經訪台，因此對日本人來說，台灣可說是親密的鄰國吧！台灣的人口是日本的五分之一弱，因此以人口的比率來看，從台灣前往日本的人比從日本前往台灣的人大約多了六倍。依據這個數據，可佐證台灣是最親日的國家。

台灣豐饒富裕，物價低廉，治安也良好，但如此安定和平的日子能夠持續多久呢？這是完全沒有保障的。中國片面主張台灣是中國的領土，恫嚇如果不答應統一，將不惜使用武力，並以驚人的速度增強軍力。

打從毛澤東時代起，中國就以取得東亞的霸權，變成能夠和美國相抗衡的強國爲目標。占據南海多數島嶼的中國，在十六年前的一九九二年制定以南海大部分島嶼爲自國領土的領海法，這是中國的片面性決定。但是，如果中國實際控制南海，則濱臨南海諸國、日本視爲生命線的海上交通線將盡被中國所控制。台灣位於海上交通線上的要衝，中國一旦占據台灣，它就能控制南海入口的台灣海峽和巴士海峽，南海也就變成中國的內海。對中國而言，併吞台灣就等於取得東亞的霸權。美國也體認到台灣的重要性，因此在一九七九年和中國建立邦交，而和台灣的蔣經國政權斷交時，爲了防衛台灣而制定台灣關係法。

然而，因伊拉克問題而陷入泥沼的美國布希政權，卻對中國一再讓步。令人憶起自一九三八年的慕尼黑會議以來，英國一再對希特勒讓步，終於導致爆發二次世界大戰的往事。美國依據中國的意思處理有關台灣的問題，這從美國反對台灣加盟聯合國的事實即可證明。聯合國憲章的第一條（聯合國的目的）第一項明記：爲了保衛國際和平，禁止使用武力的威脅與侵略，第二項是倡導以人民的同意權與自決的原則爲基礎，強化世界的和平。如果台灣加盟聯合國，中國就不能對台灣以武力進行露骨的恫嚇。如果中國對台灣行使武力，就會受到國際性的制裁。

但是，如果像現在這樣縱容中國對台灣的蠻橫態度，勢必大大提高在台灣海峽爆發戰爭的危險性。一旦在台灣海峽爆發戰爭，就有發展成爲比第二次世界大戰所帶來的災害有過之無不及的核武戰爭的可能性。爲了抑制中國的狂飆，必須將台灣視爲和其他國家一樣的普通國家來對待，讓台灣加盟聯合國，參加國際社會。

宗像 隆幸

二〇〇七年十二月

目次

第二章　專制獨裁政治終焉

第三章　台灣的民主化

第四章　民主進步黨政權成立

第五章　面臨存亡危機的台灣

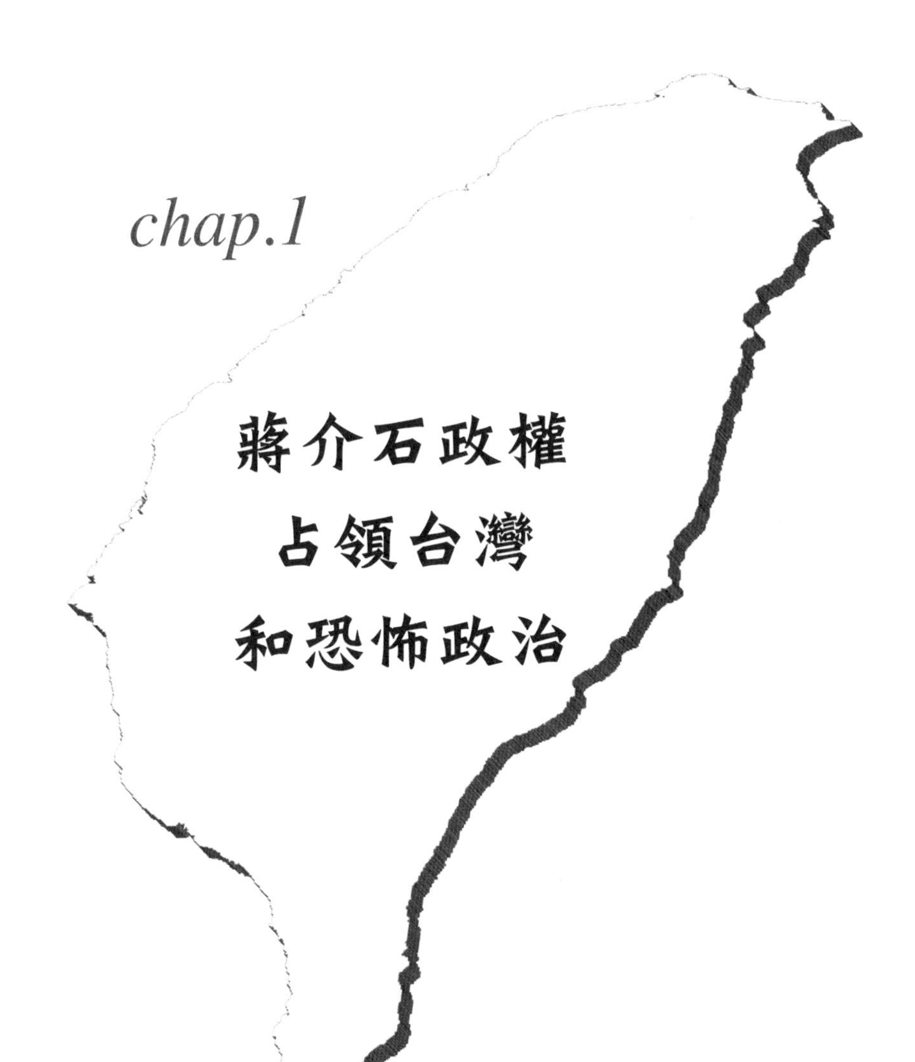

chap.1

蔣介石政權占領台灣和恐怖政治

1. 利用恐怖政治的統治

一九五九年末，在我居住的東京學生宿舍裡，也住了一位台灣的留學生。他就是現在擔任台灣駐日代表（日本和台灣之間沒有正式的邦交，因此不稱呼爲大使，不過事實上是大使）的許世楷博士。和他聊天，聆聽他的敘述後，初次得知戰後台灣的慘狀。

一九四五年，因日本戰敗，以蔣介石爲領袖占領台灣的中國國民黨政權，將台灣視爲戰利品，爲所欲爲地進行掠奪，台灣人稍有抵抗便遭殘酷的報復。台灣話和中國話（北京話）是完全不同的語言，當時的台灣人幾乎沒有人會說中國話，根本就無法和中國人溝通。台灣人的不滿因此更加高漲，另一方面，隨著時間的經過，兩者間的緊張，升高到一觸即發的狀態。中國國民黨軍占領台灣一年半後的一九四七年二月二十七日，中國國民黨的緝私官員在台北市向販售私菸的一位女性施以暴行沒收她的香菸，周遭目睹這情景的人，紛紛大聲抗議，結果緝私官員開槍擊斃一人後逃逸。翌日，耳聞這消息的群眾麇集在台灣行政長官公署（譯按：現在的行政院）前的廣場抗議，卻始料未及遭到機槍掃射，造成很多台灣人的死傷。對於這種殘酷劣行備感憤慨的群眾，占據台北廣播電台（譯按：現在的二二八紀念館），大肆報導事件的發生，結果在台灣全島紛紛發起抗議運動，有幾個地區發生和中國兵的激烈戰鬥。被委任統治台灣的陳儀行政長官向中國的蔣介石要求援助，當援軍登陸台灣後，中國兵不分青紅皀白地大肆殺戮台灣人。而且，爲了壓制台灣人的抵抗力量，陳儀有計畫地殺害台灣人的領導人士。這就是殘殺二萬至三萬台灣人的二・二八事件。

直到今日，我還是無法忘卻許世楷痛切的話：「日本被美國占領眞是幸運。台灣被中國占領卻是悲慘不斷。」一想到終戰前後的事，過往的回憶就如泉湧般不斷湧現。在我小學三年級即將終戰的某夜，家人驚慌說著「鹿兒島燃燒起來了」，而逐一喚起家人起床。我穿上擺放在枕邊的衣服，戴好防空頭罩後，和家人一起爬上附近的高地。鹿兒島市方向的天空，已被浸染成一片鮮紅。目睹這一片混亂，不知眺望了多久的時間。黝黑的烏雲，如匍匐在地般不斷向我們推湧而來。好臭哦！我們居住的鹿兒島縣地方都市（現在的大口市），距離鹿兒島市有五十公里遠，但燒夷彈的油燃燒的燃渣卻如雲狀四處流淌籠罩在我們的頭上。於是，我們又急急忙忙回家。轟炸事件發生後不久，就讀女子中學的阿姨（母親的妹妹）激動說道：「今天，校長對我說：『如果美軍逼近而來，就來我家。我用日本刀砍掉妳的頭。』」聞言的祖母斜睨她一眼。這是表示不可以因小事就慌亂無主的責備眼神。接下來整個小鎮變得靜寂暗沉，感覺宛若陷城前的城市。當時，沖繩已經被美軍占領，而且美軍即將登陸九州南部的傳聞不斷，國民無不高喊著「一億玉碎」。留在家裡的男子只有我一人，當時母親還年輕，因此由祖母負責管理一切的家事。明治二十年代出生的祖母，仍然保有強烈的所謂「武士之女」的意識，而且，戰爭的對手是人稱「鬼畜美英」，既野蠻又殘酷的傢伙，因此，擁有一旦戰敗當然是自戕而亡的覺悟。但是，目睹戰後來到當地的美軍，只是駕著吉普車來來去去，不曾耳聞美軍有何爲非作歹的劣行。不僅如此，更發放美軍的物資，配給牛肉或咖哩炒飯罐頭等給一般民眾，因此，讓人們感到安心的同時，心裡也爲了無法激起對美軍的怨恨而備感沮喪。因爲有這樣的經驗，因此對「日本被美國占領眞是幸運」的言語，留給我很強烈的印象。

中國國民黨的殺戮，並非二・二八事件後就結束。因爲和中國共產黨的內戰，使中國國民黨的敗勢大增，因國民黨中向共產黨倒戈的人陸續出現，在台灣，並沒有台灣人和中國人的分別，被懷疑有投靠共產黨可能性的幾萬人，不是慘遭國民黨的濫殺，就是鋃鐺入獄。一九四九年五月十九日，台灣宣布戒嚴令，凡是有反政府之可能性的嫌疑者，在秘密軍事審判上遭到處刑均被合法化。取締叛亂罪的懲治叛亂條例，有所謂「散布流言蜚語、攪亂治安民心者，處以七年以上有期徒刑」、「利用文字、圖書、演說進行對叛徒有利宣傳者，處以七年以上有期徒刑」的條項。這是最輕的徒刑，企圖顚覆政府者，只有死刑一條。幾個特務機關在台灣各角落撒布監視網，被認爲略有嫌疑者，均毫不容赦地加以逮捕。

在經濟方面的掠奪一樣激烈。日本人留在台灣的資產，無論國有資產、私有企業、個人財產，悉數遭到國民黨沒收，其金額，聽說高達台灣總資產的六成。國民黨政權大量印刷台灣銀行券，使用這些紙幣購買台灣所有的稻米或砂糖等，然後把這些物資輸往中國販賣，大賺一票。當然，這一定會引起嚴重的通貨膨脹，於是在一九四九年六月十五日發行新台幣，兌換舊台灣銀行券，進行縮小貨幣面值單位的政策，兌換率是一比四萬。戰後的日本也曾引發通貨膨脹，不過這時期的通貨膨脹只有幾百倍。所謂四萬倍的激烈通貨膨脹，完全是占領台灣的中國人掠奪台灣人所引發的。

一九四九年十月一日，中華人民共和國成立，國民黨的官僚和軍人等大舉亡命到台灣。據說，第二次大戰後渡海來台的中國人，大約有二百萬人。終戰時的台灣人口約有六百萬人，因此，台灣的人口瞬間暴增爲八百萬人。台灣人非供養他們不可。中國話已經被指定爲國語，在公共場所禁止使用台灣話。台灣的歷史或文化被看成是無價値的東西，學校所教的只有中國的歷史和文化。爲了壓制台灣人的不滿，國民黨進行徹底的恐怖政治。國民黨所實施的恐怖政治，台灣人稱之爲白色恐怖。所謂恐怖主義一詞，原本是指法國革命時，政治的激進派所進行的恐怖政治，因此所謂白色恐怖是精確的用語。白色恐怖是如國民黨般的極右政權所施行的恐怖政治，而赤色恐怖則是如共產黨般極左政權所進行的恐怖政治。

一九五〇年占領西藏的中國共產黨，強制西藏人使用中國話，禁止說西藏語，強制接受中國文化，意圖抹殺西藏文化。對這種種措施大感不滿而群起反抗的西藏人，招致毫不容赦的入獄、殺戮的命運。這就是赤色恐怖。

中國國民黨和中國共產黨，被稱爲雙胞胎。中國國民黨之所以能夠短暫握有中國的領導權，完全拜史達林時代蘇聯共產黨的指導、援助所賜。中國共產黨，原本就是蘇聯共產黨外圍組織共產國際的中國支部。蘇聯共產黨，是中國國民黨的養育父母，對中國共產黨而言，則是懷胎十月的親生父母。兩者被稱爲雙胞胎而有如此相似的性質，是想當然耳的事。現在由恐怖主義集團所做的恐怖行動雖是威脅，被視爲重大問題，但是，獨裁政權所進行的恐怖活動，不僅使用國家預算，更動員特務機關或警察、軍隊等組織來進行，因此威脅可謂更大。

2. 台灣留學生所推行的台灣獨立運動

因安保鬥爭引起東京軒然大波的一九六〇年的春天，許世楷面帶興奮表情對我展示名爲《台灣青年》的日文雜誌創刊號。台灣的留學生組織所謂台灣青年社（台灣獨立建國聯盟日本本部的前身）的台灣獨立運動團體，這份雜誌就是該團體的機關雜誌。

我在大學是專攻經營經濟，但完全不用心於大學的課業，反而熱中閱讀翻譯成日文的古代希臘、羅馬人所寫的書籍，是徹底的自由主義者，因此，認爲爲了在獨裁者統治下的人民爭取自由而奮鬥，是理所當然的事。也許我對許世楷說過，爲了贏得自由應該像古代希臘人那樣賭上性命奮鬥到底。之後不久，參加台灣青年社的許世楷，在一九六一年的夏天，開口請我幫忙《台灣青年》的編輯工作，我也欣然接受所託。成爲台灣青年社中心人物的是王育德（明治大學教授、文學博士，已故）以及現任台灣獨立建國聯盟總本部主席的黃昭堂（筆名黃有仁，昭和大學名譽教授、社會學博士）。一位曾在台灣的大學留學過的日本人也參加，他使用很多筆名在《台灣青年》發表眾多的論文，最初使用的筆名是鄭飛龍，因此被稱爲「鄭氏」。至於我，是以宋重陽爲筆名，而被喚爲「宋氏」。宋和宗像的宗類似，日文發音也相同，而我的生日是在九月九日的重陽節，於是以此爲筆名。

王育德是黃昭堂在台灣的台南一中學生時代的老師，因此稱呼王老師，不過，其他的台灣盟員，彼此僅以本名或筆名稱呼。王育德的書齋就是《台灣青年》的編輯室，台灣青年社的會議也是在此召開。台灣青年社的盟員漸增，不過聚集在王宅的盟員頂多十幾人，其他是屬於秘密盟員，並不會接近王宅。以推翻國民黨占領政權，在台灣建立自由民主獨立國家爲目的的台灣獨立運動，在國民黨法律上是該當叛亂罪的。國民黨規定「意圖以非法的方法顛覆政府而著手實行者，處以死刑」，因此，如果被國民黨得知是參加獨立運動者，就無法返回台灣，而且，對台灣的家人施加壓力的情形也不少。

王育德經常強調：「今後大家一定要努力取得碩士、博士學位。如果成績不好導致日本滯留權被取消，而遭到強制遣返台灣，問題就嚴重了。屆時一定是直接逮入監獄。因此，大家更要努力學習日語。禁止在這裡說台灣話。」這一世代的多數台灣人，說起日本話絕不會拗口難言。因此，即使是不擅於言語的我，也馬上就和大家變成親密的朋友。儘管會說日本話，但撰寫又是另外一回事。王育德專門幫忙潤飾修改大家所寫的《台灣青年》的原稿，這是要用日文寫文章時很好的學習法。二、三年後，潤飾大家的文章變成我的工作，這份作業一直持續到二〇〇二年月刊《台灣青年》以第五〇〇號停刊時，前後將近四十年。

在日本成立台灣青年社的時期，在美國或加拿大、歐洲的台灣留學生也開始展開獨立運動。他們來到自由的國度，痛感台灣的異常性。其後，李登輝總統（當時）和司馬遼太郎在對談中，提及當時的台灣知識份子「夜裡也難以安心就寢」[1]，儘管不曾有過任何反政府的言行，也爲了不知何時會莫名其妙遭到逮捕而深感畏懼。例如《台灣監獄島》的作者柯旗化[2]，是以政治犯的緣故遭到二次逮捕，在獄中悠悠過了十七年，二次入獄都是因爲冤罪遭到逮捕的朋友，受不了要求道出同夥姓名的嚴酷拷問，而舉出他的姓名使然。台

1 司馬遼太郎著，《台灣紀行》（一九九四年，朝日新聞社刊）。

2 柯旗化著，《台灣監獄島》（日文，一九九二年，EAST PRESS 刊），二〇〇五年台灣的第一出版社發行翻印版。

灣民主化之後，我認識了很多台灣的前政治犯，但從未聽過有實際參與反政府活動的人。明知是冤罪，卻照樣把多數的知識青年視爲政治犯加以逮捕，這就是國民黨要讓台灣人時時懷有忐忑恐懼之心，以完全柔順服從國民黨的惡政。

自從開放大學或專科學校畢業，服完兵役，考取留學考試的人留學海外後，台灣的知識青年競相出國留學。其中的多數，與其說是爲了讀書，毋寧說是爲了脫離所謂「台灣監獄島」或「沒有鐵框的牢獄」的恐怖島嶼。當時，台灣的政府機關或學校的要職，幾乎都被中國人獨占。大多數的大企業也是前日本企業，要職均由中國人獨占，因此，台灣的知識青年根本沒有好的就職地方。爲了轉移他們的不滿，國民黨政權便開放優秀青年留學。不過，家屬不可以匯款給留學生，因此，沒有申請到外國大學獎學金的人，就一定要一邊兼差打工，一邊上研究所，以取得碩士或博士的學位。在美國取得博士學位（Ph.D.）的台灣人，有數萬人。儘管有這麼多的留學生，但投身參與台灣獨立運動的人，卻只有極少數的一部分人。爲了課業和賺取生活費而沒有多餘的時間，是最大的理由。但是在很多台灣留學生的大學裡，都有國民黨爲了監視他們而送來的特務學生，也是理由之一。特務學生從國民黨領取學費或生活費，然後將有反國民黨言行的留學生的報告寄送給國民黨的特務機關。現在，這些特務學生都占有國民黨的要職。

3. 美國對台政策的大失敗和初期的台灣獨立運動

最初開始發動台灣獨立運動的，是因一九四七年的二・二八事件脫逃到香港的台灣知識份子。他們對美國的政府或有力的國會議員，陳訴國民黨政權暴虐統治台灣的狀況，要求美軍信託統治台灣。這是因為蔣介石政權占領台灣，是依據聯軍最高司令官的命令所致。

日本簽署投降文件的一九四五年九月二日，麥克阿瑟聯軍最高司令官也發出一般命令第一號的命令。這是針對在亞洲、太平洋各地區的日軍，指定投降對象的命令。例如，對滿洲或北韓等日軍所下的，是向蘇聯遠東軍最高司令官投降的命令。對中國或台灣等地的日軍所下的，是向蔣介石委員長投降的命令。日本或南韓等地的日軍，則是接到向美國太平洋陸軍部隊最高司令官投降的命令，不過，這是身為聯軍最高司令官的麥克阿瑟，下令日軍向美軍部隊司令官的自己投降。依據這道麥克阿瑟命令，接受日本投降的最高司令官所屬的國家，在日本和同盟國簽訂和平條約日期生效之前，是以做為同盟國的信託統治領土來統治各地區。因此，並非依據這項事實就讓滿洲或北韓變成蘇聯領有，或讓日本或南韓變成美國的領土。原本就是中華民國領土的大陸又另當別論。至於屬於日本領土的台灣，是不能因此而變成中華民國的領土的。如果聯軍最高司令官取消對蔣介石所下達的命令，那麼美軍在占領台灣時，就能夠把台灣置於美國的信託統治下。因此，在香港的台灣獨立運動人士所採取的手段，絕非是無的發矢。

台灣的不幸，是來自美國羅斯福總統一時心血來潮讓蔣介石占領台灣所致。在柯喬治所著的《被出賣的台灣》[3]一書中，對此事情的經緯有詳細的敘述。柯喬治在戰前是擔任台北一中（譯按：現在建中）和台北高等學校的英語教師，也懂日語，在二次大戰中，他被美軍錄用爲台灣調查班的負責人。美國海軍預定占領日軍南方作戰的後方基地台灣，俾使孤立南方的日軍。柯喬治率領日裔美人的多數部屬組織「台灣的戰略性調查班」，爲了在占領台灣後可供司政官參考而製作精密的「民政手冊」。

但是，在開戰初期擔任美國遠東軍司令官防衛菲律賓的麥克阿瑟，受到日軍攻擊，於戰況陷入不利時，便遺棄大軍，且留下一句「I shall return」（我將回來）就逃命到澳洲，因此矢志要奪回菲律賓。美軍是因海軍和陸軍的意見對立，但羅斯福最後採納了麥克阿瑟的意見。如果是採納海軍的意見，台灣也許會因美軍的攻擊而蒙受極大的損害，不過在大戰後產生的殖民地獨立的大潮流中，在世界各地的殖民地當

3　柯喬治著，《被出賣的台灣》（蕭成美譯，二〇〇六年，同時代社刊），George H. Kerr的《FORMOSA BETRAYED》一九六五年在美國出版，這一次初次在日本出版。

中，最進步的台灣或許能夠最先完成獨立。

柯喬治以蔣介石政權不僅腐敗，而且欠缺統治如台灣般進步又複雜的經濟社會的人才為理由，提倡將台灣置於國際管理下。但是，蔣介石不僅對羅斯福要求增加更多的軍事、經濟援助，甚且暗示要和日本單獨講和。一九四三年十一月，在開羅舉行羅斯福、邱吉爾、蔣介石的同盟國三首腦會談席上，羅斯福為了給予蔣介石安慰和勇氣，於是表明台灣和澎湖歸屬中華民國的意圖。三首腦會談結束後，在發表的新聞公報上載明：「同盟國的目的是……滿洲、台灣以及澎湖等日本從清朝所盜取的所有地區，一概歸還中華民國。」這是以所謂開羅宣言的誇大名稱來發表，但不像條約或協定般具有分量的共同聲明。如果眞是如此，當然會留下三首腦簽署的文件，但根本就不存在這樣的文件。這只是為了報導有關的人員所發表的新聞公報而已。

台灣和澎湖並非是日本盜取的，而是在一八九五年日清講和條約上，清朝讓渡給日本的領土，在國際法上被承認是日本的領土。不是美國的領土，也不是英國領土的台灣和澎湖，不是美國總統或英國首相能夠擅自處分的國土。可是，因為這份新聞公報，美國讓蔣介石占領了台灣（含澎湖）。因為羅斯福輕率的失敗，不僅讓台灣人喪失獲得自由的良機，甚至變成「美國在日本投下兩顆原子彈，而在台灣是投下蔣介石」，成為台灣人怨聲載道、痛不欲生的根源。蔣介石宣稱，依據開羅宣言，台灣成為中華民國的領土，於是在一九四七年十二月施行中華民國憲法時，立即將該憲法適用於台灣。占領日本的美軍，將依據他們自己所擬定的原案做成的日本國憲法，在大日本帝國議會上通過，但蔣介石的做法像是把美國憲法適用於日本一樣。在一九五二年四月二十八日生效的舊金山和平條約上，載明日本放棄台灣，卻未決定其歸屬，台灣在國際法上的地位是處在未定的狀態，並非變成中華民國的領土。以國際法來看，現在台灣所施行的中華民國憲法是無效的。

一九四九年中華人民共和國成立時，在香港進行獨立運動的台灣人當中的親共派，倚靠中國共產黨而前往北京，反共派則渡往日本。來到日本的人，以從戰前就住在日本的台灣人為基盤，繼續進行獨立運動，一九五五年，推舉廖文毅為總統，設立台灣共和國臨時政府。他們的運動仍然倚賴美國，期待能夠將台灣置於聯合國的信託統治下。聯合國是以和日本或德國等戰爭的同盟國為中心所組成，因此，可以將同盟國和聯合國視為相同。但是，在舊金山和平條約生效的同時，對日同盟國便解散，以同盟國之一員占領日本的美軍，變成是依據日美安保條約成為同盟國而駐留在日本的形態。因為對日同盟國早已不存在，因此，原本的臨時政府的運動方針是不可能通用的。蔣介石政權是聯合國安全保障理事會的常任理事國，因此，不可能將台灣置於聯合國的信託統治下。來到日本的台灣留學生，有別於臨時政府而組織另外的獨立運動，就是希望不是以原先那樣倚賴外力，而是以啓蒙台灣人，想以台灣人自己的手達成台灣獨立。最後，臨時政府遭到多數的國民黨特務滲透，引起內部瓦解，一九六五年，廖文毅向蔣介石政權投降，回到台灣。

4. 台灣簡史

台灣絕非蕞爾島國。台灣的面積是三萬六〇〇〇平方公里，人口約有二三〇〇萬人，和吐瓦魯相比較，面積是一四〇〇倍大，人口是二三〇〇倍多，和諾魯相比較，面積是一七〇〇倍大，人口是一八〇〇倍多。台灣的領土面積，比二十一個小國的合計面積還要大，人口是一九二個聯合國加盟國中相當於四十九位左右。二〇〇六年台灣的國民總生產毛額（GNP）約三六〇〇億美元，平均每人約一萬五七〇〇美元，在世界上占第二十四位。在經濟上，台灣亦非小國。

今日的台灣，無論文化、經濟都已經是進步的先進國家，但出現在世界史上卻很晚。台灣的原住民，是廣泛分布於太平洋的馬來・波里尼西亞語族。他們在幾千年前就以星座判別方向，利用裝置三角帆的巨大獨木舟自由自在地航行於太平洋。馬來・波里尼西亞語族，東到南美的伊斯特島，南到紐西蘭，西到非洲的馬達加斯加島，北到台灣，分布極廣，而且，北上的人們也許成爲沖繩等南西諸島或日本列島的原住民。台灣自古就有和九州以及南西諸島的交流，不過，日本人注目台灣，是日本的貿易船隻進軍東南亞的十六世紀時期的事。從與那國島就可以看見，距離相當近，足足有沖繩島三十倍大的台灣，在之前受到漠視，完全是瘧疾等風土病蔓延，沒有交易對象所造成。台灣的原住民遺跡，留有六千年以上的古跡，雖同樣是馬來·波里尼西亞語族也有約二十個的小民族集團，彼此語言不通，渡海來到台灣的時期也不同，各自形成村落國家。

南北狹長的台灣，有超過三千公尺的大山脈連綿貫穿，把島嶼分成東西，比富士山高的山有六座。生存環境堪稱嚴酷，聽說十七世紀初的原住民人數，只不過數萬人而已。

一六二二年，荷蘭東印度公司的軍隊占領部分的澎湖，和明朝發生戰爭。澎湖是距離台灣的西海岸只有五十公里遠的小島嶼，但有很多可做爲港口使用的海灣，多數的島民都從事漁業。以印尼巴達維亞（現在雅加達）爲根據地的荷蘭東印度公司，一六〇九年在長崎設立分公司，和日本進行交易，因此希望當中有轉運點。荷蘭和明朝交戰八個月後，雙方以「荷蘭從澎湖撤退。明朝對荷蘭占領台灣不提異議」爲條件，簽訂停戰協定。台灣的面積有澎湖的二八〇倍以上，然而卻簽下如此的協定，這是明朝不認爲台灣是自國的領土，對台灣不表關心所致。

一六二四年，荷蘭軍登陸現在的台南，不曾遭到抵抗。這地方除了原住民之外，也居住從中國渡海而來的數千名漢族以及從事交易的少數日本人。台灣不僅是連接歐洲或東南亞和中國、日本的絕佳轉運點，也是砂糖與鹿皮的生產地。當時在製作日本武士胄甲等會使用大量的鹿皮，大多數都是從台灣的原住民取得。但不久後，因德川幕府的鎖國政策，日本人紛紛離台。

荷蘭計畫把台灣做爲殖民地來開發，於是從中國招來多數的勞工到台灣。儘管台灣風土病蔓延，但明朝陷入末期的混亂狀態後，百姓爲了謀生，從中國渡海來台的人漸增。因荷蘭人的苛斂誅求，使漢人移民大大不滿，結果，在一六五二年，發生以郭懷一爲領導者的大規模叛亂。

一六四四年，滿洲的清軍越過萬里長城侵攻明朝，占領北京後，明朝就此滅亡。但是，明朝重臣中有人以復興明朝爲目標，持續與清朝作戰。其中一人就是鄭成功，他爲了把台灣做爲後方基地，在一六六一年四月率領二萬五千名士兵攻打台灣的荷蘭軍。翌年二月，荷蘭軍和鄭成功簽訂停戰協定，撤回到巴達維亞。不知是否因台灣的風土病，鄭成功在這一年以三十九歲猝死，兒子鄭經後繼，持續抵抗清朝。

一六七九年，清朝向鄭經提示如下的和平條約：「台灣原本就不是中國的領土，是貴輩父子開拓的，但閣下卻不安於台灣，時時和本朝對抗，是否對故鄉念念不忘呢？……如果閣下繼續留在台灣，就可以停戰。從此以後，不再侵犯中國。……期盼台灣能夠變成像朝鮮或日本那樣。」

此時，如果鄭經接納清朝的和平提案，或許台灣就變成獨立國家。可是，鄭家政權內部固執於中國的勢力很強，根本不接受清朝的提案。一六八一年，鄭經以四十歲病歿時，鄭家政權陷入內亂狀態，一六八三年，鄭家政權被清朝的水軍潰滅。不過，清朝的目的不在統治台灣，而是要滅絕抵抗清朝的勢力，因此，預計把居住在台灣的漢族強制遣返中國，然後放棄台灣。但是，滅絕鄭家政權的水軍提督施琅表示，如果放棄台灣，荷蘭等又占領台灣，一樣會威脅清朝，因此，反對放棄台灣。清朝採納施琅的意見，保持台灣屬於清朝的狀態，但沒有計畫開發台灣。這時候，聽說台灣的漢族已經有二十五萬人，但清朝禁止他們從中國招來家族到台灣，嚴格限制從中國渡海來台，容許來台的僅限於少數的單身男性。清朝以三年輪替派遣軍隊和官員來到台灣，採取只要台灣不被他國占領，或者成爲海賊根據地即可的處置態度。即使如此，偷渡來台的人絡繹不絕，以致台灣人口持續增加，開墾地也逐漸擴大。從清朝派遣來台的官員，在任期中以擴增私囊爲目的，不斷對百姓苛斂誅求，因此，所謂「三年一小反、五年一大亂」的叛亂不絕。

一八七一年，琉球船漂流到台灣南部，六十六名船員中有五十四人遭到牡丹社原住民殺害。日本政府向清朝抗議，但清朝卻以台灣原住民爲「化外之民」的理由不肯負責任。這等於是說原住民不是清朝的國民，他們居住的「化外之地」亦非清朝的領土。於是，日本政府派遣軍隊對牡丹社原住民報復。清朝認爲這樣下去會很不利，因此支付日本政府日軍遠征台灣的費用。結果，日本政府承認台灣全土是清朝的領土。從此以後，清朝轉變姿態，積極開發台灣，可惜並未長久持續。

一八九四年，朝鮮發生東學黨之亂，日、清兩國分別派兵到朝鮮，甲午戰爭於焉爆發。無論陸戰、海戰，日軍都壓倒性勝過清軍，翌年四月十七日，兩國簽訂日清講和條約。

條件是，清朝放棄對朝鮮的宗主權，承認朝鮮完全獨立，清朝對日本則是割讓台灣、澎湖和遼東半島，並支付賠款。可是，俄羅斯、法國、德國等三國立即出面干涉這項條件，日本在放棄取得遼東半島後，日清講和條約於五月八日成立。

台灣割讓給日本的消息傳來後，駐在台灣的清朝官員和部分的台灣富豪，迫不及待地攢著所能攜帶的財產往中國逃亡。就在此時，法國的巡洋艦航行來到台灣。台灣的有力人士，和法國的海軍軍官商討有否取消將台灣讓渡給日本的方法。對此，一位軍官提示依據民意在台灣創建民主共和國的意見。駐在台灣的歐洲人當中，似乎也有人提出相同的提案。台灣的有力人士便採納這建議，於五月二十五日以台灣的清朝最高官員唐景崧巡撫為總統，舉行台灣民主國的獨立儀式。

可是，五月二十九日，日軍登陸台灣東北端的澳底，擊潰清朝的守備軍，迫近到台北時，清軍一路潰敗，紛紛逃入有城壁圍繞的台北，且肆無忌憚地進行掠奪或姦淫、放火等狼藉的惡劣行徑。六月四日，唐景崧放棄軍隊逃離台北時，殘敗士兵的狼藉狀態極度升高。六月七日，日軍未受抵抗下進入台北城，台北的混亂終於得以平息。清朝的官員或軍人在找到能航行到中國的船隻後，片刻也不留地逃離台灣，但是，日軍開始南進時，卻遭遇頑強的抵抗。台灣人為了保衛自己的故鄉，組成義勇隊與日抗戰。台灣人有組織的抵抗以無效告終，台灣民主國也隨之在十月十九日宣告滅亡[4]。因抵抗的戰鬥導致日軍陣亡者有一六四人，然而因病死亡者卻超過二十八倍，足足有四六四二人。其中大半是因瘧疾而亡[5]。

中國歷代王朝幾乎都不表關心的台灣，日本的領導者卻體認到它在地緣政治學上的重要性。了解台灣一旦在歐洲的海洋國家統治下，日本南西諸島的防衛勢必陷入困難，而且，日本也清楚一旦開發台灣，必然可以變成豐饒的寶島。當時的先進國都擁有殖民地，以追趕歐洲先進國爲目標的明治政府，認爲在殖民地經營上也不能遜色於先進國。但是，確立台灣的治安乃爲第一要事。從取得台灣到一九〇二年的七年期間，台灣人的武裝起義頻發，日本的台灣總督在嚴厲鎮壓的同時，也援助遵從總督施政的人。其後，雖有零星的武裝起義，但大規模的武裝起義是以一九一五年所發生的西來庵事件爲最後一起。

之後，台灣人對殖民地統治者的鬥爭，變成以要求高度自治的合法鬥爭爲主流。一九二〇年（民國九年），以東京的台灣留學生爲中心組成新民社，創刊《台灣青年》月刊（一九六〇年台灣人在東京創刊的《台灣青年》，是繼承該雜誌名稱）。和他們聯手合作，翌年在台灣進行台灣議會設置運動。這是歐洲民族自決運動盛行的時代，日本也正處於「大

4　黃昭堂著，《台灣民主國的研究》（一九七〇年，東京大學出版會刊）。

5　王育德著，《台灣——苦悶的歷史》（一九七〇年，弘文堂刊）。

正民主」時代，因此，對台灣議會設置運動表示贊同的日本人也不少。可是，一九三七年爆發中日戰爭，軍國主義高漲，接著，日本便進入第二次世界大戰，台灣也完全被編入戰時體制內，以致沒有從事群眾運動的餘地。二十一萬名的台灣青年，以軍人或軍屬參加日軍，結果有三萬一千人陣亡。

但是，五十年日本統治時代下的台灣，文化、經濟的發展令人驚異，建立戰後台灣經濟發展的基礎。關於這一點，遠勝歐美諸國的殖民地經營。中國國民黨專制獨裁下的台灣，從小學到大學所教的「本國史」，幾乎只有中國史，根本就不教台灣史，有關於日本時代，僅以「日本殘暴統治五十年」一言就略過。但是，隨著台灣的民主化進展，在一九九七年，國中一年級用的教科書《認識台灣》[6]，便列舉許多例子來記述日本統治時代的台灣社會的重大發展。

改善衛生環境，普及有關傳染病的知識，根絕瘧疾、霍亂、傷寒等風土病，將台灣定爲熱帶醫學研究的中心。斷絕吸食鴉片的惡習。進行人口和土地的調查，改革不合理的土地制度。統一貨幣和度量衡。建設道路、港灣、鐵道，普及郵局，讓交通、運輸、通信變得更加便利。進行水利工程，大幅增加耕地灌溉面積。當中最有名的，是八田與一所設計、建造的嘉南大圳，灌溉面積達到十五萬公頃。進行稻米或甘蔗的品種改良，大幅增加生產量。普及教育，確立遵法

6 《認識台灣》的日文版是以《理解台灣》為題，在二〇〇〇年由雄山閣出版發行。

精神。整備都市，建設上下水道。在日本統治時代的末期，也進行重化學工業的建設。由於這些社會改革的結果，日本開始統治時的二六〇萬台灣人口，在五十年間增加到六〇〇萬人。

現在前往台灣，可以看到很多日本統治時代建設的建物。例如，規劃整齊行道樹繁茂的寬廣道路、現在做爲總統府使用的雄偉前總督府。極爲壯麗、現爲國立台灣大學的前台北帝大，不亞於日本的任何一所大學。我參觀過在台灣的舊制中學，比我在鹿兒島求學的市立中學或東京畢業的都立高中都還要出色。

日本統治時代的台灣，日本人和台灣人當然有差別，不過，並不像歐美人在殖民地所施行的人種差別那樣嚴重。歐美對殖民地的經營，專門是以統治者的利益爲目的，但在台灣，是以全體住民的利益爲主眼，謀求文化、經濟上的發展。關於這一類的問題，在黃文雄著的《台灣不是日本的殖民地》[7]有詳盡的說明。台灣或許是殖民地，但也許是最不像殖民地的殖民地，這應該是無庸置疑的。

7　黃文雄著，《台灣不是日本的殖民地》（二〇〇五年，WACK株式會社刊）。

5. 台灣之最不幸：美國總統甘迺迪被暗殺

我投身參加台灣青年社時，大家都擁有熾烈的熱情，各個充滿活力。韓戰終結後八年，以美國人對中國共產黨政權的憎恨漸淡為背景，美國對中國和台灣的政策即將發生變化。尤其在一九六〇年的總統選舉中，主張「台灣在聯合國代表全中國是謬誤的。台灣應該被認為是獨立國來承認」的民主黨約翰・甘迺迪，擊敗親蔣介石政權的共和黨理查・尼克森當選，我們相信在幾年內一定可以達成台灣獨立。

甘迺迪的主張，是把中國做為安全保障理事會的常任理事國加入聯合國，蔣介石政權則以代表台灣的一個加盟國留在聯合國。我們認為，這樣一來蔣介石政權就不能維持專制獨裁體制。在蔣介石政權代表全中國的虛構下，從中國逃命到台灣的國會議員不需要進行改選，為了保護自己的特權，他們一切依照蔣介石的命令來立法。此外，以持續和中國共產黨進行內戰的理由，蔣介石政權一直宣布戒嚴令，進行恐怖政治。如果中國和台灣都變成聯合國加盟國，那麼在事實上，聯合國就承認中國和台灣是不同的國家，而讓蔣介石政權的虛構無法在台灣繼續下去。如果蔣介石政權持續專制獨裁政治，那麼台灣人的不滿有可能爆發，引起第二次二・二八事件。果真發生此狀態時，蔣政權就無法像以前一樣從中國調來援軍鎮壓。而且，中國士兵都已高齡化，國民黨軍的年輕士兵幾乎都是台灣人，因此，很難利用軍隊的力量壓制台灣人的抵抗。

甘迺迪在就任總統演說中提出：「我們絕對不會忘記我們是那一次最初革命（美國獨立革命）的繼承者。……無論對我們懷有好意的國家，或持有惡意的國家，都要讓所有國家知道以下的事。我們爲了在世界上確保自由和勝利，不惜支付任何代價，承受任何的負擔，面對任何的苦難，援助任何的朋友，和任何的敵人作戰。」爲了追求自由和英國戰爭的美國獨立革命，和爲了追求自由與中國占領政權鬥爭的台灣獨立運動，基本上是同質的革命。因此，我們深信甘迺迪政權必定支持台灣人爲了追求自由所進行的鬥爭。

美國不是不了解蔣介石政權的腐敗和恐怖政治。美國爲了和日本作戰，給予蔣介石政權龐大的軍事、經濟援助，但是，二次大戰結束的翌年，便宣布終止對蔣介石政權的援助。在一九四九年八月美國國務院發表的「中國白皮書」裡詳細記載，蔣介石政權無能且極度腐敗，即使給予援助也無法挽救，以及在台灣的二‧二八事件時進行全面虐殺或有計畫虐殺知識份子等。但是，一九五〇年韓戰爆發，中國共產黨軍參戰，和美國對抗。美國以反共堡壘的理由，重新給予蔣介石政權援助。隨著和中共軍作戰時美軍的犧牲者漸增，美國人的反中共情感高漲，而出現所謂「蔣介石敗於中共，是潛入國務院的中共間諜唆使美國取消援助所致」的說法，於是出現一股擁護統治台灣的蔣介石政權做爲中國代表留在聯合國的暗潮。一九六三年十月，甘迺迪總統表明要修正如此扭曲歷史經緯的美國對中國、台灣的政策。但很不幸，十一月二十二日，甘迺迪總統遭到暗殺。這不僅是美國歷史上的悲劇，對台灣來說，也是眞正不幸的事件。雖然我們受到很大的衝擊，但相信聯合國的異常狀態終有一日非正常化不可，其後的美國總統一定會繼承甘迺迪總統的遺志。

6. 以研究活動爲中心的獨立運動

一聽到革命，可能有不少人馬上就聯想到恐怖活動或游擊隊。不過，我們的活動是很單純的，是以研究活動爲中心。在《台灣青年》的編輯會議上，是就夥伴所撰寫的原稿進行熱烈的討論。爲了達成目的，比任何事都更優先進行的，是推廣獨立運動思想，獲得更多的同志。爲此，在組成台灣青年社的同時，創刊機關雜誌《台灣青年》。

占領台灣的蔣介石政權，首先進行的，就是改造台灣人的意識。爲此，他們大力進行如下的宣傳：「中國國民黨和侵略中國的日軍持續進行了長達十幾年的苦戰，最後終於打敗軍國主義的日本，解放中國。台灣也因此才能夠復歸祖國，諸君也才能投入祖國的懷抱。可是，台灣人在五十年間因遭到日本軍國主義的奴隸化，全身浸染奴隸根性。你們必須學習偉大的中國歷史和思想，以拂拭奴隸根性。（有關中國國民黨被中國共產黨擊敗而逃命到台灣的事）我們不是敗在共匪（共產黨匪族、中國共產黨）手上。共匪是蘇聯共產黨的爪牙。我們在強大的蘇聯力量面前，不得不暫時撤退到台灣。可是，我們必須蓄積力量來反攻大陸，解放祖國。」然後，宣布共產份子和台獨份子都是不可原宥的叛亂份子，將給予嚴厲的處罰。

深知日本時代的台灣人，不可能被這樣的宣傳矇騙。空襲台灣各都市的是美軍，參加日軍的台灣青年作戰的對象也是美軍。眾所周知，被日軍圍堵在中國內地的中國國民黨之所以變成戰勝者，是美軍擊潰日本所致。在日本時代，法治業已確立，未經審判是不會遭到處罰的。但是，中國國民黨統治台灣以後，特務機關或警察隨心所欲地逮捕、處罰台灣人。在日本時代，官員絕不會收取賄賂，但是，現在如果不向中國國民黨的官員賄賂，就甚麼事都會受到掣肘，即使是法官或檢察官也都浸漬在賄賂裡。治安極為混亂，在日本時代是不上鎖也能安心就寢，但現在只上鎖還不夠，必須在門窗上安裝鐵格子才能稍微放心。

可是，儘管充分了解中國國民黨政權的腐敗和恐怖政治，但對於「因開羅宣言讓台灣變成中華民國領土」的宣傳，連大多數的台灣知識份子都相信，因此，質疑台灣獨立可能性的人頗多。再者，在歷史上台灣人不曾有過屬於自己的國家的經驗，因此，對於建立獨立國家欠缺自信的人也不少。必須極力說服這些台灣人，表示台灣的獨立是國際法上承認的台灣人的正當權利，台灣人也有建造獨立國家的能力。如此的理論活動，才是台灣獨立運動機關雜誌最大的任務，因此雜誌所登的必須是具有說服力的文章。爲此，必須從台灣的歷史開始學習，研究愚弄台灣歷史的國際政治或國際法等。在這時代我們夥伴的幾項研究成果，都一一付梓印刷成單行本，現在也被視爲經典名著備受好評[8]。

7. 日本劇場事件

當然，我們也不只是從事理論活動而已。雖然也寄送這份機關雜誌給留學歐美的台灣人，不過對於在日的留學生，夥伴以台灣時代的人脈爲線索，策動值得信賴、有參加獨立運動可能性的人加入。策動的結果，我們的盟友急遽增加，不過從整體留學生來看，也只不過是一部分而已。即使再三保證絕對保密，但一旦被國民黨察覺而遣回台灣，就會立即遭到逮捕，因此，他們的顧慮也是當然的事。

實際上，擁有蔣介石政權大使館員或領事館員身分的特

8 黃昭堂著，《台灣民主國的研究》、許世楷著，《日本統治下的台灣——抵抗與鎮壓》（一九七二年，東京大學出版會刊）、戴天昭著，《台灣國際政治史研究》（一九七一年，法政大學出版局刊），都是修改博士論文而成，就是在獨立運動的同時做為學術研究而開花結果的事例。其他，王育德著，《台灣——苦悶的歷史》、彭明敏、黃昭堂著，《台灣的法理性地位》（一九七六年，東京大學出版社刊）、黃文雄的多數著書等，獨立運動家的著書相當多。

務，使用特務留學生嚴密監視台灣留學生。不僅留學生，從戰前就住在日本的台灣人也被監視。因日本的戰敗，台灣人喪失日本國籍，因此除了歸化日本的人以外，他們必須擁有中華民國的護照。如果不被同意更新護照，就會變成無國籍人士，既難於滯留日本，也無法到外國旅行。不只如此，蔣介石政權對於擁有中華民國護照的人，如果沒有辦理回國簽證，就不允許入境台灣。沒有簽證就不能回到自己國家的制度，可能是一般人想像不到的事。蔣介石政權制定這種奇怪的制度來控制台灣人。從戰前就居住在日本的多數台灣人，都是從事商業，成爲小富豪的人不少。大使館員或領事館員利用這種制度向他們收取賄賂的話題不絕。

國民黨政權將十月十日的「雙十節」定爲國家最大的紀念日，以紀念推翻清朝、成立中華民國的一九一一年十月十日的武昌起義，在國內外大舉慶祝。在日本，蔣介石政權的大使館或領事館，也向台灣商人收取高額捐款，以俾舉行盛大的雙十節慶典。

這是我參加台灣青年社大約不出三個月時發生的事。廖春榮（筆名：廖建龍、農學博士）主張在東京的這次雙十慶典上散布催淚液，讓大使館人員驚愕。我們非常清楚，一旦發生這種事，警視廳最先搜查的就是獨立運動人士。而且，遭到逮捕的人一定會被強制遣返台灣。關於這一點，如果是日本人的我遭到逮捕，是不用擔心會被驅逐離開日本。於是，我立即擔起這項任務。當日，廖春榮交給我的，是從東京大學研究室帶出的催淚性農藥，裝入小塑膠袋用橡皮筋固定開口的物品。但是，我攜帶這農藥搭乘電車不久，就有乘客表示眼睛疼痛而引起一陣騷動，我見狀立即下車，用水沖掉催淚液。那時決定明年再來一次，這次我是把催淚液裝入口服液的容器裡，再用蠟密封蓋子的周圍。這次做好事前的準備。場所是日本劇場（有樂町站前，現在的馬力翁），在電影放映結束後舉辦慶典活動。這部片子是喜劇片，以熱鬧的阿波舞蹈場面結束。廖春榮表示已找到另一位協助者，交給我一瓶催淚液，並且要我轉告他，在電影放映到阿波舞蹈開始時就用牙籤戳開封口的蠟，把瓶內的液體倒在地板後馬上離開。一九六二年十月十日，這次順利達成任務。當觀眾喊著「眼睛好痛，可能冷氣發生故障」而走向出口時，我也一起跟著走出外面。東京警視廳徹底調查從事獨立運動的台灣人，但搜查徒勞無功。台灣留學生相聚一起時，無不痛快暢談這話題。

8. 陳純眞事件

台灣青年社的活動，是從《台灣青年》的編輯、發行開始，經過三年後，盟員增加，活動範圍也擴大。一九六三年五月，設置中央委員會，選出黃昭堂爲委員長，台灣青年社改稱爲台灣青年會。黃昭堂四處奔走募集資金，翌年一月，租借一棟位於新宿區信濃町站（國鐵）附近的獨棟房子，設立眾人引頸期盼的事務所。由於事務所內存放秘密文件，不能沒有人留守，於是我和廖春榮就搬進去住。決定每日二人的輪班，當班者要負責掃除以及餐點的準備。

圖一　在最初設立的獨立聯盟事務所前拍攝的公開盟員照片（1964年攝於東京）

開設事務所的一九六四年一月，戴高樂政權的法國，決定和中國建立邦交，和蔣介石政權斷交。開啓承認中國之路的前首相佛爾表示：「如同沒有二個法國一樣，不存在二個中國。問題在於台灣共和國和台灣政府是否存在，但是，台灣政權將自己政府稱爲中國政府，因此，不得不和這個政權斷交。」如果依現狀繼續下去，效法法國做法的國家必定陸續出現，台灣在國際上勢必被孤立。因此，可能會出現更強的國際壓力，要求蔣介石政權明確表示台灣和中國是不相同的國家。我們也期待出現這樣的狀態，而爲了獲得國際社會（尤其是美國）的理解，我們從一九六二年開始發行英文機關雜誌[9]。

一九六四年五月，依據盟員郵寄的秘密投票，選出新的中央委員十八人，在中央委員會上，黃昭堂蟬聯委員長，也決定宣傳部、組織部等各部門的負責人。大約經過二週，幾位台灣留學生接到一份郵寄的文件，其中竟記載了應該保密的新中央委員或執行部各部門主管的姓名。顯然，一定是有人受到中國國民黨的威脅，才會洩漏台灣青年會的秘密盟員、或提供資金援助者的名單。這表示在中央委員中有向國民黨通報的人，對我們來說，這是非常重大的問題。

黃昭堂、廖春榮和我等三人檢討該份怪文件的結果，整理出這個人的背景如下：他是知道參加中央委員選舉開票的人，但不知最初決定的一位執行委員的職位以後被變更。和這條件吻合的人，只有陳純眞一人。台灣青年社的主要幹部聚會，共商如何處理這件事。大家推測，陳純眞可能是因家庭狀況，在特務威脅之下才洩漏秘密。大家都有共識，只要陳純眞坦率告白，就避開最重處罰的公開除名。這件事即使公開了，對青年會也沒有任何利益。而且，透過陳純眞散布即使被拆穿獲知也無妨的情報時，對我們也是有利的。

9　一九六二年六月創刊《FORMOSAN QUARTERLY》，一九六四年二月改為雙月刊，並改稱《INDEPENDENT FORMOSA》，「FORMOSA」是台灣的別名。

六月二十二日夜，陳純眞被叫到事務所，由七人審問。談過我們的想法後，開始審問，陳純眞表示：「我絕對沒有背叛。我是男人，是台灣人。」聽到如此辯駁，性急的戴天昭（後來取得政治學博士）激動地拿起放在附近的小刀，二話不說就擲向陳純眞。我們立即加以制止，但他的肩膀已經受傷流血。這是開始審問僅經過數分鐘所發生的事。因爲受傷不是很嚴重，略經處置後又繼續審問。之後，陳純眞就坦率告白。他表示，擁有蔣介石政權駐日大使館文化參事頭銜的余承業特務，以逮捕在台灣臥病在床的陳父，且要讓他父親病死獄中，加上不同意延長他在東京行商的兄長以及妻舅的護照來要脅他。紀錄好陳純眞的口供後，就把他送到附近的慶應大學醫院接受治療，然後就讓他回家。

但是，陳純眞把這經過告訴特務，而特務也依此向警視廳告發我們。七月二十三日清晨，審問陳純眞的人的家裡被搜查後也隨即遭到逮捕。被逮捕的人有黃昭堂、許世楷、廖春榮、戴天昭、柳文卿、王南雄（假名）和我共七人，擔任委員長的黃昭堂被留置在警視廳，其他六人分別留置在東京都內的六個警察署。我是被留置在月島警察署，時值夏天，但從東京灣徐徐吹來的海風卻沁人心脾，拘留所的清潔、飲食也不差。假日以外，每日上午都有汽車接往警視廳接受調查，夕暮時分又送回月島署。承辦訊問我們的是外事二課，我們這七人，每人都有由數人組成的調查班在處理，承辦黃昭堂的班長是警官，其他是準警官。調查經過非常紳士化，我覺得和準警官的談話很有趣，反而覺得假日很無趣。和不斷拷問的台灣相比較，我們的調查宛如在天堂般。外事二課的關心，與其說是針對這件事，毋寧說是利用這機會了解台灣青年會是一個怎樣的組織。被拘留二十六日的我們，在八月十七日獲得釋放。我們全員都被起訴，判決結果只有戴天昭依傷害罪處以有期徒刑二年，其他人依監禁、強制罪分別被判處八個月至一年的有期徒刑，不過，全員都獲得三年的緩刑。

9. 張、林強制遣返未遂事件

我既然投身涉入台灣問題，就想親眼看看實際的台灣，但和幾個夥伴商量，大家都說這樣做太危險而反對。但我表示，如果以在日本參加在日本完全合法的運動爲理由逮捕我，就是向日本輿論宣傳蔣介石政權毒辣的好機會。結果，如我所願，台灣之旅順利成行。這是日本人海外觀光旅行剛開始的一九六七年的事，我是參加日本航空公司所主辦的，巡迴香港、澳門、台灣的團體觀光旅遊。台灣只有前往台北的行程，不過，我邀請在旅行中變成好友的舶來品店老闆一起共遊台灣一周。我們先巡迴東海岸，然後再到高雄，拜託計程車司機帶我們到「廉價的飯店」。辦好飯店的住宿手續後，我們二人就到街上閒逛，一直逛到聚集好幾百家攤位的攤販街，在其中一家吃完飯後就回飯店。

走到櫃台準備拿房間鑰匙時，有三名男性向我們方向走來，從我們身旁擦身而過。中央的男子不就是陳純眞嗎？他們調頭又往回走，默默從我的身旁通過。如果是像現在的電腦時代，應該在機場就知道我來到台灣。他們在檢查入境文件時發現了我，特務機關調查得知我到高雄，於是通知高雄的所有飯店，只要我辦理住房登記就馬上通報。爲了確認我的身分，帶來認識我的陳純眞，中國國民黨的特務機關眞是名不虛傳。從高雄搭乘火車上台北的這段期間，一直感覺到有監視的目光。我暗忖著，是否監視我的行動後，想在台北逮捕我嗎？回國當天的上午，突然有二名穿著西裝的男性闖進我住宿的飯店房間，對我大喊著「警察」。心裡想著，終於來了，他們對我說，「可以看看護照嗎？」看過我的護照後，只說些無關痛癢的話就走了。在我放下心頭大石的同時，也感到很失望。

八月二十七日，我回到東京。當時我們的事務所，已經搬遷到現在還在使用的新宿區的大樓。因爲是大樓，就不用擔心可疑的人能輕易侵入，也因爲工作增加，讓空間變得很狹窄，所以不再有人住在事務所裡，我是住在附近的小公寓。我把行李放進房間後，就馬上前往事務所。

嚴重的事情發生了。盟員林啓旭和張榮魁接到強制離境令，爲了強制遣返台灣而將二人收容在「入管」（法務省入國管理局）的品川事務所。八月二十五日被收容的二人，立即進行抗議絕食，在品川事務所的大門前也停了一輛張貼抗議橫布條的汽車，有八名夥伴在車內進行抗議絕食。張、林二人已經沒有大學學籍，導致以留學生身分認可的日本滯留權也喪失，這是「入管」的理由。但是很清楚地，這二人一旦被強制遣返台灣，必定會因叛亂罪受到處罰，這種非人道的做法引起日本輿論極大的沸騰。之前我苦思不出爲何中國國民黨沒有在台灣逮捕我的理由，至此終於明白。原來，他們已經想到，如果逮捕我，一定會讓日本的騷動更加擴大。八月三十日，日本的著名作家、學者、國會議員等四十七人，正式組成「張榮魁、林啓旭兩君保護會」。台灣青年獨立聯盟（一九六五年，將台灣青年會改稱）在二人遭到收容後，立即向東京地方法院提起訴訟，要求取消強制離境令，但八月三十一日東京地方法院已經下令給「入管」，在確定審判判決之前停止強制遣返。九月九日，二人獲釋。

10. 柳文卿強制遣返事件

從張、林事件我們就已經知道，獨立運動者一旦被強制遣返台灣，法院就會立即下達停止執行命令，因此，我們認爲「入管」不會再做出這種事。但是，這是很天眞的想法。張、林事件的翌年一九六八年三月二十六日下午四時，柳文卿爲了辦理旅居日本的必要手續，單獨前往「入管」，結果當場遭到收押。「入管」通知收押柳文卿，已經是法院下班後的五點半。我們商請曾協助張、林事件的水野清國會議員

（自民黨）調查的結果，得知「入管」預定在翌朝九點半，利用從羽田機場起飛的中華航空飛機，將柳文卿強制遣返台灣。在張、林事件審判時擔任辯護律師的大野正男律師（後來擔任最高法院法官，已故），和東京法院的杉本良吉審判長聯絡後，得知要趕在九點半以前下達停止執行命令有困難，不過他會盡力而爲。

我們聚集在事務所，以當時的委員長辜寬敏爲中心協議對策。結果研討出二個方策。一個是利用汽車衝撞載著柳文卿前往羽田機場的押送車，以交通事故來爭取東京地方法院下達停止執行命令的時間。另一個方策是，如果第一方策無法進行時，就闖入羽田機場，阻止他們將柳文卿帶入中華航空飛機，以爭取時間。

當時，我們夥伴中會開車的人，除了辜寬敏之外，就只有許世楷、廖春榮、王南雄等三人。許世楷的車上有林啓旭同乘，王南雄的車上有我同乘，兩輛車都在「入管」品川事務所大門附近待機。此外，也考慮到「入管」可能在事前就把柳文卿移送到「入管」橫濱事務所，因此，廖春榮載著周英明和戴宏逵前往「入管」橫濱事務所。決定黃昭堂等八人前往羽田機場。

翌朝，我搭乘王南雄的車子前往「入管」品川事務所，途中他突然說道「肚子很痛」。雖然設法到達「入管」，但王南雄實在很難受，於是，我改搭停在「入管」大門附近的許世楷的車。從車內可看到「入管」的玄關。感覺已經過了一段時間，突然在「入管」的玄關前，穿著制服的職員面對面排成兩列，接著就有一位職員拉著戴著手銬的男子從行列之間通過，走向押送車。戴著手銬的男子身材高度都和柳文卿非常相似，我們一致認爲是柳文卿沒錯，但仔細瞧過長相後，就知道不是柳文卿了。我們馬上疾馳趕往羽田機場。抵達機場大廈時，林啓旭和我立即跑上迎送台，許世楷則把車子停在停車場。

圖二 秘密盟員出席會議時都蒙面

正好是黃昭堂等八人從迎送台邊緣跳到地面上。他們是利用堆積在迎送台下面的大木框做爲踏台跳到地面。林啓旭和我緊跟在後跳下。此時，柳文卿大約被十名承辦官包圍，慢慢走近中華航空飛機。我們企圖將柳文卿搶奪回來，於是和相關官員發生亂鬥。這項強制遣返事件已在事前告知大眾媒體，因此，目擊該場面的讀賣新聞記者，在當天（三月二十七日）晚報上，大幅刊載柳文卿被相關官員拖著的照片和報導。以下引用其中一部分：

中華航空班機的舷梯上，先登上飛機的乘客或女空服員，以及在空橋上的迎送群眾等約百來人，都驚愕地觀看這場亂鬥，個個臉色蒼白。不久，慌張趕來的機場職員，把參與亂鬥的男子統統抓起來，結束混亂的場面。柳文卿被押送官員拖著登上舷梯，消失在機艙內。可是，柳文卿的嘴角不斷滲出鮮血，臉部也帶著傷痕，柳文卿在快走完舷梯時，突然向空中吶喊「獨立青年萬歲」，而後消失。

被機場警察逮捕的我們十人，跑到附近送別載著柳文卿的中華航空班機。檢察官要求將我們十人處以十日的審判拘留，但是，東京地方法院駁回這項要求，結果我們十人被拘留三日就獲得釋放。前往「入管」橫濱事務所的三人，因廖春榮駕駛的破車在前往的途中故障，啓動不了，於是改搭計程車返回，借用辜寬敏的汽車再度前往「入管」橫濱事務所，但爲時已晚了。

該事件不僅被刊載在《讀賣新聞》上，其他報紙或電視台也大幅報導。《朝日新聞》的當日晚報，有如下的報導：

柳君是在去年從東京教育大學研究所碩士班畢業。因從事台灣獨立運動，而被台灣政府取消護照。一旦遣回台灣，等待他的，將是包括死刑在內的嚴厲處分。去年八月，因參加該運動而有一百四十人被逮捕，有五人被判處死刑，其中二人是正在日本留學的大學生，因放暑假而回國。去年夏天，也有另外二人因為要從日本強制遣返而遭到收押，但因法務省大臣亂用職權而由法院下達停止執行處分（張、林事件）。二十七日上午，雖然他們向法院提出相同的訴訟，但趁著法務省內的文件遞送的空隙，將人強制遣返。柳君咬舌拒絕出國，儘管鮮血沾滿整個臉龐，還是被帶進飛機。

應該徹底執行法治主義的法務省，卻鑽法律漏洞硬是使出這種非人道的行為，這個消息一下子就傳遍全日本，以致責難的輿論甚囂塵上。「林、張兩君保護會」在嚴厲糾彈這次事件的同時，為了避免再發生諸如此類的事件，該會改組為「在日台灣人的人權保護會」，更加擴大強化。為了要求保護日本國憲法和世界人權宣言或不引渡政治犯之原則等的國際法，「在日台灣人的人權保護會」的決議文上，有包括五十五位國會議員等多數著名人士連署，另外在國會上也嚴厲追究法務省大臣或入管局長的責任。我們也在街頭發動示威遊行和連署活動，而在美國或歐洲，也有同志對以華盛頓D.C.為首的各國日本大使館進行抗議活動。

柳文卿被強制遣返後，才知道他有未入籍的妻子和出生僅四個月的兒子。他說：「聯盟（台灣青年獨立聯盟）的幹部，決定在達成台灣獨立之前不結婚、不生子，因此沒有向任何人提起過。」柳文卿連從孩童時期就像兄弟般一起長大的戴天昭都保持秘密。也許在執行委員會的席上曾經協議：「未婚者，在台灣獨立之前不結婚、不生子。」因爲大家都相信，台灣一定可以在數年內獨立，所以才有此協議。於是，我們以律師爲柳文卿的代理人，向法院提起強制遣返是非法的訴訟，在此同時，以柳文卿夫人和兒子爲原告，對政府提出要求損害賠償的訴訟。以證人出庭的入管局長中川進表示：「蔣介石政權以領回收押在『入管』的數十位台灣毒品嫌疑犯爲條件，要求強制遣返在日本從事台灣獨立運動者回台灣，因此，不得不遣返柳文卿。」另外在政府方面，則提出柳文卿寄給審判長的有署名、捺手印的信函做爲證據，上面寫著「自己沒有委託任何人代理審判事宜。在台灣也沒有受到處罰，過著和一般人一樣的生活」，主張由代理人提出的訴訟無效，而且沒有給柳帶來任何損失，所以也沒有損害賠償的責任。

　　於是，我委託朋友橫堀洋一前往台灣密會柳文卿。橫堀洋一欣然接受，於是讓他帶著黃昭堂、戴天昭和我合寫的信函前往。橫堀洋一順利躲過特務的監視，在高雄縣鄉下的柳宅會晤柳文卿，而且，帶著他的信函返回日本。他在帶回的信內指出，他寄給審判長的信，即被告的政府所提出的信函，是他被台灣警備總司令部拘禁二週，在威脅強迫之下寫出的，今後如果有自己的信函再被提出，也不是出自自己的本意所寫的，另外委託大野正男律師提起訴訟，他以「現在我也是在軟禁狀態被監視著。衷心期盼人的自由和法治的正義」作結，並署名、捺指印。可能柳文卿是帶著覺悟之心來寫這封信，但我們很清楚，如果把這封信當作證據向法院提出，柳文卿勢必會遭到特務的報復。於是，大野律師將這信函秘密交給法官看。結果，東京地方法院駁回「入管」的異議繼續審判，且下達全面承認我們所主張的判決。

出乎我意想之外的事，就是橫堀洋一在台北市會晤遭到蔣介石軟禁的彭明敏博士。一九九六年，台灣首次以公民直接選舉總統時，民主進步黨推薦的候選人就是彭明敏博士。這次的選舉，是由推行台灣民主化的現任總統李登輝以過半數的選票當選，但彭博士的票數勝過統一派的候選人，成爲第二位。接著，在第二次和第三次的總統選舉獲勝的，就是現在的陳水扁總統。彭明敏博士競選總統時的副總統搭檔，就是二〇〇八年三月代表民進黨參加總統選舉的總統候選人謝長廷（前高雄市長）。

一九六四年十月二十三日，台灣大學法學院政治系主任彭明敏教授，和學生謝聰敏、魏廷朝（已故）共同執筆「台灣自救宣言」，且付梓印刷，結果以叛亂罪被逮捕。彭明敏教授在軍事審判上，被處以八年的有期徒刑，不過，他是巴黎大學的法學博士，也擔任世界航空法學會的副會長，在國際上名聲頗著。因此，蔣介石政權爲了不受到國際性的批判，且有多數人提出減刑請願書，於是，翌年十一月三日彭博士以蔣介石總統的特赦獲得釋放。可是，彭明敏博士仍處在特務嚴厲監視下，多數的台灣人畏懼特務機關的注目，而極力閃避與彭明敏博士會面，不過，拜訪他的外國人卻不少。橫堀洋一會晤彭明敏博士時，聆聽有關彭博士的近況與台灣政治犯的狀況等，也談起有關柳文卿的事件或在日本的台灣獨立運動等等。橫堀在出國前就考慮到，在台灣遭到逮捕的可能性，於是，留下向公司的辭職書以及委任大野律師辯護的委任狀後才前往台灣。

11. 彭明敏博士逃離台灣作戰

一九六八年八月初，我寫了一封信給彭明敏教授，委託前往台灣的朋友在會晤彭教授時交給他。不久，我收到彭教授八月四日所寫的回函。這是我所收到的第一封彭教授的信。信中說明，國民黨從一九六七年三月起就開始逮捕林水泉（前台北市議員）事件的有關人士，其人數近二百人，幾位首謀者以叛亂罪被求刑死刑等等，信內還寫明「這封信帶出國外後，再寄送出去」。這項資訊在聯盟的機關雜誌上發表的同時，也告知和我們合作的美國獨立運動組織。很快又收到彭教授託人寄來八月十五日所寫的信函，信內指出「最近二週間，至少有六人被槍斃」。造訪彭教授的外國朋友不少，彭教授委託他們從外國寄出這些信函。若找不到自己信賴、且要與彭教授會面的人，就無法託人轉送信函給彭教授。當我正在爲這個問題苦惱的時候，恰好耳聞因黃昭堂的關係和我很熟的東大教授衛藤瀋吉，要前往台灣會晤老友彭教授，於是，便委託衛藤教授轉交我的信給彭教授。從台灣回國的衛藤教授對我說，「這是彭教授給你的禮物」，遞給我一張小紙片。這是彭教授的美國牧師朋友所持有的香港郵局的信箱號碼。把要寄給彭教授的信裝入寫有教授密碼的信封裡，然後再裝進寫有信箱號碼的信封裡寄出，就能夠和彭教授聯絡了。聽說，這位住在台灣的牧師，每個月前往香港至少一次。如此一來，就能夠和彭教授緊密連繫了。

在透過信函交換意見或情報當中，或許彭教授已經很信任我了。一九六九年二月，自稱彭教授使者的人打電話給橫堀洋一，表示現在人在六本木的飯店，想和橫堀與我見一面。他似乎有甚麼重大的話要說，於是我便請黃昭堂一起同行，三人會晤了這個年輕的美國人。他說出相當令人震驚的話：「彭教授和他的同志們判斷，彭教授有再度入獄或遭到暗殺的可能性。彭教授等人一致認爲，如果有逃離台灣的方法，即使冒險也要決意進行。你們能否協助彭明敏教授逃離台灣呢？」

「知道了。我來統籌。」我二話不說馬上答應下來。我還沒想到具體的方策，不過直覺上確信不會做不到。這就是彭明敏博士逃離台灣作戰之始。

不久，我就想出好幾個方策，於是開始研究和調查。就在此時，橫堀洋一帶來一個提案。季辛吉（美國尼克森總統的國家安全保障特別助理）應該知道彭教授的事情。彭明敏教授獲得密西根大學邀聘爲客座教授，因此，如果能從季辛吉向蔣介石施加壓力，讓他允許彭教授訪美，這樣就不需要冒危險了。於是，立即聯絡彭教授書寫寄給季辛吉的信函。橫堀洋一加上自己的信一起寄給季辛吉時，美國國家安全保障會議的幹部回函，表示謝謝告知有關彭教授事情的簡單內容。我報告此事時，彭教授再度送來寄給季辛吉的信。在這封信上，橫堀洋一又加上一封信，陳述「彭博士將這次密西根大學的邀聘，視爲合法逃出台灣的最後機會。一旦失去這機會，彭博士就不得不嘗試冒著危險，以非法手段逃離台灣」，一起寄給季辛吉，但是，之後卻未收到回函。

二〇〇六年，美國國務院公布國家安全保障會議幹部赫爾度理芝向季辛吉提出的備忘錄的「註」上，有如下記載：

彭明敏的日本協助者橫堀洋一，將一九六九年五月一日所寫的信函寄給季辛吉。五月九日，由柯朗特署名回覆前文：「季辛吉博士指示我寄出五月一日所寫的貴函的回覆。他忙於國務，不克親自回函。關於彭教授的問題，喚起我們的關心，在此深表感謝。」他們也接到橫堀洋一在五月二十四日所寫有關彭教授事情的書簡。當中，要求援助彭教授取得簽證。關於這件信函，季辛吉親手寫了簽條：「不用回答　六九年六月四日。」

經歷這些失敗的嘗試後，我決定從日本派遣值得信賴的人前往台灣，採取將他的護照照片改貼彭教授照片的方法。當時的護照，只是在照片上蓋騎縫章，因此改貼照片是很簡單的事，但問題在於騎縫章。這是專業人員簡單就能做到的工作，但是，這是一漏底就完蛋的極機密作戰，因此不能委託專家來做。於是，我日夜不斷練習，決定靠自己來製作騎縫章。彭教授寄來戴著假鬍鬚的護照用照片，但看起來就有偽裝的感覺，因此請他重寄一張。再次寄來的也是不自然的照片，因此請彭教授再多加研究。正在煩惱要派誰去台灣時，正好在南美工作的高中時代好友阿部賢一，在睽違二年後回到日本。當時具有海外旅行經驗者很少，如果是沒有海外旅行經驗的人，必定舉措慌張，恐怕會露出破綻遭到懷疑，當然就無法成事了，因此，我認為阿部是個可以讓人放心的可靠人物。於是拜託他：「有一位重要人物計畫脫離台灣，不知能否相助？」阿部直率地欣然接受。

圖三　彭明敏博士逃出台灣時所使用的護照照片

彭教授寄來第三張照片。不是偽裝，而是留著鬍子、頭髮蓬鬆的照片，就是當時流行的嬉皮族模樣。我認為這是很自然的照片，可以使用。就在那時，黃昭堂對我說：「最近，台灣正流傳著彭明敏好像發瘋的傳聞。如嬉皮般頭髮蓬鬆，鬍子也沒刮，遊走台灣四處。」我想，這大概是爲了鬆懈監視他的特務的警戒心所做出的行爲。特務租用一戶可以俯瞰彭明敏教授住宅的大廈房間，白天，兩名特務就坐在停靠尾隨用的汽車或機車旁的長椅上，一看到彭明敏教授出門就尾隨在後。在彭教授寄來的信函內有暗示提到，之所以會裝瘋賣傻四處遊走，主要是要讓特務們感到無趣而不用認眞跟蹤的算計。

只要不斷練習，就可以把騎縫章刻好到達標準，但另一個問題是，儘管是極機密作戰，但要對獨立聯盟保密嗎？和黃昭堂商討結果，想出一個好點子。當時許世楷是擔任島內工作委員會的主任，但是，因爲對台灣的工作必須保持極機密，因此沒必要提出報告。我僅對許世楷說：「我欣然接受協助彭教授脫離台灣的委託。」

十一月，決定最後的計畫。就是一月二日，阿部持著從東京到台灣、香港再返回東京的機票前往台灣，然後將自己的護照和蓋有改貼用騎縫章的照片，以及機票都交給彭教授，讓彭教授利用這些證件在三日離開台灣，到了香港再購買飛往斯德哥爾摩的機票，前往承諾保護彭教授的瑞典。彭教授平安抵達瑞典後，便告知在台北的飯店待機的阿部，阿部就以護照遺失爲由，向日本大使館申請重新換發護照。

接到彭教授在十二月二十一日所寫的書信，有如下的記述：「萬一失敗，不知能否在這世界再見面，因此藉此機會，謹向迄今都一直在幫助我的許多人，致上由衷的謝意。各位爲我所做的思慮和努力，不知要如何感謝。雖然不曾謀面，卻有如百年知己般的感覺。篤厚的情感，永生難忘。」

彭教授肯將性命交給不曾見過面的我，反而應該是我向他感謝才對。

爲了把騎縫章刻得像眞的一樣，我堅持不懈地練習，一九七〇年一月二日，我把蓋上該騎縫章的彭教授照片交給阿部，並且爲他餞別。一月五日清晨，接到電報。這是從丹麥的哥本哈根發出，記有「SUCCESS」的電報。

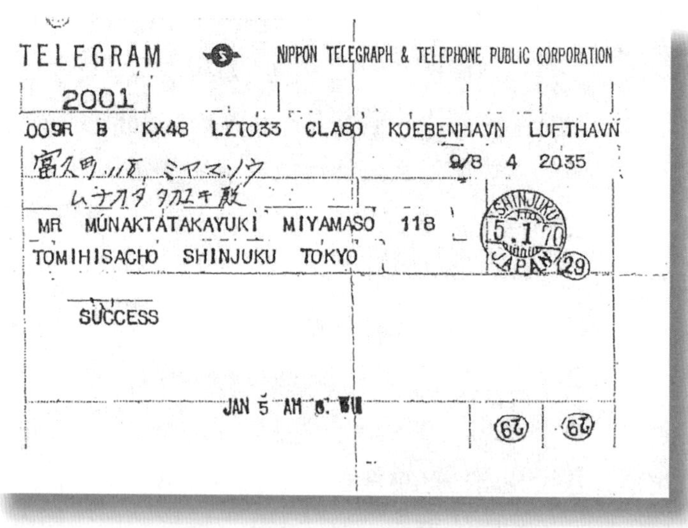

TELEGRAM NIPPON TELEGRAPH & TELEPHONE PUBLIC CORPORATION

2001

009R B KX48 LZT033 CLA80 KOEBENHAVN LUFTHAVN

9/8 4 2035

MR MUNAKTATAKAYUKI MIYAMASO 118

TOMIHISACHO SHINJUKU TOKYO

SHINJUKU 5.1.70 JAPAN 29

SUCCESS

JAN 5 AM

圖四 告知彭明敏博士逃出作戰成功的電報

12. 台灣獨立聯盟的成立

台灣青年獨立聯盟和台灣留學生在美國、加拿大、歐洲組織的獨立運動團體都有緊密合作、齊力推動運動的關係，不過，在一九七〇年一月十五日將這四個團體整合，組成台灣獨立聯盟（英文名稱是World United Formosans for Independence），則是前一年的十一月就已決定的事。四個團體各設立美國本部、日本本部、加拿大本部、歐洲本部，其上的總本部則設置在美國。過去是以日本的組織爲中心推動運動，但是，台灣留學生的人數以美國占壓倒性多數，而且考慮對台灣具有極大影響力的美國政府、議會或聯合國總部就設在紐約等等，因此，決定將總本部設置在美國。一月二十三日，四個團體同時在各國召開記者會，發表台灣獨立聯盟成立以及彭明敏教授逃離台灣等事[10]。（一九七四年，屬於美國本部的南美支部獨立，成立南美本部（巴西），而成爲五個本部制。）

這次的發表成爲世界性的新聞。在這之前絲毫不曾察覺彭教授已經逃離台灣的蔣介石政權，在驚愕之餘趕緊開始調

10　台灣獨立聯盟的成立與彭明敏脫離台灣，在《台灣青年》第一一一號（一九七〇年二月發行）編輯成專集。雖然記載台灣本部也參與台灣獨立聯盟的成立，但是，在當時的台灣，很難將獨立運動組織化，台灣的盟員是個別和親近的海外組織幹部秘密聯絡。

查。一月二十五日，彭明敏教授在斯德哥爾摩召開記者會，表明自己已經在瑞典政府的庇護下。

在彭教授寄來的一月三十一日所寫的信函上，有如下幽默的記述：「台灣的警察機關，因爲我的逃離受到極大的衝擊，在進行重大改組的同時，或許高級幹部也會遭到革職處分。……貴兄的罪孽也是不小。」彭教授在五月七日所寫的信上指出：「我在離台後，發表逃離消息的前三週間，特務們不僅持續監視已經沒有我蹤影的家，而且照樣每日向上級提出我的『行動報告』，繼續申請『跟蹤費用』（計程車費、汽車費、餐費等）。在我發表逃離消息的同時，（證實我已經在一月二、三日左右離家……從我的家人得知）完全暴露了特務們尸位素餐的胡搞行止，以致盡數遭到逮捕入獄，而且，調查局三位處長、二位主任（都因爲我的關係）都遭到免職，局長也提出『自請處分』。」

和聳動的彭明敏教授逃離台灣消息同時發表，使台灣獨立聯盟的成立也備受注目。蔣介石政權譴責台灣獨立運動是「共匪（中國共產黨）的嘍囉」，但是，中國共產黨卻視台灣獨立運動爲「美、日反動派的嘍囉」，而在《人民日報》（一九七〇年二月二十六日刊出）上有如下記述：「美、日反動派爲了併吞我國神聖的領土台灣省，最近更沆瀣一氣勾結在一起，竟然在美國紐約設置所謂『台灣獨立聯盟』的總本部。」

像台灣獨立運動這類的革命團體，如果彼此間基礎性的理論不一致，就很難統合在一起。在這一點上扮演重要角色的，就是《台灣青年》。時入一九六〇年代的中期以後，絕大多數的台灣留學生都是接受戰後教育的世代，因此，除了來到日本的留學生以外，留學歐美的大部分人都不會閱讀日文。於是，《台灣青年》從一九六六年十月號起到一九七〇年一月號發行中文版，而日文版則另外發行月刊《台灣》。從一九六八年五月號開始，將《台灣青年》做爲日本和歐美獨立運動的共同機關雜誌，更加促進了獨立運動的理念以及有關戰略認識的共通化。其結果，便是讓台灣獨立聯盟更無阻礙地順利成立。因爲歐美的獨立聯盟有發行中文的機關雜誌，因此停止發行《台灣》，從一九七〇年二月號開始到一九七三年三月號，以隔月發行《台灣青年》的日文版和中文版，一九七二年創刊的美國本部的中文機關雜誌《台獨月刊》已上軌道，因此其後的《台灣青年》回復日文版，重要的論文就翻譯成中文揭載在《台獨月刊》等雜誌上。

13. 蔣經國狙擊事件

一九七〇年四月二十日，蔣介石長男蔣經國訪美。他的頭銜只是行政院副院長，但任何人都清楚台灣的統治者是蔣家父子。因此，尼克森總統也把蔣經國邀請到白宮。台灣獨立聯盟要求尼克森總統中止援助以恐怖政治統治台灣的蔣家政權，在蔣經國參訪之地進行反蔣家政權的示威遊行。

四月二十四日正午前，蔣經國爲了演講前往紐約的廣場飯店時，數十位獨立聯盟盟員也在此進行反蔣家政權示威抗議。正當蔣經國要進入飯店時，突然從示威隊伍中衝出手持槍枝的黃文雄（一九三七年出生），開槍狙擊蔣經國。在此瞬間，擔任護衛的警官撲向黃文雄，導致他所射出的子彈沒有命中蔣經國，而是射穿玄關的旋轉門。黃文雄和想救他的鄭自才（一九三六年出生），在當場一起被逮捕。黃文雄是畢業於康乃爾大學的博士班，已決定任教於加州大學。擁有如此光明前途的他，之所以會不惜犧牲自己的前途做出這樣的行動，或許是白色恐怖的首腦者來到美國，勾起必須動手的憤慨心情所致。黃文雄將槍口直指在台灣最具威嚇性的獨裁者，大大鼓舞了台灣人。美國的大眾媒體，與其說是責難黃文雄的行動，毋寧說是視爲義舉加以稱讚。

五月四日的《紐約時報》，刊載 J. 依南思特如下的文章：

台灣革命家所進行的暗殺蔣經國未遂事件，讓美國人對於近二十年來自己所支持的台灣政府大開眼界。對於蔣家父子的高壓統治，美國國會是抱著不關心的態度，而國務院則是抱著「不干涉台灣內政」的立場，以致間接助長了比過去我們祖先立志打倒的惡政更加殘酷的政治性罪惡。在廣場飯店射殺蔣經國未遂事件，雖是法治上所不容，但該事件和在勒星頓（地名）或康柯特（地名）作戰的人一樣，是冀求自由的台灣青年愛國者不滿的宣洩。美國應該停止支援像台灣這種警察國家，回到起草美國憲法和美國獨立宣言的原則和價值觀。

五月四日的《洛杉磯時報》，也刊載了 F. 路依斯地如下文章：

蔣家的國民黨政權，非但不是代表中國，也不是代表台灣。憑藉美國龐大的援助，台灣的經濟繁榮，但是，台灣是獨裁國家，以二百萬的大陸人統治一千四百萬的人口，當然會煽起島內的不滿。聯合國在比台灣人口還要少的地區，積極行使住民自決權，而且發揮其影響力。可是，因列強間的權謀術數，卻沒有對台灣做任何正面的事。從今天起，華盛頓應該採取推展台灣獨立、自治的政策。

蔣經國按照預定計畫，從美國返回台灣的途中順道入境東京，從四月二十九日停留到五月二日，也和佐藤首相進行會談。台灣獨立聯盟日本本部，在四月三十日向中華民國大使館進行示威抗議，這是被比示威抗議隊伍還要更多的警察隊所包夾的示威抗議活動。

chap.2

專制獨裁
政治終焉

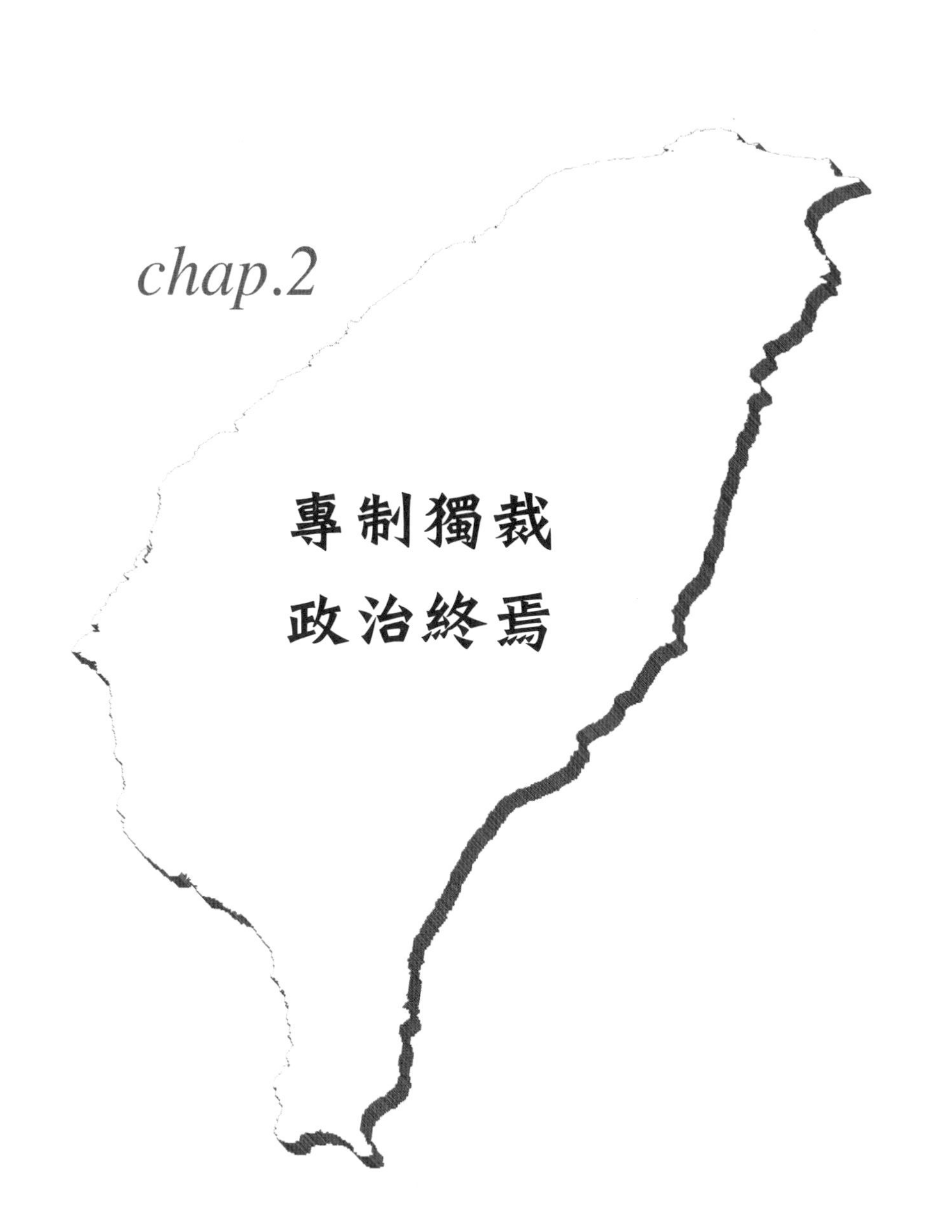

14. 美國轉變對中國政策

一九六九年一月二十日，尼克森在反越戰的示威抗議隊伍團團包圍中，就任美國總統。尼克森總統發表從泥沼化的越戰撤退美軍，在七月的關島原則上闡明如下方針：「亞洲的問題由亞洲人自己解決，今後美國不會讓美軍再介入亞洲的地面戰，僅進行必要的援助。」

可是，如果美軍完全撤退，那麼北越（越南民主共和國）會認為「時機已到」而發動總攻擊，進而殲滅南越（越南共和國）。如此一來，美國將遭到批判說「美國放棄同盟國逃跑了」，不僅美國的信用盡失，連權威也一落千丈。為了防範這種事態發生，美國必須和北越簽訂和平協定，但是，美軍已經決定撤軍，北越是不可能簽訂這樣的協定的。於是，尼克森政權想到借用中國的力量，而策畫轉變以往的反中國政策。北越不具有生產重武器的能力，主要武器都倚賴共產主義諸國的援助，但是，其港口都被美國空軍壓制無法使用，這些武器都是經由中國以陸路供給。

美國的越戰敗北昭然若揭，以往和中國保持距離的各國，看到尼克森政權打出盡量避免介入亞洲問題的方針，進而想要轉變「圍堵中國的政策」，也紛紛企圖謀求接近中國。一九七〇年十月，加拿大承認中國，十一月，義大利也承認中國。雖然中國要求「承認台灣是中國的一部分」，但兩國都對中國的主張以「Take Note」（留意）輕輕帶過。

一九七〇年十一月二十日，聯合國大會針對所謂「中華人民共和國的代表，是在聯合國的中國唯一合法代表，即時將蔣介石的代表從聯合國以及所有的有關機關排除」的阿爾巴尼亞決議案，以過半數的贊成通過。在此之前，聯合國大會已指定中國代表權問題是必須有三分之二以上贊成的「重要事項」，因此，該項決議無效。但是，「重要事項」的指定必須以聯合國大會的過半數來決定，因此，如果繼續這樣下去，到翌年的聯合國大會上通過阿爾巴尼亞決議案的可能性會變大。如此一來，聯合國將變成以所謂「中國代表台灣」的新虛構，來替代過去所謂「蔣介石政權代表中國」的虛構。這樣就成了反效果。如果變成「中國在聯合國以安全保障理事會的常任理事國加盟，而蔣介石政權是以代表台灣的一個加盟國留在聯合國，讓聯合國正常化」的狀態，就會違背我們不能讓蔣介石政權繼續施行專制獨裁體制的期待。可是，我們也不太憂慮。因爲，美國必然會體認到終有一日不得不讓中國加盟聯合國，採取屆時讓蔣介石政權以一般會員席位留下來的方針。即使世局變成如此，我們還是要不懈地努力，繼續奮鬥。

由於預測中國將成爲五大國之一，成爲安全保障理事會的常任理事國，親中國派的勢力變得非常強大。尤其過去已經是親中國的日本大眾媒體，除了《產經新聞》之外，悉數向中國一邊倒。在一九六八年簽訂的日中記者交換協定上，規定政治三原則：

1.停止敵視中國政策。

2.不加入「二個中國」的陰謀。

3.不妨礙日中邦交正常化。

雖然中國因毛澤東所發動的文化大革命而陷入內亂狀態，有好幾百萬人遭到殺害，但僅報導如此的事實就被視爲「敵視中國」，而將特派員驅逐離開中國，因此，有一段時間派遣特派員到中國的日本報社僅《朝日新聞》一家。《產經新聞》以外的報社，紛紛向中國致歉以獲得派遣特派員的認可。由於完全不報導會讓中國不高興的消息，所以，即使看了日本的報紙也無從得知中國的實情。只有《產經新聞》放棄派遣記者到中國，反而在台灣派遣特派員，但《產經新聞》也幾乎不報導蔣介石政權的恐怖政治。從日本的報紙是無法獲知台灣社會的實情的。

被揶揄爲「人民日報朝日支社」的《朝日新聞》，將中國的宣傳如實報導，在一九七一年元旦以三頁的篇幅報導所謂「朝日新聞的建言」，等於是爲中國代辦的記事，其中明確表示報社是「採取台灣是中國領土的一部分，台灣問題的處理是中國的內政問題的立場」，即使蹂躪台灣人民的人權，也絲毫不覺羞恥。

一九七一年四月，尼克森政權以各種形式向中國傳送訊息，中國終於首度表示具體的反應，邀請美國的乒乓球隊來訪。這被宣傳爲乒乓外交，在美國、日本引起大中國熱潮。就在此時，我走訪美國和加拿大約一個半月，會晤在密西根大學擔任客座教授的彭明敏教授，以及各地的獨立聯盟盟員。我所見到的多數人都曾閱讀過《台灣青年》，雖知我的筆名宋重陽，但初次得知我是日本人的人卻很多。不過，這個問題不至於成爲障礙，我們就像故知的好友般，一起深入討論獨立運動。

在彭明敏教授或獨立聯盟的幹部集會席上，我提到台灣人也「希望蔣介石政權以聯合國的一般會員席位留下來」，因此，必須努力讓更多數的美國政治家或大眾媒體認識。有人提出意見說，這樣做或許會讓美國人誤以爲台灣人也支持蔣介石政權。但是，台灣人必須讓美國人知道，台灣不是中國的領土，說明聯合國的席位終有一日會成爲台灣人所有，對此提議大家頻頻點頭表示贊同。

我在美國時也獲知，獨立聯盟日本本部的秘密盟員日本人小林正成在台灣被逮捕。小林是將呼籲蔣介石政權推行民主化的中文傳單裝進氣球內，散布於台北市。我和柳文卿強制遣返事件時在國會提出質問的猪俣浩三代議員等一起，想透過在一九七〇年設立的國際特赦組織日本支部，進行小林的救援運動。當中也有和蔣介石政權密切交往的日本有力人士出面幫忙交涉，小林在台灣警備總司令部（蔣介石政權的最大特務機關）僅被拘留三個月半就獲得釋放。想不到小林被拘留時就住在當時又被逮捕入獄的謝聰敏（以台灣自救宣言事件和彭明敏博士一起被逮捕。後來成爲民進黨立法委員）的隔壁監房。小林將謝聰敏用英文在一九七一年八月二十八日所寫的文件，成功地秘密帶出拘留所。該文件載明和謝聰敏一樣以冤罪遭到逮捕的十六人姓名，以及受到嚴厲拷問的情狀等等。我將該文件譯成日文發表於《台灣青年》[11]，而《紐約時報》則刊載其原文。

15. 淒慘的季辛吉對中國外交

一九七一年七月，美國總統特助季辛吉秘密訪問中國，和周恩來總理進行交涉，在七月十六日發表「一九七二年五月以前，尼克森總統將訪問中國」的消息。這項突然的發表震驚全世界，尤其是日本更顯倉皇失措，認爲「美國越過日本的頭頂，和中國和解」，所謂「和中國建交」之聲如暴風般狂掃。西歐的美國同盟國，和中國建交的國家不少，對歐洲來說，中國畢竟是很遙遠的國家。但是對日本來說，中國是具有重大利害關係的鄰國。

因美國的強大壓力，日本在回復獨立的一九五二年四月二十八日和中華民國簽訂和平條約，但是，該條約的對象是

11　我們知道，若公布這文件，謝聰敏必定會受到激烈的拷問，因此暫時給予保留。但是，在接到謝聰敏的死刑已確定的情報後，便在《台灣青年》第一三八號（一九七二年四月發行），以〈來自獄中的控訴，滿身鮮血的謝聰敏的吶喊〉為題刊載。

限定於中華民國政府統治下的某些區域。亦即，日本是和統治台灣的政府簽訂和平條約，而認為終有一天和統治中國的中華人民共和國建立邦交是理所當然的事。因此，只要機會成熟，相信美國一定會找日本商量此事，以致於此時，所謂日本遭到美國背叛的情感非常強烈，早一日和中國建交的輿論沸騰不已。結果，在主張盡早讓日中邦交正常化的勢力推動下，翌年七月，田中角榮內閣成立後，便迅速於九月進行日中邦交正常化（美國和中國正式邦交正常化是在一九七九年）。

傳聞，當時季辛吉曾言：「所有無法信賴的人當中，以小日本人為最。」[12]季辛吉將日本人蔑稱為「小日本人」，對日不信任感極為強烈，因此才會漠視日本而直接和中國交涉，但讀過二〇〇一年解除機密的周恩來、季辛吉會談紀錄者即可明白[13]，在他的腦子裡完全沒有想到，因美國轉變對中國政策會給台灣帶來重大影響的情事。

季辛吉是在一九七一年的七月和十月訪中，分別和周恩來進行了十四次的會談，在第一次會談中，周恩來對他提到：「你是否知道蔣介石譴責美國CIA幫助彭明敏逃離台灣呢？」季辛吉辯解說：「據我所知，CIA完全沒有插手彭明敏博士來美國的事。」對於彭明敏教授要求幫助前往美國的

12　一九七二年八月三十一日，季辛吉在有關日中邦交正常化交涉的尼克森政府內部會議上的發言。這在二〇〇六年公開的白宮極機密文件透露出來。

13　《周恩來 季辛吉 秘密會談錄》（毛利和子、增田弘譯，二〇〇四年，岩波書店刊）

信函，季辛吉曾指示「不用回答」。

從第一次會談開始，周恩來就不斷強調台灣的法律地位問題。對於周恩來所提的「（美國）宣稱台灣的地位未定，直至今日，貴國的國務院發言人說這是貴國的立場（四月二十八日）。這就是問題的核心」，季辛吉僅回答「他沒有反覆的說」。周恩來在第二次會談上再度提醒，「今後國務院發言人不要再說台灣的地位未決」。季辛吉將周恩來的要求整理成五項目：「1.承認中華人民共和國是中國唯一合法的政府。2.承認台灣屬於中國。3.不支持『二個中國』或『一個中國、一個台灣』。4.不支持台灣獨立。5.不說台灣的法律地位未定。」周恩來也認定此申明。雖然季辛吉未立即承認第二項的「台灣屬於中國」，但這終究會成爲事實。自此以來已經過了三十六年，但當時季辛吉對周恩來的承諾，迄今仍縛住美國政府的手腳。

在兩者的會談中，讓人深感不可思議的是，周恩來常處優勢，而季辛吉卻像是弱者般在進行交涉。當時的蘇聯，是和美國並列的世界超級大國。將美蘇都視爲敵人的中國，立場之艱困自不待言。加上，中國在一九六六年因毛澤東所發動的文化大革命的權力鬥爭而陷入內亂狀態，正巧在舉行美中交涉的一九七一年秋，被視爲毛澤東繼承者的林彪，謀劃對毛澤東發動的政變宣告失敗，他在搭機亡命蘇聯的途中，不幸墜機死在蒙古共和國。中國經濟瀕臨崩盤，在中蘇邊境，中國和蘇聯的大軍互相對峙，紛爭不絕。此刻中國正處於內憂外患的惡劣狀態。在如此狀況下，和以往敵對的美國改善關係，無疑正是「對毛澤東來說，是賭注存活的唯一戰略」[14]。

尼克森和季辛吉計算著，和中國的聯手必然對與蘇聯的冷戰有利，但是，如果為了和美國合作，中國也許會盡量讓步。對北越施加壓力來和美國簽訂和平協定等事，對中國來說是不痛也不癢的事。雖然北越憤慨責難中國說，這是「如同向即將溺斃的強盜投予浮袋般的背叛」，但是，還是在一九七三年一月簽訂和平協定，讓美軍從越南撤退。不過，北越占領南越也僅延後二年而已。

一般而言，外交的交涉會反映彼此的力量關係，但是，周恩來和季辛吉的交涉卻完全相反。一九七四年，毛澤東對英國前首相愛德華・希斯提道：「亨利・季辛吉是個奇怪的小男人。每次和我會面都緊張得發抖。」[15]季辛吉是否在為人上受到毛澤東或周恩來的壓制，才進行這樣怪異的交涉呢？唯唯諾諾接受其結果的尼克森總統，也只能說是外交的感覺遲鈍，也許他只考慮到趁著中國熱潮訪中，演出和長年的敵人和解以俾蟬聯總統寶座。如果尼克森不要妄想利用任何手段來蟬聯總統寶座，或許就不會爆發水門事件。尼克森趁著中國熱潮訪中那年的十一月，舉行總統選舉，他壓倒性

14　阮銘著，《被共產中國欺騙的美國——招致民主台灣孤立的歷史錯誤》（廖建龍譯，二〇〇六年，草思社刊），第七十二頁。原書是《歷史的錯誤——台美中關係探源》（二〇〇六年，台灣的玉山社刊）。

15　約翰・哈里迪、張戎著，《毛——誰都不了解的毛澤東》下卷（土屋京子譯，二〇〇五年，講談社刊），第四五三頁。

地打敗民主黨的馬克卡班，但因水門事件被迫辭職，只能說是歷史的諷刺。

16. 周恩來也承認台灣不是中國的領土

尼克森政府轉變二十年來的對中國政策，提出支持中華人民共和國以安全保障理事會的常任理事國身分參加聯合國的政策，但表示斷然反對從聯合國排除中華民國的態度，因此，沒有造成我們太大的憂慮。因爲，中華民國有好幾個保留聯合國席位的方法。可是，我認爲這是和日本也有重大關連的問題，日本應該也要做某種程度的努力。於是，我執筆寫信給佐藤首相[16]。爲了保護聯合國普遍性的原理以及台灣人民的權利和日本的國家利益，將中華民國以一個加盟國的身分留在聯合國是重要的事。這是一封對與蔣介石父子有親近關係的佐藤首相所提出的信，主旨是：「說服蔣氏父子自己辭退安全保障理事會的常任理事國，以統治台灣的政權的身分留在聯合國。」後來我才知道，佐藤首相也想到同樣的問題，曾派遣其胞兄前首相岸信介前往台灣。但是，周恩來立即獲知這項情報，且在一九七一年十月二十一日和季辛吉的會談上說道：「岸信介特別向蔣說，無論結果如何都一定

16 以〈佐藤總理，勇敢！中國代表權問題與日本〉為題，在《台灣青年》（第一三一號，一九七一年十月發行）發表。

要留在聯合國。」而季辛吉則回答：「不，如果阿爾巴尼亞決議案獲得通過，蔣就不能留在聯合國。」此時，以美國爲中心的各國向聯合國大會提出「逆重要事項指定案」和「雙重代表制決議案」等二案。所謂「逆重要事項指定案」，就是前一年將「中華人民共和國加盟聯合國」指定爲重要事項，必須有聯合國大會三分之二多數的同意才能通過，因此，也要將「從聯合國排除中華民國」的問題指定爲重要事項的提案。「雙重代表制決議案」，則是在一個中國存在二個政府的前提下，將中華民國政府以一個加盟國的身分留在聯合國的提案。

對於這項雙重代表制決議案，周恩來表示：「對付美國的決議案非常容易。只有我們拒絕加盟聯合國。」不過，這並非他的眞心話。他只是不斷重複提到「只要蔣政權留在聯合國，中國就不參加」的原來主張。可是，光想想中國受到蘇聯的威脅一事，就可以推測中國應該非常想要擁有具有強大權限的安全保障理事會的常任理事國的地位。很不幸，多數國家都被中國的這種姿態所矇騙。

在這一日的會談上，周恩來其實說出了重要的事。周恩來說：「問題是，我們要求其他的提案包括聯合國的席位、在聯合國裡中國的合法權利全部都應該恢復。在這個提案之下，是不可能插入有關台灣地位的條項，如果這項提案通過，台灣的地位就變成未定。」對此，季辛吉雖知所謂美國案以外的提案是指阿爾巴尼亞案，卻提出「連阿爾巴尼亞案也是嗎？」的糊塗質問。對此，周恩來答道：「是有這樣的危險。當然，支持阿爾巴尼亞案的各國，可能不會想到這層面的問題。」[17]

雖稱爲阿爾巴尼亞決議案，但實際上這是由周恩來苦心寫出的。問題是不能寫「將中華民國從聯合國除名」。依照聯合國憲章第六條和第十八條的規定，將聯合國加盟國除名，必須有安全保障理事會的建議和聯合國大會三分之二的贊成。如果美國在安全保障理事會上行使否決權，即可葬送該建議案。於是，周恩來寫出：「中華人民共和國的代表，是聯合國內中國唯一合法的代表，將蔣介石的代表即時從聯合國及所有的聯合國有關機關排除。」

之所以寫明「蔣介石的代表」，是指中華民國在喪失中國大陸領土之時，就已經化爲烏有，中華民國的一切權利由中華人民共和國繼承，而在台灣稱爲中華民國的，只是以蔣介石爲領袖的亡命集團而已。如果，台灣是中華民國的領土，中華民國就是擁有領土、人民和政府的不折不扣的主權國家。可是，在舊金山和平條約上，日本雖放棄台灣，卻完全沒有決定台灣的歸屬，因此，台灣的法律地位未定，並不是中華民國的領土。中華民國沒有國際法所承認的領土，因此不是主權國家，在聯合國占有安全保障理事會常任理事國地位的，只不過是蔣介石亡命集團的代表而已。如果台灣不是中華民國的領土，那麼，台灣就不是繼承中華民國權利的中華人民共和國的領土。因此，讓周恩來感到困擾的是，如

---

17 《周恩來 季辛吉 秘密會談錄》

他所言在阿爾巴尼亞決議案有「不可能插入台灣的地位」的條項。如果載明「台灣是中華人民共和國的領土」，台灣的法律地位未定論馬上就浮出檯面。因此，周恩來之所以會在和季辛吉的會談上不斷反覆要求「不要提起台灣的地位未定論」，就是害怕若果眞成爲議論，就會出現「如何決定台灣的地位、由誰代表台灣人民」等問題。雖然阿爾巴尼亞決議案含有所謂「台灣的法律地位未定」的意味，但中國是處在一旦被察覺就會帶來困擾的矛盾立場。雖然周恩來說「支持阿爾巴尼亞決議案的各國，可能不會想到這層面」，但即使是反對阿爾巴尼亞決議案的各國，也沒有察覺到如此重要的要點。

人民的自決權，是對所有人民認可的權利。何況是決定法律地位未定地區的將來權利，是只有居住在這地區的人民才擁有的權利。因此，承認台灣法律地位未定的周恩來，等於是承認「台灣是屬於台灣人所有」。通過這項決議案的聯合國也應該承認，台灣是屬於台灣人所有。

17. 從聯合國排除蔣政權，使台灣問題成爲威脅世界和平的火藥庫

周恩來道出這問題僅隔四日後的十月二十五日，聯合國大會就以過半數否決「逆重要事項指定案」，接著，以壓倒

性多數通過阿爾巴尼亞決議案，將中華民國從聯合國排除，因此，「雙重代表制決議案」便無法成為議題。該問題被稱為「中國代表權問題」，大多數的國家僅思考「哪一方代表中國」，而對台灣人民的人權或台灣的將來完全不表關心。如果只是「哪一方代表中國」的問題，當然會想到「那就是中華人民共和國」。其間也參雜對美國為了圍堵中國，而將統治台灣超過二十年的蔣介石政權做為中國代表的強制做法產生的反感。

可是，主張中華民國應該留在聯合國的美國等國家，也沒有認眞思考對策。否則就不可能提出無法保證通過的「逆重要事項指定案」這種姑息的提案。

考慮排除蔣介石的代表時，只要在聯合國提起「誰代表台灣人民」的問題，就能引起多數國家的關心。在一九六〇年的聯合國大會上通過的「賦予殖民地獨立宣言」，其中載明：「所有的人民擁有自決的權利，依據該權利，決定其政治的地位，自由追求其經濟性、社會性以及文化性的發展。」在聯合國裡，從殖民地獨立的國家占有多數，因此，承認日本舊殖民地的台灣一樣擁有獨立權利的國家應該不在少數。一九六六年的聯合國大會所通過的國際人權規約，在其第一條的「人民自決的權利」完全納入「賦予殖民地獨立宣言」的「人民自決權」。因為，人民自決權才是所有人權的基礎和權利。因為台灣的法律地位未定，更應該支持台灣人民的自決才對。台灣的人民自決一旦實現，蔣介石政權在聯合國的席位就是台灣人民所有，因此，只要主張不奪取該席位，即可獲得多數的贊同。

維持中華民國在聯合國席位的最簡單手段，就是讓蔣政權交回安全保障理事會常任理事國地位。這樣一來，自然就沒有所謂哪一方代表中國的「中國代表權問題」，而只變成將中華人民共和國以安全保障理事會常任理事國加盟聯合國的問題。當岸信介向蔣介石提出此提案時，蔣介石現出不悅的表情，結果岸信介就沒有繼續往下說。對於美國的代表，或許蔣介石也是顯出同樣的態度。因此，才會想出所謂「雙重代表制決議案」等怪誕的提案，但獨裁者是不會了解這問題的，結果才有這樣的誤解。對中國國民黨政權來說，在台灣被神格化的蔣介石，始終倡導所謂「中華民國是中國的正統政府」的主張，因此，不可能自己輕易就把它推翻。獨裁者最先考慮的，是自己的利害關係。當時的蔣介石政權，是因和美國的協防條約而受到保護。一旦從聯合國被排除，可預測不只是協防條約，連和美國的邦交都會斷絕，因此，放棄反正遲早都會失去的安全保障理事會常任理事國地位，也只不過是蔣介石的面子問題。世局果眞如此演變時，獨裁者會以讓部下扛起責任的形式來保住面子、獲取利益。

只要注視台灣的內部情勢，即可了解蔣介石早有這樣的想法。中華民國外交部長周書楷，爲了參加聯合國大會從台灣出發前的九月十三日，在召集的蔣介石政權幹部的集會上，說明政府的新方針中指出：「留在聯合國大會是重要的，如果留在大會，或許北京就不會加入，即使北京加盟聯合國，我們也必須留在大會。」[18]九月十四日台灣的《中國時報》披露：「安全保障理事會的席位得失，並非絕對重要。我們的聯合國席位得失才是重要的事。」外交部長不可能無視於蔣介石的意志來提出這樣的發言，而完全處在蔣介石政權支配下的報紙，若未經授意，也不可能刊載這樣的內容。想不到美國等竟然向聯合國提出如此怪誕的提案，或許，蔣介石政權認爲自己不主動交回安全保障理事會常任理事國的地位，一樣能保有席位，因此才變更預定的計畫吧！

如果不是如此這般拙劣的外交手段，聯合國就會承認中國和台灣是不同的國家，此時台灣問題也已獲得解決。那麼台灣問題就不會像現在這樣，成爲威脅世界和平的火藥庫。可是，現在也不會太遲。台灣的法律地位未定一事，只要對照國際法即可明確，聯合國在阿爾巴尼亞案通過時也已經承認這點。因此，只要聯合國承認台灣人民的自決權，台灣問題自然迎刃而解。

18. 面臨危機的台灣獨立運動

在我過去的人生中，不曾承受過像聯合國承認中國加盟、排除蔣介石政權時那樣大的衝擊。因爲，這就完全喪失

18　《台灣青年》（第一三四號，一九七一年十二月發行）

了在短期間內達成台灣獨立的希望。大家都很清楚，在國際社會上被孤立的蔣介石政權，在台灣保持所謂「中國的正統政府」的虛構，一直持續施行專制獨裁政治。包括我們的台灣獨立聯盟在內，在獨立運動幹部中有屈服於蔣介石政權而回到台灣的人。對獨立聯盟的資金援助也銳減，讓我們不得不縮小運動規模。此時早已不是不達成台灣獨立就不結婚、不生子的狀況了。很多獨立聯盟的盟員都紛紛建立家庭，爲了維持家人的生活，便不再有多餘的時間，因此實質上已經漸漸離開獨立運動。在此狀態下，幾乎沒有新的加入者，而讓聯盟的盟員一路往下減少中。

一九七〇年五月，我從新宿搬到原宿。這是因在柳文卿強制遣返事件時採訪過我，以後一直以朋友關係交往的中島照男記者建議我說：「我將以自由作家的身分前往柬埔寨採訪一年左右，你要搬到我房間來住嗎？」那一年的三月，在柬埔寨境內是龍諾政權推倒施亞努政權，越戰的戰火波及柬埔寨。人在柬埔寨的中島，一直沒有跟我聯絡，讓我感到不可思議時，卻得悉他被赤棉（柬埔寨共產黨）的軍隊逮捕，遭到殘殺。這是中島抵達金邊二週後的事，那時的中島只是二十七歲的年輕人。

提到原宿，現在是連鄰近諸國都知曉的年輕人的繁華街，不過在當時卻是閑靜的住宅街。我的新居是戰後不久建造的木造二層樓建築，一樓住著屋主的老夫妻，二樓的一半是我的房間。雖然家裡擺設相當素樸，但庭院有三百坪，樹木繁茂生長，池塘裡有幾百條的鯉魚游來游去。我的房間，仍舊是親密夥伴聚集的場所。我很喜歡品酒，因此和聚集在我房間的朋友邊飲酒，邊侃侃而論海內外的政治情勢或台灣問題。但是，此時因盟員和資金的減少，不得不減少運動。雜誌方面，日文版的月刊《台灣》在一九六九年底廢刊，中文版的《台灣青年》是隔月發行日文版和中文版，再者，獨立聯盟美國本部在一九七二年創刊的漢文《台獨月刊》也步入軌道，因此，從一九七三年四月起，《台灣青年》回復日文版。如此的編輯工作，我一人便綽綽有餘。

有餘暇的夥伴開始注目的，是設立台灣同鄉會。如果不是獨立運動，而是親睦團體的同鄉會，就容易勸誘成為會員。在這項活動上獲得大成功的，是獨立聯盟美國本部。在美國境內的大學裡，有台灣留學生組成獨立聯盟的支部，因此，也一齊設立台灣同鄉會。一九七四年，整合美國、日本、加拿大、歐洲的同鄉會，設立世界台灣同鄉會。即使研究所畢業，也幾乎沒有人返回恐怖政治下的台灣，因此，世界台灣同鄉會擁有極大的力量，現在也對台灣的政治具有某種程度的影響。

在日本，一九七二年一月在關島發現前中士橫井庄一，在終戰後暌違二十七年重返日本而成為一大新聞。一九七四年三月，前少尉小野田寬郎是在印尼的魯邦克島被發現，即使只剩他一人也持續作戰的生活方式，驚動沉浸在戰後和平氣氛的日本人。同年十二月，在印尼的摩蘿泰島發現前台灣高砂特別志願兵中村輝夫（原名斯尼翁），並加以救出。和台灣原住民部隊一起作戰的前日本軍人，異口同聲證言熟諳密林的高砂義勇軍是如何地勇敢、強韌。從日中邦交正常化以來，就像台灣已經不存在一樣極力不報導台灣消息的日本大眾媒體，也不得不報導這則新聞。

日本政府以前日本軍人支付橫井中士和小野田少尉津貼和年金，然而對義勇兵中村輝夫卻以喪失日本國籍爲理由，不做任何補償。參加日軍的台灣人約八萬人，軍屬約十三萬人，當中有三萬一千人以上陣亡。以做爲日本人參加作戰，因陣亡或身負重傷就遭到片面取消日本國籍，而不支付任何補償，這明顯是不當的對待。於是，我們訴諸日本的有識人士，在一九七五年設立「台灣人前日本兵補償問題思考會」，要求對台灣人前日本兵給予和日本人相同的補償。

一九七七年，將這問題向東京地方法院提起告訴，但最後以不對沒有日本國籍者補償的法律根據爲理由，駁回我們的訴訟。一九八五年，東京高等法院再以同樣理由駁回控訴，但是，台灣人前日本兵以「在此特別提出，和日本人比較受到明顯不利的對待，應盡早排除這種不利，以盡力提高日本的國際信用，乃是對參與國政者的期待」，向國會要求立法。如此敦促議員立法，終於在一九八七年九月制定「對台灣人前日本兵和遺族的弔慰金支給法」。雖非我們所要求的補償，只是慰問金，但是以陣亡者和重傷者爲對象每人支付二〇〇萬日圓。

19. 蔣介石神話

戰後，為了將蔣介石奉為日本的恩人，不惜捏造神話。神話的原點，是日本通告向聯合國投降後的一九四五年八月十五日，蔣介石透過重慶的廣播向投降的日軍演說，道出「以德報怨」。即使因日軍的攻擊而蒙受重大損害，但仍強力宣傳蔣介石不做報復，要把留在中國的日本軍人或民間人士平安遣回日本，因此，將蔣介石視為聖人君子般崇拜的日本人為數頗眾。或許蔣介石是出身日本的軍事學校，也有入伍日軍的經驗，因此某些程度了解日本，才會使用「以德報怨」的詞句也未可知。如果對方是中國人，中國的政治家是不可能以道德性的思考來採取行動，因此，像人情話般的解釋是不被相信的。

當時，蔣介石軍被圍堵在中國的內地重慶，而包圍他們的日軍根本沒有戰敗的實際感受，因此，反對投降的聲浪非常強大。傳聞，支那派遣軍總司令官岡村寧次也表示：「以百萬精銳健在的狀態向敗戰的重慶軍無條件投降，是在任何情形下都絕對無法承服的。」[19]在距離重慶很遠的滿洲（現在的中國東北），八月八日向日本宣戰而開始進攻的蘇聯軍，

19　約翰・哈里迪、張戎著，《毛——誰都不了解的毛澤東》下卷（土屋京子譯，二〇〇五年，講談社刊），第四五三頁。

如排山倒海般很快壓倒日軍。在此狀態下，蘇聯軍占領了滿洲，受到蘇聯軍支援的中國共產黨軍一路擴大占領的地區。以蔣介石來說，最大的願望就是日軍早一刻投降撤除包圍，交出武器後返回日本。可是，不用蔣介石擔心，天皇透過廣播向日軍下達投降的命令後，日軍便馴服地向蔣介石投降。

除了被指定爲戰犯嫌疑者以外，蔣介石同意遣返日本的軍人或民間人士回國。另一方面，蘇聯軍卻將投降的六十萬以上的日軍強行帶往蘇聯服勞役，導致超過七萬人死亡。因此，蔣介石的聖人傳說在日本暢行無阻。嘗到甜頭的蔣介石宣傳機關，更進一步捏造三則蔣介石神話。第一是蔣介石拯救可能被指定爲戰犯的天皇的神話，這完全是子虛烏有的謊言。在蔣介石的陸軍司令部所製作的戰犯名單上，居於首位的是「日皇　裕仁」。未經蔣介石的許可，是不可能做出這樣的戰犯名單。在天皇的名字上，有「暫刪」二字。這是因爲他們已經知道美國把天皇從戰犯名單排除，也就順水推舟把天皇的名字刪除。其次，是所謂蘇聯預定占領北海道的北半部，但蔣介石出面阻止的神話。一九四五年八月十六日，史達林拍電報給美國總統杜魯門指出：「蘇聯軍占領北海道的一半和千島列島。」但二日後，杜魯門回答：「同意蘇聯占領全部千島列島。可是，北海道、本州、四國、九州則由麥克阿瑟元帥占領。」蔣介石根本就沒有插嘴的機會。另一則是蔣介石放棄對日本的賠償索取權的神話。在和平條約上決定賠償的情形，是從戰敗國支付戰勝國的損害賠償扣除戰勝國所接收的戰敗國的資產。蔣介石已經接收日本留在台灣

謊言就是謊言，在眞實之前自然無所遁形。蔣政權時代，在台灣各處豎立了幾千座的蔣介石銅像，在台北建造壯闊雄偉的紀念堂，進行神格化蔣介石的教育、宣傳。但是，隨著民主化的進展，批判蔣介石的禁忌被解除之後，便如雨後春筍般紛紛暴露蔣介石在二・二八事件的大屠殺以及白色恐怖之元凶的事實，蔣介石神話崩解，大部分的蔣介石像陸續遭到撤除，中正紀念堂也改名爲台灣民主紀念館。在日本，蔣介石神話的影子也漸漸淡化，不久便煙消雲散。

20. 隨著經濟發展，台灣人的力量變強了

在中國國民黨的獨裁下，軍隊、政府均爲黨所有。這一點是和共產黨獨裁國家沒兩樣，但是，中國國民黨卻無法支配中國經濟。中國國民黨在台灣接收包括電力、鋼鐵、石油、鋁、造船、機械、肥料、製糖、製紙、水泥（不久就民營化）等現代的製造業或運輸交通機關、大型金融機關等所有的日本企業，其結果就能夠像共產黨獨裁國家一樣支配經濟。儘管獨占了如此龐大的經濟力，但想要養活從中國逃到台灣的二〇〇萬的軍人和官僚，仍然捉襟見肘，處處感到資金不敷使用。該漏洞是利用美國的援助來彌補，但是，由官僚掌理的無效率的企業欠缺國際競爭力，無法期待經濟發展。於是在一九五〇年底，中國國民黨更弦易轍轉爲引進外

國資金和技術的政策，比中國早了二十年採用「改革開放」政策。這項政策也獲得成功。

在這時代，日語族的台灣人正處在氣盛力壯的黃金時代。大部分的台灣企業，是屬於中小企業，但是，他們和日本企業合作，接受資金和技術。國內市場因已由中國國民黨的企業獨占，於是他們轉向外國尋求市場。利用從日本進口的機械以及無法在台灣生產的原料製造產品，然後廣泛輸往以美國爲首的世界各地。

一九六〇年至一九七七年的十八年間，台灣的人口從一千零八十萬人變成一千七百萬人，足足增加一・六倍，而國民生產毛額是從十五億六千萬美元變成一百九十五億美元，增加了十二・五倍。在同一時期，進口是從三億美元增加爲約二十八倍的八十五億美元，出口則是從一億六千萬美元擴增五十八倍變成九十三億美元。一九七七年的出口金額，工礦業產品占了87%，台灣朝工業先進國之路奮力奔跑。從歐美諸國引進的資金和技術也逐漸增加，台灣經濟持續高度成長。

政治權力盡是掌握在中國國民黨的中國人手中，但隨著經濟發展，台灣人的力量變強了。經濟力壯大之後，發言力也隨之變強。尤其，台灣的經濟發展非常倚賴出口，迫使政府不得不同意出口產業的經營者或業務員和外國往來。以商務爲名義的海外觀光旅行也爲之風行。如台灣留學生一般，他們見識了自由主義諸國，體認到台灣政治的異常性，這種體認在台灣人之間急速擴散。

自從被聯合國排除之後，或許這讓蔣介石受到無以復加的重大打擊，以致他幾乎不再露面，政治的實權則委諸蔣經國，蔣介石終於在一九七五年辭世。副總統嚴家淦繼任總統的地位，但總統也只是名義的裝飾物而已，就任中國國民黨主席的行政院長蔣經國延續獨裁政治。不過，蔣經國沒有像父親那樣被神格化，在台灣也有出版批判他的政治性書籍或雜誌。可惜這些出版物立即受到禁止發行的處分，不過，有一部分出版物透過地下管道流通著，也有送到國外的台灣獨立運動者的手中。從這時期開始，台灣的反體制運動和海外的獨立運動更加緊密合作。

21. 台灣基督長老教會的果敢鬥爭

台灣基督長老教會在一九七七年八月十六日發表「人權宣言」。預測就任美國總統的卡特會在這一年進行和中國的邦交正常化，因此「人權宣言」要求美國切勿犧牲台灣，對蔣家政權則提出建言「台灣應該變成一個新而獨立的國家」，而備受注目。因爲，主張台灣獨立，是符合叛亂罪的禁語。以下，摘要「人權宣言」的要點：

鑑於現今台灣一千七百萬住民面臨的危機，發表本宣言。卡特先生就任美國總統以來，一貫採取「人權」爲外交原則，實具外交史上劃時代之意義。我們要求卡特總統繼續本著人權道義之精神，在與中共關係正常化時，堅持「保全台灣人民的安全、獨立與自由」。面臨中共企圖併吞台灣之際，基於我們的信仰及聯合國人權宣言，我們堅決主張：「台灣的將來應由台灣一千七百萬住民決定。」我們向有關國家，特別向美國國民及政府，並全世界教會緊急呼籲，採取最有效的步驟，支持我們的呼聲。為達成台灣人民獨立及自由的願望，我們促請政府於此國際情勢危急之際，面對現實，採取有效措施，使台灣成為一個新而獨立的國家。

這並非台灣基督長老教會的第一次政治性聲明。在台灣被聯合國排除，國內充滿不安氛圍的一九七一年十二月，台灣基督長老教會就曾發表「對國是的聲明和建議」。在該「國是聲明」上，長老教會在要求將於翌年訪中的美國總統尼克森不要犧牲台灣的同時，也申明「切望政府於全國統一之前，能在自由地區（台、澎、金、馬）作中央民意代表的全面改選，以接替二十餘年前在大陸所產生的現任代表」，要求蔣介石政權改革體制。蔣介石政權以在中國選出的萬年議員，做為其代表全中國的國策（國家的基本方針）根據，因此，這是從正面批判蔣介石政權的虛構體制。在當時的台灣，能夠提出這種改革體制建言的組織，除了長老教會，別無其他團體。在長老教會發表「國是聲明」之後，反體制派的政治家也紛紛挺身而出，將「全面改選國會」做為共同的口號。

最讓獨裁政權畏懼的，就是存在無法控制的組織。政黨自不待言，無論宗教團體或工會，獨裁政權無不極力將所有的組織置於支配下，對於無法控制的組織就加以鎮壓擊潰，此乃獨裁政權的一貫伎倆。蔣介石政權之所以避免從正面鎮壓台灣基督長老教會，主因是長老教會屬於世界性的組織，唯恐受到國際性批判，尤其是美國的批判。於是，蔣介石政權便企圖從台灣基督長老教會的內部進行整肅，將發表「國是聲明」時的總幹事高俊明牧師從領導地位拉下來。但是，長老教會的團結固若金湯，讓蔣介石政權的努力歸於失敗。這次也是以總幹事高俊明牧師為中心，長老教會開始發表「人權宣言」。以長老教會來說，這是已經有受到鎮壓的覺悟後所做出的決斷。可是，蔣經國對鎮壓長老教會依舊躊躇未定。

22. 從中壢事件中判明不能使用軍隊鎮壓群眾運動

蔣家政權為了獲得以美國為首的自由主義諸國的支援，大力宣傳台灣為「自由中國」，其佐證就是地方選舉。中國國民黨的組織遍及台灣的各個角落，而且，工會或農會等組織幾乎都在國民黨控制下，而反體制派則連組織政黨都被禁止。在資金方面，國民黨不僅是世界上最富有的政黨，甚且能夠挪用國家預算或地方政府的預算，因此，有相當充裕的選舉資金。在如此狀況下所舉行的選舉，國民黨候選人的當選者當然是占壓倒性多數。但是，即使是少數，無黨無派的候選人對蔣家政權的批判依舊勇往直前，直言不諱，結果受到群眾狂熱的支持。國民黨害怕這些候選人若當選，會使民眾對蔣家政權強烈的批判成爲公開化，因此不惜以非法的選舉操作，讓高人氣的無黨無派候選人落選。有幾位擁有極高人氣，理應當選的無黨無派候選人落選，因而引發幾乎是群眾暴動的事件。一九七七年，在上述事件後的下一次地方選舉，無黨無派候選人團結一致，合力整備嚴格監視由國民黨官僚管理的選舉體制。在如此監督下的選舉，縱然沒有大規模的非法行爲，但小規模的非法行爲仍然層出不窮。

在桃園縣長的選舉中，被國民黨除名，以無黨無派登記參選的許信良，因批判蔣家政權而擁有很高的人氣。在中壢市的一個投票所，某對老夫妻在許信良的姓名上蓋圈印，但投票所的管理員接過他們夫妻倆的二張投票用紙後，卻再蓋一次圈印才投入投票箱。根據選舉規則，選民要在自己支持的候選人姓名的空欄上蓋圈印來投票，蓋一個以上圈印的票就變成無效。這對老夫妻抗議選務人員的非法行爲，群眾漸漸聚集而引起騷動。位於投票所對面的警察分局派遣警察到現場，保護做出非法行爲的管理員。事件不脛而走，立即傳開來，群眾也開始聚集而來。搭載警備隊警察的六輛鎮暴車也開到現場，對準群眾發射催淚彈，企圖驅散群眾，可是，群眾卻不減反增，熱血賁張的群眾點起火苗燃燒警車。就在此時，軍隊也壓境而來，意欲保護警察分局。對於部署在警察分局內外或屋頂上舉槍直指群眾的士兵，包圍的群眾們異口同聲對他們呼籲：「你們也是台灣人。你們要開槍射我們嗎？」「我們要點火了。很危險，趕快逃出警察局吧！」結果，士兵都沒有開槍，三三兩兩地逃出警局。

在這事件上不能使用軍隊鎮壓群眾暴動，是昭然若揭的。如果是小規模的暴動，警備隊還能出面鎮壓。可是，如二・二八事件時的情形，在許多地方接連發生抗議活動，或抗議變成大規模時，警備隊也是力不從心，根本鎮壓不住群眾憤怒的心。台灣的軍隊，已經有90%是台灣人。雖然大部分的各級指揮官是國民黨中國人的軍官，但是，如果士兵不服從指揮官的命令，就不能利用軍隊來鎮壓群眾運動。如果，士兵違逆指揮官的命令而將槍桿子反轉過來，那麼，靠軍隊支撐的專制獨裁政權自然崩潰瓦解。

俄羅斯帝政是被第一次世界大戰中的一九一七年爆發的二月革命所推翻，不過，這不是有計畫的革命。首都彼德格勒（現在的聖彼得堡）的勞工，一開始發動的是經濟性要求的示威遊行，之後卻漸漸發展成為以「停止戰爭」「打倒專制政權」為口號的政治示威遊行，皇帝下令出動軍隊鎮壓示威遊行，但多數的士兵不服從指揮官的命令，紛紛棄械逃去，一部分的士兵反而站在群眾這一邊，開始攻擊警察，見頹勢已定的皇帝不得不退位。

在台灣，如果發生反對專制獨裁的大規模示威遊行，蔣介石政權為了鎮壓將不得不出動軍隊，那麼，變成和俄羅斯二月革命相同結果的可能性很大。中壢事件，無論對統治者或被統治者都帶來了很大的教訓。

23. 和美國斷交與台灣關係法

一九七八年五月，嚴家淦總統的任期屆滿，蔣經國就任總統，由於嚴家淦總統沒有任何的權力，因此，此舉並沒有強化蔣經國的權力。二、三年來，陸續發生批判蔣家政權的政治家和發行批判蔣家政權的雜誌負責人及編輯等遭到逮捕的事件。公開批判蔣家政權的人漸增，這正意味著蔣家政權的萎縮。

一九七八年十二月十六日，美國發表將於一九七九年一月一日和中國建立邦交。在美國政府的聲明上載明：「表明美國將在一九七九年一月一日和台灣斷絕外交關係，通告美國和台灣的相互防衛條約也依據該條約的條文廢止。美國將在四個月以內撤回軍事人員。」在斷絕邦交的一年後，防衛條約也隨之廢止。

如同前一年的八月長老教會預測將發生這問題而發表「人權宣言」，只要注視白宮的動向，應該就能推測美中間正在進行秘密交涉。之前，蔣經國一再表示：「萬一和美國斷絕邦交，我國將受到難以預測的打擊，但是，這種事絕對不會發生。」他的權威也因此大幅下墜。因爲是處在這樣的狀態，讓蔣經國不曾進行與美國斷絕邦交後的任何準備。他只是一味地譴責美國，罷免自己的外交部長而已。

台灣和美國斷絕邦交的一月一日，蔣家政權開放海外觀光旅行。雖然以商務等名義前往海外觀光旅行的人數急速增加，但是，和美國斷交後的危機感在民眾之間擴大，因此，政府方面希望藉由開放海外觀光旅遊來顯示台灣仍有餘裕，俾使減少民眾的不安。

對美國政府來說，因斷交而廢止防衛條約後的台灣，等於不再有安全保障對策。自從尼克森、季辛吉時代決定對中國政策以來，據說美國國務院就認爲台灣在不久的將來一定會被中國統一。賓州大學歷史學院的亞瑟・沃爾特隆教授指出，出生於中國的台灣統治者考慮接受中國的「一國二制」，他陳述說：「在美國的政府內，並未考慮台灣將來實質上存在的可能性。」[20]

彌補此空隙的，是美國國會所制定的台灣關係法。關於制定這項法律，台灣獨立聯盟美國本部扮演著重大的角色。美國本部的數名幹部，個別和美國國會的有力議員建立緊密的關係。他們協助美國國會議員，大力幫忙擬定台灣關係法的條文。台灣關係法詳細規定，斷交後的美國和台灣的關係維持原狀，防衛條約廢止後，美國一樣協助防衛台灣。

例如，第二條指出，制定該法有助於維持西太平洋的和平、安全與安定，並繼續維持美國人民和台灣人民之間的通

20　約翰・塔西克著，《一個中國是真的嗎？》（小谷柾代、近藤明理譯，二○○五年，草思社刊）。

商、文化以及其他的關係，來推展美國的外交政策。任何企圖以非和平方式來決定台灣的前途之舉，包括使用經濟抵制及禁運手段在內，將被視爲對西太平洋地區和平及安定的威脅，而爲美國所嚴重關切。因此，必須提供台灣人民防衛性的武器，並維持美國的能力，以抵抗任何訴諸武力、或使用其他方式高壓手段，而危及台灣人民安全及社會經濟制度的行動。在此，重新表明保護、促進全台灣人民的人權是美國的目標。

由全文十八條所組成的極爲縝密的台灣關係法，在此列舉的只是一部分。但是，該法明記適用於「一九七九年一月一日以前美國承認爲中華民國的台灣治理當局，以及任何接替的治理當局（包括政治分支機構、機構等）」。所謂「接替的治理當局」，也設想到從中華民國政府變更爲台灣國政府的情況，若非從事台灣獨立運動者，是不可能設想到這樣的條款。

台灣關係法在參眾兩院以壓倒性多數在一九七九年四月十日制定，且溯自同年一月一日施行。

24. 最後的大鎮壓 I：美麗島・高雄事件

中壢事件後的台灣，批判蔣家政權的政治家或編輯、作家等反體制活動顯然活絡化，他們和海外獨立運動者的合作也急速加深。在對美關係上，蔣家政權也不得不依存由獨立運動者協助美國國會所制定的台灣關係法，因此，愈顯蔣經國的無能。在台灣關係法上明記保護、促進台灣人民的人權爲美國的目標之一，這也給台灣的反體制活動人士帶來極大的勇氣。

一九七九年九月，台灣各地的有力活動人士六十餘人，攜手合作設立美麗島雜誌社，創刊《美麗島》（*FORMOSA*）月刊。要求自由與民主、確立法治與尊重人權的《美麗島》，從創刊號起便引起極大迴響，參加者急增，陸續在台灣各地設立美麗島社的分社。美麗島社的目的，不只是出版雜誌，而是要成立在野黨。

在台灣嘗試組成在野黨，已經是暌違二十年的事了。一九六〇年八月，半月刊雜誌《自由中國》的發行人雷震（自由中國社社長），發表將和台灣政治家合力於九月組成「中國民主黨」的方針。雷震是中國的元老政治家，屬於自由主義者，因批判蔣介石政權而被國民黨除名。九月四日，蔣介石政權逮捕雷震，以煽動叛亂罪科以十年的有期徒刑。這讓台灣的政治家心生恐懼，紛紛求去，以致組黨運動成爲泡沫。這是個二・二八事件以來還不到十三年，恐懼依舊強烈烙印在人們心底的時代。

可是，自二・二八事件發生以來，已經過了三十二年的現在，如果再發生像二・二八事件那樣廣泛的抵抗運動時，中國統治者的內心恐懼會更甚於台灣人。一旦對組成的政黨加以鎭壓，勢必在台灣各地引起骨牌效應的抵抗運動，然而這時候的蔣家政權已經沒有足以鎮壓的力量了。從美國政府發表和蔣家政權斷交那一日算起一周年的十二月十六日，美麗島社預定召開「促進台灣民主化大會」。一旦在該會上成立政黨，政府隨後的一切壓制手段就爲時已晚，因此，蔣經國考慮在這之前就擊潰該項活動。

十二月十日，美麗島社預定在高雄市召開國際人權日紀念大會。當日，接近晚上七時的集會時間時，市民陸陸續續往會場的公園聚集，但警察已經占據會場廣場，不讓民眾進入。無法進入的民眾在附近的路上徘徊，聚集在小廣場頻頻發出抗議聲音。緊跟著二十幾輛鎮暴車的警察和憲兵隊，將民眾團團包圍，鎮暴車朝向群眾噴射催淚瓦斯，進行挑釁。一時之間，群眾和鎮暴隊、憲兵隊的衝突四起。聽說，聚集的群眾約有三萬人，但這時候還沒有人被逮捕。政府之所以會出動憲兵隊，或許認爲憲兵是軍隊的警察，和一般的士兵不同，是相當忠貞於權力當局的。

十二月十二日展開了逮捕行動，自此以來近一個月之間，共計逮捕美麗島社的核心人物等一百五十人。被視爲組織政黨運動的八位中心人物，以叛亂罪嫌疑遭到軍事法庭起訴。軍事法庭，是隸屬於蔣家政權的最大特務機關，也是政治鎮壓機關的台灣警備總司令部。對政治犯的逮捕、調查、審訊等一切行動，全部都在台灣警備總司令部內進行。了解該事件是政治鎮壓的著名外國人或國際性的人權團體等，大力批判蔣家政權的做法，要求公開審判。尤其是多數的美國參眾兩院議員的要求，也許帶給蔣家政權很大的壓力，而出現罕見的公開軍事審判，在外國記者旁聽的法庭上，被告堂皇無懼地陳述自己的信念，闡明審訊時遭到拷刑對待。儘管如此，審判一樣虛應了事，四月十七日，全員都被判決有罪。先前因叛亂罪被判有罪的施明德被科以無期徒刑，《美麗島》發行人黃信介被判十四年，姚嘉文、林義雄、張俊宏、呂秀蓮、林弘宣、陳菊等六人被處以十二年的有期徒刑，所有人都附加沒收財產之刑。除牧師林弘宣外，這些人之後都活躍於民主進步黨。呂秀蓮是現任副總統，黃信介（已故）和姚嘉文、林義雄都擔任過民進黨主席。陳菊是現任高雄市市長。擔任這次審判的辯護律師，多數也都活躍於民進黨。現任的陳水扁總統和二○○八年三月舉行的總統選舉的民進黨候選人謝長廷，都是這次審判的辯護律師。移送一般法院審判的人，也有三十一人被判有罪，分別被處以十個月至六年八個月的有期徒刑。

25. 最後的大鎮壓 *II*：極爲殘虐的第二次二・二八事件

一九八○年二月二十八日，二・二八事件三十三周年之際，因美麗島事件（亦稱高雄事件）入獄的林義雄（律師、省議員[21]），在其住宅發生令人匪夷所思的滅門血案。正午時分，他的六歲雙胞胎女兒不知被何人刺殺在家裡的地下室。

大約十二點十五分，放學回家的九歲長女也遭到刺殺，身負重傷。而且，大約在十二點五十分，回到家的林義雄六十歲的母親，也被刺殺。林義雄的母親和三名子女中的二人均遭慘殺，一人身負重傷。

因美麗島事件被逮捕的林義雄等重要政治犯的家裡，無一倖免地都在特務機關的嚴厲監視下，行兇者知道不會有任何人來訪，而悠哉等待林義雄的長女和母親回家再下毒手。行兇者也清楚林義雄夫人方素敏女士被台灣警備總司令部傳喚，這時間不會在家。

發生這種事，任何的台灣人都會想到二・二八事件。正因爲有這目的，才會選在二・二八事件的紀念日進行如此殘忍的行兇。在專制獨裁國家裡，進行政治性謀殺並不稀奇。可是，對準和政治無關的家人進行陰險的恐怖行動，則非一般人所能想像的。和專制獨裁政權鬥爭的人，深知這是賭上性命的事情，在心底早有某種的覺悟。但是，若連家人的安危都要擔心時，或許置個人生死於度外的覺悟就會有所動搖。而且，憂心安危的家人，可能也會哀求他（她）們不要從事危險的政治活動。台灣人對如此陰險的作爲，稱爲「中國式」作爲。

因美國參議院議員愛德華・甘迺迪的要求，美國政府也出面進行調查，之後發表：「高雄事件是國民黨政權企圖消滅反對黨運動所進行的鎮壓，在林義雄先生家人慘殺事件的

21　在中華民國對中國全境擁有主權的虛構下，把台灣視為三十五省之一省，而設置省議會。

背後，可以感覺到是國民黨政權的手在策動。」[22]可是，在台灣這種也許是利用權力進行的殺人事件，卻不曾見過行兇者被檢舉逮捕。該事件的行兇者，彷彿從人間蒸發般迄今完全不明。

26. 最後的大鎮壓 III：終於鎮壓長老教會

四月二十四日，台灣警備總司令部逮捕台灣基督長老教會總幹事高俊明牧師。他是因被懷疑藏匿美麗島事件遭到通緝的「逃亡犯人」而被逮捕。翌日，教會發表「台灣基督長老教會緊急牧函」。緊急牧函上指出：「高俊明牧師從一九七〇年承擔總幹事重責以來，時時依據耶穌・基督的堅固信仰盡心於教會，戮力宣揚福音，且以無以倫比的珍貴勇氣和愛心，關心國家的前途和同胞的命運。他是卓越的牧師，充滿愛心，常常由自己承受他人的過失，爲羊群投入生命，是正直又愛國的優良公民。他對教會和社會的貢獻極大，深受國內和海外的教會、信徒尊敬。」呼籲國人爲高牧師祈禱。在這事件上，高牧師等十人遭到逮捕，移送軍事審判。六月五日召開的軍事法庭，以隱匿叛亂犯人罪，對高俊明牧師和電影院老闆判決有期徒刑七年和沒收財產，對神學院院長處以有期徒刑五年和沒收財產，對七人判決有期徒刑

22　《台灣青年》（第二三七號，一九八〇年七月發行）

二年。被科以有期徒刑二年中的五人，是因知道「通緝犯」卻未向當局密告而獲罪。

畏懼以基督教會爲中心的國際性批判而躊躇的蔣經國，還是開始鎮壓長老教會。在二・二八事件的大鎮壓之後，台灣人因恐懼心，足足有二十年以上不曾對蔣家政權進行像是抵抗一樣的抵抗。期待重現這種不抵抗氛圍的蔣經國，認爲若是默認長老教會的抵抗，一定會削弱鎮壓的效果，於是，決斷對長老教會進行鎮壓。

五月二十四日，愛德華・甘迺迪在洛杉磯召開的在美台灣人的聚會上說道：「我是對台灣人民特別關心的人。我們很清楚台灣民眾在贏得民主和人權的進展上逐漸增大的狀況。可是，對獲得自由充滿希望的趨勢，卻因去年十二月的高雄事件而中斷。其後，政府對反對份子的鎮壓不斷，這對台灣人民的希望帶來重大的後退。依據台灣關係法，我們的義務是要求我們保持、提高台灣所有人民的人權。我嚴正對台灣當局呼籲，釋放因高雄事件而被視爲有罪的所有政治犯，以及之後被逮捕的所有政治犯。我和這個國家以及世界各地的教會領導者，一起要求釋放富有勇氣的長老教會領導者高俊明牧師。我要求舉行自由且公正的選舉，解除在台灣持續三十年以上的戒嚴令。」[23]

以致力於制定台灣關係法的美國國會議員爲中心，美國的多數政治家嚴厲批判蔣家政權的恐怖政治，要求台灣政治

23　《台灣青年》（第二三七號）

的民主化、解除戒嚴令，以及釋放政治犯，愛德華·甘迺迪正是其中之一。自由主義諸國的多數基督教會組織，也對蔣家政權提出相同的要求。因美麗島事件而被逮捕的人，也從獄中要求台灣的民主化，高俊明牧師以同監獄的獄友爲對象，默默扮演牧師的任務。在獄外，要求台灣民主化的運動持續高漲。這一連串的大鎮壓，和蔣經國等所期待的正好相反，絲毫重挫不了台灣人的意志。在這之後，政治性鎮壓仍然不斷，但大鎮壓是以這次爲最後一次。

27. 有關台灣的報導在日本出現空白的時代

在經濟上，與台灣有密切關係的鄰國日本，來台灣觀光的人也很多。但是，儘管知悉蔣家政權持續進行白色恐怖政治，但是，日本的大眾媒體幾乎都不報導這一類的新聞。與其說不報導，不如說是不可以報導。和中國一樣，台灣的蔣家政權也嚴格管制日本的記者，不允許報導對他們不利的新聞。

一九五七年五月二十四日，台北發生一起大規模的反美暴動。駐留台灣的美國軍事顧問團的一名團員，射殺說是特務的一名國民黨中國人，因美國軍事法庭以無罪釋放兇嫌，而成爲暴動的肇因。約一萬名的國民黨中國人占據美國大使館，進行掠奪、破壞，甚至盜取保管在金庫內的秘密文件。

若非專家是無法撬開設計精密的大使館金庫的，因此，傳言這是蔣介石政權爲了盜取此秘密文件所導演的暴動。日本報社的特派員傳送給總社的原稿，都必須受到嚴格的檢閱，這事件幾乎不可能傳播出去，因此，日本的報社是傳播美國的報導。在這種情況下，設置特派員就沒有意義，日本的報社便關閉台北的支局。

這次發生一連串的大鎮壓時，在台灣設置支局的只有《產經新聞》，但是，產經一樣無法刊載詳盡的報導。產經以外的日本報社或NHK重新設置支局，是進入李登輝總統時代，台灣開始民主化的一九九八年的事了。在日本，有關台灣的報導足足有長達四十年的空白時代。因此，了解台灣實情的日本人相當少，因爲不知道，也就點燃不了關心，走訪日本的書店，有關台灣的書籍非常少。和現在相比較，彷如有隔世之感。

進入一九八〇年代，來自蔣家政權的壓力衰微之後，日本的大眾媒體卻還是盡量減少報導台灣的政治問題，這主要是中國的強大壓力所致。台灣的民主化和中國的統一台灣政策是相對立的，因此，中國共產黨政權便持續對日本在報導台灣的新聞上施壓。美國的情形是，即使國務院向中國靠攏，但國會仍大力批判中國的人權問題，持續對台灣政府施壓要求推行民主化。但是，日本從田中內閣時代起，國會也漸漸向中國一邊倒，進而產生批判中國像是做壞事般的社會風潮。

一九八七年，柳谷外務事務次官只是說鄧小平是「宛如雲上之人」，就被迫辭職。鄧小平是獨裁者，柳谷只是說出理所當然的事，這在日本是不會引起問題的，但是，一旦遭到中國的批判，就被迫立即辭去次官職務。翌年，奧野國土廳長官僅道出「戰前是白種人將亞洲做爲殖民地。即使如此，卻只有日本人被視爲壞人」的事實，其後卻因中國和韓國的批判就被迫辭職。一九九四年，永野法務大臣表示「我不認爲在南京事件曾經發生過社會上所流傳的大屠殺」，他只是說出依據日本的幾項研究所證實的事實而已，卻因中國的批判被迫辭職。政治家對中國問題沒有言論的自由，對外務省的中國幫出身的官僚來說，一旦遭到中國的嫌惡，就很難有晉升的機會，因此，阿諛諂媚中國就變成當然的事，在此情形下，豈能進行眞正的外交呢？

如此這般的風潮，也影響到難以想到的機構。例如，國際特赦組織是和政治性的思想或立場無關，是救援政治犯的組織，但是，日本支部不僅不關心中國的政治犯，對獨立派占多數的台灣政治犯的救援也是消極以對。爲此，在一九七七年以「在日台灣人的人權保護會」爲中心，設立「台灣政治犯救援會」時，擔任國際特赦組織第一任日本支部理事長的猪俣浩三先生或承辦台灣政治犯的小組，都熱誠參加「救援會」[24]。因爲在這樣的時代裡，對台灣的白色恐怖政治有關心的日本人僅占少數。

24　《台灣青年》（第二〇三號，一九七七年九月發行）

28. 台灣人的民主化鬥爭和美國國會的支援

顯現國民黨一連串鎮壓終歸於失敗的事例是，美麗島團體的十二位代表，挑戰在一九八〇年十二月舉行的立法院和國民大會的增額選舉，結果全員當選。台灣的立法院相當於日本的國會，國民大會則是擁有總統、副總統的選舉罷免權，以及對於立法院所提出的憲法修正案有承認權的機關。原來的任期，立法委員是三年，國民大會代表是六年，但是，三十二年前的一九四七年，大部分人是在中國選出，不曾改選過，這些人占有這兩個機關的大多數席位。立法委員超過三百六十人、國大代表超過一千一百人都是這樣高齡的萬年議員。因此，政府以敷衍姿態決定增加台灣選出的議員，並選出任期三年的立法委員七十人，以及任期六年的國民大會代表七十六人。雖然美麗島團體有八人當選立法委員、四人當選國民大會代表，但是，對兩機關卻不具影響力。重要的是表達不向鎮壓屈服的姿態，並備受國民的支持。所謂恐怖政治，是被統治者因恐懼心而屈服於統治者之下方可成立，一旦對方不屈服於鎮壓，恐怖政治就發揮不了作用了。

在翌一九八一年十一月的地方選舉上，美麗島事件的有關人士也是非常善戰。現在（二〇〇七年）的陳水扁總統和二

○○八年總統選舉的民進黨候選人謝長廷，都是在這次選舉中當選台北市市議員，開始步入政治之路。

將高俊明牧師關進牢獄之後，蔣家政權一意想要支配長老教會而不斷施予壓力，然而不曾發生效果。一九八一年四月，長老教會大會決定獄中的高俊明牧師連任總幹事。

以權力推行的計畫性大鎮壓終歸失敗，但不表示此後不再有白色恐怖。其後，偶爾也會發生幾起個別的白色恐怖事件。一九八一年七月三日早晨，在國立台灣大學校園內發現陳文成博士（31歲）的遺體。因休假帶著妻子回來台灣的陳博士（美國卡內基．美隆大學副教授），判明是在前一日上午被台灣警備總司令部帶走。警備總司令部發言人承認審訊過陳博士，不過強力主張當夜就讓他回家。解剖的結果，陳博士除了十三根肋骨骨折以外，內臟有多處損傷，也出現大量的內出血。顯然可知，這絕非是單純的殺人事件。陳文成博士在就讀密西根大學時代，曾經在大學報紙上發表批判特務學生的文章，因此，為特務機關所憎惡。不過，是否為台灣警備總司令部所為則不明。也有一說指出，警備總部釋放陳博士之後，警備總部的競爭對手、二大特務機關之一的法務部調查局將他逮捕後行兇[25]。

對於為了壓制台灣人的抵抗所進行的一連串白色恐怖，美國國會迅速反應，嚴厲糾彈蔣家政權。一九八○年，美國眾議院亞洲太平洋委員會（史蒂芬．索拉茲主席），召開二次

25　《台灣青年》（第二五一號，一九八一年九月發行），第四頁。

「台灣人權問題公聽會」，嚴密解析這次的事件，闡明蔣家政權的專制獨裁體制是靠戒嚴令下的恐怖政治所支撐。

一九八二年五月二十日，台灣發布戒嚴令三十三周年之際，兩位參議院議員愛德華・甘迺迪、克雷澎・裴爾和兩位眾議院議員史蒂芬・索拉茲、吉姆・李奇，指摘蔣家政權的恐怖政治實態，發表要求解除戒嚴令和施行民主化的聲明。接著，又有參眾兩院議員三十四人連署，並發表要求蔣家政權解除戒嚴令和施行民主化的聲明。這些奧援在給予追求自由和民主的台灣人極大勇氣的同時，也給予在防衛方面亟需美國援助和協助的蔣家政權很大的壓力。

29. 因民主革命風暴垮台的蘇維埃帝國

在蔣家政權所進行的一連串大鎮壓終歸失敗，使恐怖政治無法統治台灣的情形昭然若揭時，遠方的波蘭正發生一起世界史上影響極大的事件。一九八〇年八月，在格達尼斯庫造船廠所進行的罷工，立即波及波蘭全境，成立以華勒沙爲主席的自主管理工會「團結工聯」，當它開始進行民主化運動時，波蘭共產黨便失去統治權力。

我在《台灣青年》（一九八一年三月發行）以〈搖撼蘇聯統治體制根幹的波蘭革命——以「團結工聯」之名出現在波蘭的「蘇維埃」，讓蘇維埃帝國面臨垮台的危機〉爲題發表論文[26]。在該論文的開頭，我作如下的撰述：

去年八月，在格達尼斯庫所點燃的革命之火，覆蓋全波蘭。統治東歐蘇聯圈諸國的，是在蘇聯統治下仿效蘇聯共產黨所設立的小型蘇聯共產黨。在這些共產黨統治下所引起的國民不滿，基本上都是站在共同的基盤上。波蘭共產黨（統一勞工黨）的危機，也變成這些共產黨的危機。連帶搖撼蘇聯對東歐的統治，也威脅蘇聯共產黨在國內的統治權。

我們的台灣獨立運動和「團結工聯」有相同目的，都是爲了推翻專制獨裁體制，建設自由、民主的國家。《台灣青年》是獨立運動的機關雜誌，因此，我們經常進行民主化革命成功的理論研究。我之所以如此重視「團結工聯」，是因爲「團結工聯」和一九〇五年第一次俄羅斯革命所誕生的「蘇維埃」是相同的組織。所謂「蘇維埃」，是「會議」的意思。而此蘇維埃是進行罷工的各工廠勞工代表的聯絡協議會。過去是各工廠各自進行罷工，因此容易受到鎮壓，而罷工的目的也僅限於改善勞工的待遇。但是，蘇維埃成立以後，即可進行足以讓都市功能停擺的總罷工，目的也提高到否定皇帝專制獨裁體制的政治體制民主化。第一次的俄羅斯革命，因全國罷工導致政府的統治功能陷入麻痺狀態，致使皇帝不得不低頭同意言論、思

26　《台灣青年》（第二四五號，一九八一年三月發行），第二〇頁。

想、集會、結社的自由或制定憲法、開設國會等大改革。可是，高亢的群眾革命性氣氛是無法長久持續的，因此，隨著氣氛的沉滯，蘇維埃也漸漸失去領導力。於是，皇帝開始反擊，鎮壓蘇維埃。但是，一九一七年的二月革命，蘇維埃又立即復甦，擊垮俄羅斯帝政。雖無法長久持續，卻能立即復活，也是蘇維埃的特徵。十月革命，是布爾什維克利用蘇維埃所進行的政變，但是，掌握權力的布爾什維克卻讓蘇維埃有名無實化。布爾什維克在國名、黨名上都冠上「蘇維埃」，而此蘇維埃和原來的蘇維埃是沒有關係的。可是，對利用蘇維埃奪取政權的蘇聯共產黨來說，在東歐諸國出現眞正的蘇維埃應該會變成重大的威脅。而且，蘇維埃聯邦只是改由共產黨頭頭和黨員代替皇帝和貴族的獨裁國家而已。俄羅斯帝政幾乎沒有抵抗便屈服於蘇維埃之下，主要是體制本身走入末路所致。我認爲，蘇維埃帝國業已步入死胡同，因此，當蘇維埃再度出現時，帝國瓦解的可能性極大。

掌握波蘭軍、黨、政府三權的葉爾賽爾斯基將軍，在一九八一年十二月施行戒嚴令，將已經弱化的「團結工聯」以非法之名加以鎮壓，但是，「團結工聯」是稍有機會就能立即復活的。面對這般的危險性，蘇聯共產黨是如何對應呢？爲了解開自己的疑惑，我認爲有必要再次研究俄羅斯革命。於是，以〈俄羅斯革命的神話〉爲題的論文，分三十次在《台灣青年》連載。之後在一九八七年，以《俄羅斯革命的神話——爲何誕生全體主義體制》爲題發行單行本[27]。我在這本書上引用了領導十月革命政變的托洛茨基的話：

如果各位承認資本主義世界長達數十年的新繁榮的可能性，那麼，落後的我國的社會主義故事，就成了可悲的拙作。而且，我們將所有時代視爲資本主義之衰微時代的評價，不得不說是錯誤的[28]。

當「團結工聯」出現在波蘭時，從十月革命算起已經過了六十年以上的歲月，因此，多數的蘇聯共產黨領導者當然不會體認到「蘇聯的體制本身就是可悲的拙作」。

一九八五年三月，蘇聯總書記契爾年柯逝世後，受到全體政治局委員支持的激進改革派戈巴契夫就任總書記。蘇聯經濟已經完全走入末路，因此，共產黨的任何中樞幹部都體認到大改革的必要性。戈巴契夫相信，如果不以民主化來變革官僚支配體制，就無法重建經濟。這是否定原來的思想和體制，依據新思想來建設新體制，正是所謂的革命。這項革命是依據戈巴契夫所說的「新思考」進行的重建。蘇聯一旦民主化，就無法維持蘇聯以武力爲背景統治東歐諸國的體制。

27　宗像隆幸著，《俄羅斯革命的神話——為何誕生全體主義體制》（一九八七年，自由社刊）。

28　托洛茨基著，《被背叛的革命》（對馬忠行、西田勳譯，一九八一年，文榮社刊），第三一一頁。

戈巴契夫對參加契爾年柯葬禮而來的東歐諸國領導者言明：「贊成我們的平等關係，尊重各國的主權和獨立，以及所有領域的互惠協助。」[29]這是隱喻著放棄在一九六八年鎮壓「布拉格之春」以後，布里茲涅夫總書記所發表的「限制主權論」的原則。簡言之，這項布里茲涅夫原則，就是爲了保護東歐諸國的現行體制，在必要時蘇聯具有以軍事介入的權利。一九五三年，史達林逝世後，分別在東德和匈牙利引發民主化運動，讓兩國的共產黨政權面臨瓦解的危機，但因蘇聯軍的介入，鎮壓了民主化運動。在發表布里茲涅夫原則以前，蘇聯是如此保護東歐諸國的共產黨政權。但是，放棄布里茲涅夫原則而尊重東歐諸國的主權之後，不受國民支持的東歐諸國的共產黨政權當然無法再維持下去。可是，此時東歐諸國的任何統治者似乎都不相信戈巴契夫所說的這段話。

在蘇聯，那些因民主化而不得不放棄權力的勢力所顯示的抵抗仍然強烈，而且也不熟悉民主性的政治運作、自主性的企業經營，導致政治、經濟的混亂。不過，邁入一九八八年以來，雖然政治紊亂，經濟力也降低，但仍然持續進行重建，則是非常明白的事。看清這趨勢的東歐諸國紛紛發動民主化運動。

一九八九年四月，波蘭的「團結工聯」合法化以後，「團結工聯」在一日之間便復甦，在六月新設的國會選舉

29　《戈巴契夫回憶錄》（工藤精一郎、鈴木康雄譯，一九九六年，新潮社刊），第三七五頁。

上，「團結工聯」在名額一百個席位中獲得九十九個席位。瞬間，民主化運動蔓延整個東歐諸國，各國的共產黨政權也隨之瓦解。

不僅如此，以波羅的海三小國的獨立運動爲契機，在蘇聯內部要求主權的獨立運動也逐漸擴大，一九九一年，蘇維埃聯邦瓦解，構成聯邦的十五個共和國紛紛獨立。這種結果似乎是戈巴契夫所始料未及的，不過，可說是因重建、否定蘇聯共產黨的專制獨裁體制所出現的當然結果。

30. 台灣獨裁體制終焉

對蔣經國而言，蘇聯的重建也許不是事不關己的事。他在年輕時期曾留學蘇聯，和俄羅斯人結婚，在工廠工作過，有在蘇聯滯留十二年的經驗。利用特務機關進行恐怖政治統治國家的做法，無論是中國國民黨或中國共產黨，都是從蘇聯那邊學來的。

布爾什維克以政變奪取政權，但只是少數的勢力，過不了多久便陷入內亂狀態。多數是貴族的五十萬帝政俄羅斯軍的軍官紛紛落荒逃命，當中約有二十萬人參加白衛軍和布爾什維克對戰。托洛茨基爲了建設赤軍，以徵兵募集士兵，但軍官的養成不是輕而易舉之事。於是，托洛茨基推翻黨內激烈的反對，召集舊帝政俄羅斯軍的軍官，但爲了監視他們，從總司令官到連長都配置了共產黨員的政治委員，沒有政治委員副署的命令，一切無效。該政治委員就是軍隊特務。因這種制度實行的成功，於是將此做法也用在國家的所有組織上。舉凡政府機關或電力、鐵道、港灣等的基礎建設，絕大多數都掌握在前貴族手上，因此，也針對他們配置黨的特務。在蔣經國滯留蘇聯的時代，他目睹了這種方式的有效發揮。因此，他也讓台灣沿襲此做法。理由雖有不同，但無論對蘇聯或對台灣來說，這種方式都已經不能通用了。儘管如此，蔣經國和戈巴契夫不同，他根本提不出任何果敢的改革。他腹中已無妙案嗎？或者已經沒有進行大改革的魄力了？在國民黨幹部當中，也沒有人能夠爲打開末路而提出改革的方案。在蔣介石大肆揮舞獨裁權力的時代，蔣經國已經在暗中排斥可能成爲競爭對手的有能力的人，因此，或許黨內已經沒有才幹出眾的黨員了。中國國民黨本身已經走到末路了。

無論是誰都已看清蔣經國政權的式微。例如，在禁止獨立聯盟幹部回國的問題上便清晰可見。以前，是無所不用其極地想盡辦法要把那批人帶回台灣，但現在，蔣家政權卻公開宣布「台灣獨立聯盟是叛亂集團」，唯恐聯盟幹部對民主化運動的影響力，而明文禁止他們回國。

一九八四年五月二十日，舉行蔣經國總統和李登輝副總統的就任典禮。蔣經國之所以指名李登輝爲副總統，主要是認爲李登輝沒有政治野心，是個博學多能學者出身的技術官僚。無論是誰也都是這樣看待李登輝，因此，沒有一個人會料想到他將遂行革命性的大改革。但就結果來說，蔣經國的這項指定可說是對台灣最大的貢獻。

一九八四年十月十五日，大約在一個半月後出版《蔣經國傳》的作者江南（美國籍），在洛杉磯近郊的自宅前遭到殺害。美國警察經過搜查結果，判明這是蔣家政權的國防部情報局長汪希苓中將下令部下陳啓禮所從事的犯行。陳啓禮將自己錄下犯行經緯的錄音帶，託給部下張安樂保管，但是，張安樂被警察逮捕後，錄音帶也被扣押沒收。在台灣，有中國系和台灣系的暴力集團，陳啓禮是中國系大型暴力集團竹聯幫的首腦人物，在加州也有組織。汪希苓將陳啓禮視爲直屬部下，讓他在情報局的訓練中心接受暗殺訓練，然後，以「江南撰寫《蔣經國傳》醜化元首」的理由，下令陳啓禮暗殺江南。接到命令的陳啓禮，指揮二名部下暗殺江南。陳啓禮擔心情報局爲了湮滅證據，不惜下令殺掉自己，於是留下錄音帶。張安樂說：「蔣經國的次男蔣孝武，下令汪希苓暗殺江南。」

一名執行命令的行兇者在美國被逮捕，而陳啓禮和另一名行兇者則安全返抵台灣。美國眾議院嚴厲批判外國的官員在美國公然殺害美國人，做出要求引渡陳啓禮等二人的決議，於是，美國政府向蔣家政權要求引渡二人。可是，蔣家政權卻予以回絕，給予美方的答覆是，已逮捕陳啓禮等二人以及汪希苓等情報局的幹部三人，將在台灣審判。

依據發表的陳啓禮自白書，陳啓禮表示在汪希苓下令之前，他想「爲了國家，考慮暗殺張燦鍙（台灣獨立聯盟主席）

和許信良」。有人詢問張燦鍙有關這件事的感想，他一派輕鬆地說：「我早已將自己和家人的生死置於度外。事實上，去年夏天聯盟便接到從國民黨的內部傳出的極機密情報，當中表示爲了暗殺台灣獨立聯盟的幹部，特地派遣暗殺者前來美國。台灣人大可不必過大評價國民黨政權的特務機關。而且，也不需要心生恐懼。國民黨內部機密不斷洩漏，正表示政權已呈現病入膏肓的末期症狀。」[30]

實際上，在美國發行的中文版《蔣經國傳》，拜江南遭到暗殺之賜成爲洛陽紙貴的暢銷書，也有出版日文翻譯版[31]，但是，如果沒有發生暗殺事件，或許就不會引起話題。其內容也只是淡淡敘述蔣經國的人生，並沒有特別醜化他。以監視軍隊的同時，也從敵人的謀略中保護軍隊爲任務的國防部情報局局長汪希苓，是不可能想出這樣的暗殺手法。其實這是被視爲最有力的蔣經國繼承者蔣孝武所下的命令，再由汪希苓執行暗殺的工作。陳啓禮等二人是在一般法庭接受審判，汪希苓是在軍事法庭審判，個別受到無期徒刑的判決，不過，在獄中居住如豪華公寓般的房間，並能自由外出等特別待遇，一九九一年一月，他們都獲得釋放。

一九八五年八月十六日，蔣經國在美國《時代》雜誌專訪時表示：「關於今後的總統，不曾想過讓蔣家一族來繼承。」蔣經國的這番說詞，或許是有感於自己的兒子蔣孝武

30 《台灣青年》（第二九五號，一九八五年五月發行）

31 江南著，《蔣經國傳》（川上奈穗譯，一九八九年，同成社刊）。

在江南事件上表現的何其魯莽愚蠢，不過在這之前，可能也體認到無法繼續獨裁權力。

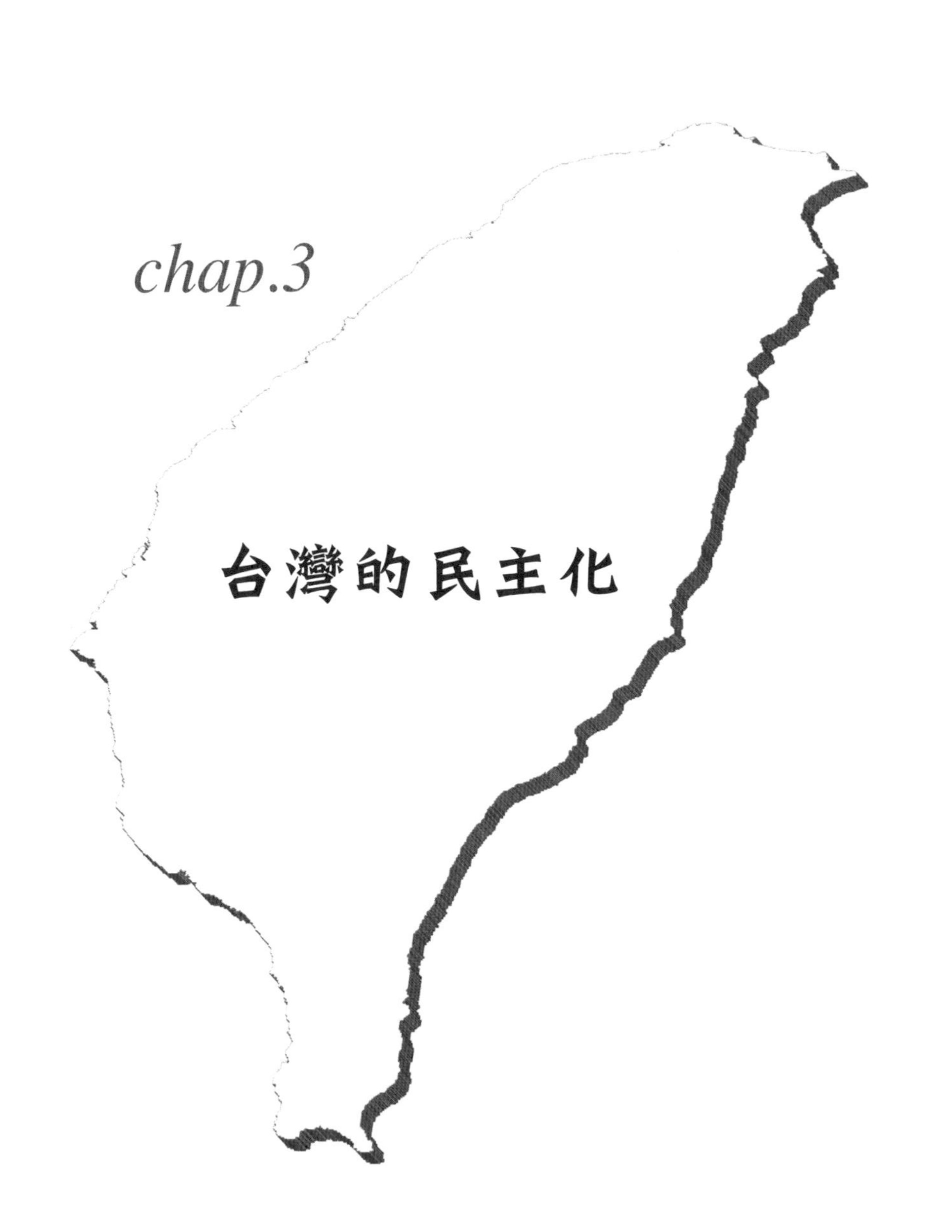

chap.3

台灣的民主化

31. 民主進步黨的成立

一九八五年十一月十六日，台灣舉行全面的地方選舉。在這次選舉中，重要的事是，黨外編輯作家聯誼會（編聯會）全面支援黨外公共政策研究會（公政會）的候選人。以這二個組織爲中心，在翌年組成民主進步黨。編聯會是以要求民主化、反對國民黨獨裁體制的編輯和作家，在一九八三年組成的組織，而公政會是地方政治家以相同目的在一九八四年組成。所謂「黨外」，就是指在中國國民黨之外，也含有反對中國國民黨獨裁體制的意味。

在這次選舉時，發生好幾起抗議國民黨非法行爲的群眾和警察的衝突。十一月十八日，在這次選舉中以台南縣長候選人落選，但非常善戰的陳水扁和吳淑珍女士以及支持者等，巡迴向選民謝票的途中，遭到突如其來的拼裝車衝撞，造成吳淑珍女士身負重傷。發生衝撞的地方是個像口袋般無路的死巷，車子是不可能開進這樣的巷弄裡的，因此，咸認是國民黨的恐怖行動。吳淑珍女士因這事件變成終身半身不遂。

從一九八六年初期起，已有少數人秘密著手組成新黨的準備工作。在戒嚴令下，明文禁止組織新政黨，一旦在事前被發覺，便會立即遭到逮捕。即使是少數人組成政黨，只要東窗事發一樣會被逮捕。但是，只要串連台灣各地的有力人士，當新黨受到鎮壓時，台灣全島就會發生抵抗運動，或許就在這時刻一舉瓦解蔣家政權。爲了克服這矛盾，他們一方面一點一點增加同志，一方面擬定計畫在九月二十八日召開「黨外後援會推薦大會」，推薦將在年底舉行的立法委員和國民大會代表的增額部分選舉的黨外候選人，並在當場一舉成立新黨。

另一方面，爲了不讓政府鎮壓新黨，也策動美國國會議員對蔣家政權施壓。台灣獨立聯盟美國本部總攬這項工作，促成由參議院議員甘迺迪、裴爾，以及眾議院議員索拉茲、利齊、特利傑力等五人，在五月二十日組成「台灣民主化委員會」，要求蔣家政權解除戒嚴令、自由組成新黨、全面改選國會、由公民直接選舉總統等。再者，由這些議員在參議院和眾議院，提出促進台灣民主化的決議案。六月二十五日，在美國眾議院的亞太小組和人權小組的聯合會議上，通過對蔣家政權要求：（1）同意新黨的成立，（2）廢止檢閱制度，保障言論、出版、集會的自由，（3）促進實現完全的議會民主制等的決議案。

五月十九日上午，位於台北市舊市區繁華街的龍山寺內，聚集了來自台灣各地的六十幾名反體制派的領導人，揭舉「要求解除戒嚴令、反對蔣經國一族的獨裁、保障人權」的口號，進行「五・一九綠色行動」。以江鵬堅（第一任民進黨主席）爲代表，陳水扁、謝長廷等也在其中。蔣家政權在龍山寺的門前部署約五百名的女警和警察學校的學生，把他們圍堵在寺內。而在女警和學生的周圍，則有綠色行動別動隊和群眾包圍著，在別動隊和群眾的附近，又有超過二千人的鎮暴警察和憲兵隊監視著。上午十時，宣布開會，開始演說會。其後，預定示威遊行到總統府，但是，他們根本踏不出龍山寺一步。午後，下了一陣雷陣雨，台北市警察局長表示絕對不容許示威遊行，最後只能繼續在寺內集會。超過二千人的群眾包圍門前的警察，而在群眾的周圍又有警察的包圍。入夜十點時，宣布閉會。這也是爲了組成政黨、強化團結所舉行的活動。

六月十日，黨外雜誌《蓬萊島》（意指台灣）社長陳水扁和發行人、總編輯等三人，因誹謗罪被審判科以八個月有期徒刑，披著「光榮入獄」的彩帶入獄。群眾們邊高聲吶喊「我們也一起入獄」，邊歡送三人。讓反體制派的活動人士以誹謗或貪汙的罪名入獄，是支配檢察、法院的蔣家政權最常用的手法。可是，反體制派者將如此的入獄視爲榮譽，使政治性鎮壓頓失效果。

一九八六年九月二十八日，在台北市圓山飯店召開的黨外後援會推薦大會上，提案成立民主進步黨（民進黨），以反體制派有力人士一三五人爲發起人，組成民進黨。蔣家政權已經沒有能力鎮壓如此眾多發起人的新黨。台灣民主化委員會的美國國會議員，拍來電報祝賀民進黨的成立，且警告蔣家政權不得鎮壓民進黨。在世界台灣同鄉會的呼籲下，同時成立台灣民主進步黨世界後援會。

十月八日，訪台的美國《華盛頓郵報》會長卡薩琳·格拉哈姆一行人，會晤蔣經國時提出質問：「是否承認新政黨？不解除戒嚴令嗎？」蔣經國回答：「黨外人士欠缺愛國心。他們和海外的台灣獨立運動相聯繫。任何的新黨都要遵守憲法，支持反共國策，必須和台灣獨立運動劃清界線。」事實上，這是回答容許民主進步黨的成立。

十一月十日，民主進步黨召開第一屆黨員代表大會，選出江鵬堅主席以下的幹部，採擇以確立自由、民主的法治國家爲目的的基本綱領和行動綱領、黨章。

十二月六日，舉行立法委員和國民大會代表部分增額選舉，民進黨有十二人當選立法委員、十一人當選國大代表。在這次選舉所使用的民進黨國大代表候選人的共同文宣海報，震驚台灣的人們。這幅海報是用漫畫畫出一個豬面的蔣經國，然後在這上面大大寫上「我們不要豬仔總統」的字眼，並提出「把人民的權利還給人民！」「讓我們親手選出自己的總統！」「新黨救台灣！」「民主新希望！」等口號。一九六八年，作家柏楊[32]在報上刊載大力水手父子在小島上釣魚的漫畫，旁邊加上附註「父子買下這座小島，輪流擔任總統」，結果以諷刺蔣介石、蔣經國父子的罪名身陷囹圄十載。「我們不要豬仔總統」的海報，如實顯出蔣經國的獨裁權力已經失速墜落。違反戒嚴令組成新黨，使戒嚴令在

32　柏楊一九八五年出版的《醜陋的中國人》，在台灣變成大暢銷書，翌年在中國出版引起爆炸性的人氣，但是被禁止發行。日文版以張良澤、宗像隆幸的合譯，在一九八八年由光文社的CAPA BOOKS出版。

實質上已經失去效力。一九八七年七月十五日，蔣經國在身故前半年，解除了從一九四九年以來持續三十八年，世界史上最長的戒嚴令。

圖五 「我們不要豬仔總統」的選舉海報

32. 傀儡總統李登輝

一九八八年一月一日，蔣經國總統在發表的元旦祝詞上，如舊地說出「在中華民國之下統一全中國」的空虛言詞。這一日，解除了從一九五一年以來一直持續的報禁。在台灣發行的報紙，全部都在國民黨的支配下，但是，解除報禁後便啓開發行批判國民黨報紙的大道。在這時期，批判蔣家政權的雜誌或書籍如雨後春筍般劇增，使政府處在來不及下令禁止發行、沒收的狀態下。解除戒嚴令，揭舉自由、民主，使國民黨持續獨占新聞的優勢也走到盡頭。

一月十三日，蔣經國因心臟病發猝死，享年七十七歲。即日，李登輝副總統遵從憲法就任總統。這是發生在他六十五歲生日前二日的事。因獨裁者的猝死，引起權力走向一片混沌。在過去，沒有掌握國民黨、軍隊、特務機關和政府這四個組織的支配權，就無法成爲獨裁者。

在國民黨內，秘書長李煥是最大的實力者，但因黨內存在派系和對立，讓他無法獨攬支配黨。在軍隊，參謀總長郝柏村掌握強大的權力。軍隊是最服從命令的組織。在蔣家政權的體制下，國防部長僅擁有軍政權，對軍隊的命令權是賦予參謀總長。從一九八一年以來持續七年擔任參謀總長的郝柏村，據傳聞已大致掌握其下的將軍。台灣警備總司令部和法務部調查局這二大特務機關，互相視爲競爭對手，雖直屬獨裁者，卻沒有橫向的聯繫，因此，並不存在對整個特務機關擁有支配權的實力者。政府由行政院長統領，行政院長是由獨裁者所任命的技術官僚，負責進行有效率的行政工作，因此，也沒有太大的政治力。

李登輝雖就任總統，卻沒有軍隊、黨務的經驗，和特務機關也無緣，因此，沒有各部門實力者的同意，根本就無法施行政策。正因如此，在當時我們諷稱李登輝是傀儡總統。

二○○六年和李登輝先生對談時，我問到當時的情形，李先生坦然以對，作如下回答：

因蔣經國逝世，由副總統的我繼任，不過，眞的是傀儡總統。我沒有任何一項權力。連自己坐的椅子，也沒辦法安穩坐著。從蔣經國病逝以來，政治的實權是掌握在國民黨的元老手中。如何和他們一起工作呢？如何對應軍隊、情報機關（特務機關）或警察呢？在一九九○年三月選出總統之前的二年二個月，我幾乎都爲了這些事大耗時間[33]。

李登輝先生邊搖著腰桿，邊說「連自己坐的椅子，也沒辦法安穩坐著」。李登輝能夠從這樣嚴酷的權力鬥爭困境中獲勝，成爲擁有眞正權力的總統，方可遂行「寧靜革命」，將台灣的民主化推進到現在這種地步。如果沒有相當的政治手腕，是不可能順利完成的。

33. 極爲壯烈的鄭南榕自決

將封閉台灣人民自由的好幾層厚重的門扉，一層一層撬開的男子，就是鄭南榕。一九八四年三月，鄭南榕創刊《自

33 宗像隆幸著，《瀕臨危急存亡的台灣——如果中國併吞台灣，就把日本做為屬國》（二○○六年，自由社刊），第十七頁。

由時代》週刊，在雜誌上披露故意讓人民因恐懼入獄，或如江南般遭到暗殺而視政治爲大禁忌的獨裁者一族的內幕，以及特務機關的暗中活動等。在他自決身亡前的五年期間，《自由時代》一年內受到的停止發行處分共計二十七次，受到僅限該號禁止發行處分的有十六次，即使如此，他也不曾歇手，持續發行《自由時代》雜誌。爲了預防遭到停刊處分，他還登錄了許多諸如《鄉土時代》、《創造時代》、《台灣時代》等有「時代」字眼的雜誌名稱。雜誌名稱雖然不斷變更，但從自由時代出版社所發行的雜誌，則全部都被稱爲《自由時代》。想在書店購買遭到禁止發行的《自由時代》，一樣可以如願購得，因爲爲了躲避沒收而藏起來的雜誌都有配送到書店。

鄭南榕擁有豐富的創造力，腦子裡不時冒出各種點子，他把這些點子變成組織活動力，堪稱是深具行動力的人。一九八六年的「五・一九綠色行動」，就是參加組織民進黨準備工作的鄭南榕想出的點子。爲此，他從六月二日至翌一九八七年的一月二十四日總共在獄中蹲了八個月，其間民進黨宣告成立。

出獄後的鄭南榕，在二・二八事件四十週年之前，發起將二月二十八日做爲和平紀念日的「二・二八和平日」運動。鄭南榕的母親是台灣人，但父親是日本統治時代從中國來台灣的人，本籍是中國。宣稱是中國正統政權的國民黨政權，將台灣視爲中國的一省，因此，父親的本籍如果是台灣，就是「本省人」，如果是中國就稱爲「外省人」。在二・二八事件時，「外省人」殺戮「本省人」，導致兩者之間存在無法解開的死結，因此，想在台灣建設自由、民主的國家，就非解開這個死結不可，鄭南榕便挺身發起「二・二八和平日」運動。

一九八七年四月十八日，鄭南榕在公開演說會上主張「台灣應該獨立」。雖然長老教會曾在人權宣言上提言「使台灣成爲一個新而獨立的國家」，但是在公開場合以個人身分主張台灣獨立的，則以這次爲首見。僅主張台灣獨立便符合叛亂罪，因此，在此之前任誰也不敢在公開場合開口說出台灣獨立。可是，自從鄭南榕衝破這禁忌以後，便到處有人公然主張台灣獨立。對此，國民黨也不是遮眼摀耳只有袖手旁觀的份。例如，同年八月底，前政治犯齊聚一堂組成台灣政治受難者聯誼會時，在其規章內列有一項「台灣必須獨立」。此時的會長與該項的提案者，在十月因嫌疑叛亂罪遭到逮捕時，台灣各地紛紛舉行以「台獨無罪」和「言論自由」爲口號的示威遊行和集會。十一月，民進黨在黨員大會上採擇所謂「人民擁有主張台灣獨立的自由」的決議。翌年一月，台灣高等法院針對被逮捕的二人做出有期徒刑十一年和十年的判決。戒嚴令已經解除，不能再使用軍事法庭，但是，檢察、法院都還在國民黨的支配下，就能依他們所願做出任何的判決。可是，針對這項判決要求二人無罪釋放的群眾運動，長期持續進行。

一九八八年七月，訪日的鄭南榕除了和獨立聯盟日本本部的幹部聚餐之外，也分別和幾個人會談。夥伴張良澤

圖六 自決的鄭南榕（右）與筆者（1988年7月20日拍攝）

（當時爲筑波大學副教授）表示鄭南榕想見我一面，於是請他陪同鄭南榕到我家。這一年的五月，我以《台灣獨立運動的思想與戰略——爲自由而戰》[34]（中文）爲題，在台灣發行單行本。這是我在《台灣青年》發表的論文的中文版，曾刊載在美國的《台灣公論報》（獨立聯盟美國本部發行，一週發行二次），之後加以彙集付梓所成的一本書。從鄭南榕公開主張

34 宋重陽（宗像隆幸）著，《台灣獨立運動的思想與戰略——為自由而戰》（一九八八年五月，台灣南冠出版社刊）。

台灣獨立後僅經過一年，諸如此類的書籍就在台灣出版問世。我們二人透過張良澤的翻譯侃侃而談，鄭南榕也讀過我的拙作，而讓我們更加意氣投合。他特別關心的是，身爲日本人的我爲什麼會參加台灣獨立運動呢？儘管是「外省人」，卻投入台灣獨立運動的鄭南榕，已經是極爲罕見的人，因此，對外國人的我參加獨立運動特別感興趣。我從根底就是自由主義者，而台灣獨立運動是人民爲自由而戰的運動，因此在許世楷邀請時便欣然參加，我像這樣很簡單地解開他的好奇。

在這一年十二月九日發行的《自由時代》雜誌內，鄭南榕刊載許世楷撰寫的〈台灣共和國憲法草案〉[35]。翌一九八九年一月二十日，高等檢察署認定刊載憲法草案已符合叛亂罪嫌疑，於是寄送要求鄭南榕一月二十七日出庭的傳票。在台灣已充滿主張台灣獨立之聲的時代，檢察署之所以如此重視這問題，可能是因爲許世楷是台灣獨立建國聯盟（一九八七年從台灣獨立聯盟改稱）的主席。一月二十六日，鄭南榕鄭重申明「從今天起，我都不回家。就住在自由時代社」，從此閉門不出。他在總編輯室放置三罐汽油罐，而且把打火機貼在罐子上，已有「只要警察來逮捕就自決」的覺悟。鄭南榕留下和編輯人員所談的內容，自己整理成爲可說是遺書的文章，刊載在《自由時代》「台灣建國烈士・鄭南

---

35 日文的〈台灣共和國憲法草案〉刊載在《台灣青年》（第三四〇號，一九八九年二月號發行）。

榕」紀念專輯號（一九八九年四月十六日發行）。他在當中有如下的陳述：

問：爲什麼不答應法院的傳喚呢？

答：這是國民黨濫用公權力，迫害政治反對者，我認爲，必須讓台灣人民知道人民擁有抵抗的權利。

問：如果國民黨要強制把你帶走，該怎麼辦呢？

答：**他們不可能逮捕我。他們能逮捕的只有我的屍體。**他們應該了解這種情形。

問：你覺得主張台灣獨立和二．二八事件有關係嗎？

答：有相當密切的關係。在海外主張獨立的戰後年輕世代，幾乎都受到二．二八血腥教訓的影響。他們明確體認到，唯有台灣獨立，才能夠保障台灣人的人權與民主。

問：一九八七年四月十八日，你在公開演說中第一個主張台灣獨立，其後便一貫標榜獨立，在雜誌上刊載新憲法草案。在這些行動的背景裡，是否有一貫的戰略？

答：在這之前，沒有人敢在公開場合主張台灣獨立，因此，我非挺身先主張不可。當台灣獨立的主張變成一個共識以後，不是掛在嘴巴上喊喊口號就可以，而必須出現具體的憲法草案。

問：住在這座島嶼上的人們之間（本省人和外省人之間），存在很難解開的「死結」。要如何解決這問題呢？

答：**按照國民黨所作的身分證分類，我是外省人，但是，我是百分之百不折不扣的台灣人。我們必須解開這「死結」。**

問：也有意見指出，所謂台灣獨立不一定可以保障民主，因此，重要的是民主，而不是獨立。

答：台灣獨立後是否能保障民主，是要看台灣以何種形態獨立。我們主張以公民投票決定獨立。

問：你現在的心境如何呢？

答：**鬥志高昂，心境平和。**

鄭南榕持續七十一日在自由時代社足不出戶。其間來拜訪他的多數人都說，他絕對不會被逮捕，他擁有堅定的自決意志。一九八九年四月七日上午九時五分，大批警察包圍大樓企圖衝入自由時代社時，鄭南榕把汽油淋在身上點起火，在焚身的烈焰中完成自決。得年四十一歲。

五月十九日，在台北市舉行鄭南榕的告別式。參加者超過四萬人，送別的隊伍連綿五、六公里。當送別隊伍接近總統府時，總統府圍起鐵絲網，其內側部署警察固守。送別隊伍邊仰望總統府，邊反覆高喊「台灣獨立萬歲！」此時，送別隊伍中有一名年輕人突然衝撞鐵絲網，身上不斷冒出鮮紅的火焰。他就是詹益樺。他把裝有汽油的袋子綁在身上，然後點火自焚，爲鄭南榕殉身。

如果李登輝總統握有一點權力，就不會派遣警察逮捕鄭南榕。對鄭南榕和詹益樺壯烈的死亡，我們可察知李總統是如何地心痛。可是，當時的他完全是個無力的傀儡總統。

鄭南榕和詹益樺壯烈的自決，對敵我雙方都帶來難以估計的衝擊。這是要讓壓迫者知道，爲自由而戰的人們決意是如何地堅固。對追求自由的人來說，這是教導「不自由毋寧死」，非賭上生命就無法贏取自由。

《自由時代》雜誌發行「台灣建國烈士・鄭南榕」紀念專輯號。在該專輯號上，刊載眾多讀者受到鄭南榕自決的重大衝擊有感而發所寫的文章。

以自由時代社名稱，發表題爲〈鄭南榕的死是他的復活〉的文章，文末以如下敘述作結：「雖然燒死一名鄭南榕，但是，有十人、百人、千人、萬人的鄭南榕復活了。邪惡的國民黨啊，台灣四百年史的復仇者出現了！鄭南榕的殉亡是他的復活。」鄭南榕遺孀葉菊蘭女士，其後歷任立法委員和內閣成員，她表示「我是鄭南榕思想的傳道者」，現在也大大活躍於政界。她在鄭南榕自決的翌日記者會上痛切地表示：「雖然他是外省人的子弟，卻爲了台灣的獨立和言論自由，犧牲自己的生命。他無顧於妻子，也不顧慮女兒，更不在意自己肉體的痛苦。他的動機，無非只是熱愛台灣這塊土地。」

許世楷在感念的文章中寫著：

如果台灣人能夠繼承鄭南榕兄的精神，那麼，任何的獨裁政權都無法存在於我們所熱愛的台灣。爲了貫徹自己的所信、主張——台灣獨立而犧牲，是非常有價值的。……可謂您的人生燦然、幸福之至。

其次，介紹江鵬堅（民進黨第一任主席）的文章精粹：

「不自由毋寧死」，您鄙夷蔑視國民黨，使盡全力自在地攻擊國民黨。現在在此，您投入最後的武器——生命，爲自己的信念和理想殉道，以死向人們進諫。有一天，我們曾聊到「爲什麼日本可以從戰敗中再站起來，進而變成經濟大國呢？」侃侃而談中，我們獲得這個結論：「日本擁有武士道文化和櫻花的哲學，日本人懂得如何生存、如何死亡。對此，我們台灣人呢？」

我把《台灣青年》一九八九年五月號，做爲「台灣建國烈士・鄭南榕紀念特集號」。在視以政治犯身分入獄爲光榮之事的台灣，他爲何不選擇入獄，而選擇自決呢？我一直思考著這個問題，並在該號上發表以〈鄭南榕，您變成神了。他啓示了拯救人類之道〉爲題的文章：

這次，我才實際感受到人能夠在死亡後變成神。除了想到鄭南榕變成神以外，就無法相信他的死亡意義是如何沉重。鄭南榕所釋放的雷霆，不是瞬間轟然一聲就結束。在群眾站起來，實現台灣獨立之日以前，其雷霆會愈趨高亢，聲響也愈發強大。鄭南榕確實變成台灣獨立運動的守護神。如果「本省人」和「外省人」能夠攜手合作建設獨立的台灣，就不只是拯救台灣而已。此時鄭南榕所釋放的雷霆，伴隨著奔騰的萬雷，一舉衝過台灣海峽，必能撼動中國大陸，讓十一億的百姓覺醒。如果無法拯救占人類四分之一的百姓，也就無法拯救世界。這也就是拯救人類之道。鄭南榕變成神了。

這是一篇很長的文章，其中文翻譯由台灣的報紙《台灣時報》在一九八九年五月十九日以一頁的篇幅刊載。數月後，來到日本的葉菊蘭對我說：「我拜讀了您寫的文章，我覺得是一篇將先夫自決的意義說明得最貼切的文章。」

34. 意圖拉下李登輝的陰謀

李登輝總統繼承去世的蔣經國總統剩餘的任期，其任期是到一九九○年五月屆滿，因此，對國民黨來說，誰是下一任總統可說是個大問題。擁有總統、副總統決定權的，是以國民黨中國人的萬年代表占大多數的國民大會。在蔣家父子的獨裁時代，國民黨是依據獨裁者之意推舉總統、副總統候選人，然後在國民大會上僅作決議而已。不過，這次因為已經不存在如前的獨裁者，以致國民黨內部的意見分歧。

對於長達半世紀統治台灣人的國民黨中國人來說，讓台灣人成為高高在上的領導者，可說是除了屈辱以外，別無他詞可形容。掌握政治實權的國民黨實力者，只是想把李登輝做為中繼的傀儡總統就結束掉，但是，台灣人卻狂熱地支持以台灣人身分第一次成為國家最高領導人的李登輝總統。要求民主化的台灣人，強烈反對由來自中國的萬年國大代表選出總統。這也是在國民黨統治下的台灣，第一次讓輿論具有強大力量的時代。唯恐將李登輝從總統職位拉下台就會引起大混亂的多數國民黨實力者，有的認為讓李登輝擔任總統是迫不得已的事，不過也有人不這麼認為。

一九九〇年一月三十一日，國民黨中央常務委員會決定推舉李登輝總統為下一任的總統候選人。可是，在二月十一日召開的國民黨臨時中央委員會上，出現推翻這項決定的陰謀。我是在和李登輝先生對談時聽到這情形的，摘要如下[36]：

宗像：郝柏村任國防部長期間，在自宅召集軍隊幹部暗中秘密策劃甚麼，曾經成為問題。

李　：那是稱為「二月政變」，是李煥擔任行政院長、郝柏村擔任國防部長時的事。在決定國民黨總統候選人的臨時中央委員會上，企圖變更總統候選人。

宗像：利用軍隊和黨組織作靠山，企圖在中央委員會上變更總統候選人？

36　宗像隆幸著，《瀕臨危急存亡的台灣》，第二〇頁。

李　：嗯，以軍隊的力量爲背景，可能是郝柏村自己想當總統吧！在召開中央委員會的前一日，我就得知這項陰謀。如果事前被蒙在鼓裡，或許就眞的被推翻了。於是，當晚就擬定對策。會議是從翌日上午九時，在陽明山中山樓召開，因此七點起就安排幾個人在大門附近伺機而動。我心裡已經知道哪些人持反對意見，因此，當這些人來到中山樓時，就讓待命的人一一告訴他們說：「主席有事找你。」然後，把這些人帶到我的處所來，我斬釘截鐵地對他們說：「總統候選人你要投票給我。副總統候選人由我決定。」對方一聽，便露出事機敗露的表情。雖然不是全部人都變更，不過事實上有許多人依照我的指示而變更。故我順利被推舉爲國民黨的總統候選人。這就是「二月政變」。

在這次的臨時中央委員會上，李登輝總統這一方提案以起立決定總統候選人，但陰謀者那一方卻提案無記名投票，結果以九十九對七十的票數決定起立方式，最後全員起立決定李登輝總統爲下一任總統候選人。以二十九票的差距決定了投票方式，因此如李登輝所言：「如果不是事前知道陰謀，可能就被推翻了。」被選爲總統候選人的李登輝總統，指名學者出身的實務家李元簇爲副總統候選人，這項指定也獲得同一次臨時中央委員會的支持。

李登輝說道：「以這種方式決定了國民黨的總統、副總統候選人，但是，國民大會方面還是讓我吃盡苦頭。」唯恐李登輝一旦擔任下一任的總統，就會喪失自己身分的國民大會萬年代表，在背後策動向國民大會推薦對立的候選人。但是，因李總統和支持者的努力，該項策動無疾而終。在三月二十一日召開的國民大會上，以96%的支持率推舉國民黨的總統、副總統候選人李登輝、李元簇爲中華民國第八任正副總統。

35. 李登輝總統確立領導權

二・二八事件以後，在台灣便不存在由學生推動的政治運動。因爲從小開始，父母便諄諄教誨子女任何和政治問題有關的事都是非常危險的。但是，三月十四日有五十幾名台灣大學的學生，以反對由國民大會的萬年代表選出總統前往國民黨黨部抗議爲契機，從三月十六日起，學生開始在接近總統府的中正紀念堂前廣場靜坐。民進黨呼籲反對萬年國大代表所進行的集會，在三月十八日有超過二萬人的學生和市民齊聚在同一廣場上，從當夜起有四、五千人留宿廣場，開始抗議集會。他們提出以下三項要求：（1）廢止國民大會；（2）廢止實質上中止施行憲法的臨時條款；（3）爲了檢討政治的民主化改革，召開國是會議。

三月二十一日，在國民大會上被選爲下一任總統的李登輝總統，立即召開國民黨中央常務委員會，獲得舉辦國是會議的允諾後，就在當夜邀請靜坐的五十幾位學生代表到總統府，承諾在六月底以前廣泛召集代表國民意見的人舉辦國是會議，恪盡全力推動民主化改革。當夜，靜坐活動就全面停止。

但是，五月二日傳聞李登輝總統內定國防部長郝柏村爲下任行政院長時，發生反對軍人擔任閣揆的運動，中正紀念堂廣場的靜坐抗議活動又再度開始。連日進行反對「軍人介入政治」的示威遊行，一直持續到五月六日。李登輝總統之所以替換行政院長李煥，指名郝柏村爲行政院長，主要是爲了削弱國民黨實力者李煥的力量，同時，也爲了削減郝柏村對軍隊的影響力，但是，理解其中玄機的人卻很少。

在先前引用的對談中，我向李登輝先生請教說：「爲了掌握軍隊，可能讓你嘗盡苦頭吧？」李先生大致回答如下：

擁有軍隊指揮權的參謀總長任期是二年，即使一年一年延期二次，最多也只有四年。但是，郝柏村已經擔任八年的參謀總長，他對軍隊的權力已經到了絕頂。因此，當我想任命他爲國防部長時，他就請宋美齡（蔣介石夫人）說項，表示想繼續擔任參謀總長。於是，我就任命郝柏村爲國防部長。可是，國防部長擁有編列國防預算權等的軍政權，根本沒辦法削弱他在軍隊內的勢力。於是，更升一級，任命他爲行政院長。

任命郝柏村爲國防部長，是一九八九年十二月的事，可知李登輝總統從這時期開始就不只是傀儡，而是可以行使極大權力的眞正總統。關於李登輝總統的意圖，當時具有政治洞察力的人都已看得一清二楚。例如，從日本注視台灣政情的黃昭堂，在《台灣青年》（一九九○年八月號）有如下的闡述：

李登輝在軍隊和特務的系統受到國防部長郝柏村的掣肘，在黨也受到前黨秘書長、前行政院長李煥的掣肘。於是，李登輝任命郝柏村爲行政院長。這是以郝柏村牽制李煥，亦即以毒制毒的危險手法。但是，讓終身職的一級上將郝柏村退役，爾後，便成功摘除郝復歸軍職之芽，眞不愧是出類拔萃之人。

特務機關雖在以總統爲主席的國家安全會議的管轄下，但多數的特務機關是隸屬於國防部，因此，當李總統的權力較薄弱的期間，郝柏村的影響力自然強大。

郝柏村在國防部長時代，曾言「國軍是爲了防衛中華民國而存在，不爲台灣獨立而戰」。以前就有他是否會發動政變的傳聞。在鄭南榕自決的一九八九年十二月舉行的增額立法委員選舉當選的葉菊蘭女士（民進黨），於一九九○年六月十二日，在立法院陳述「我繼承台灣建國烈士鄭南榕的遺志，向全世界表明台灣人反對獨裁與特權，獨立建國的意志堅固永不改變」，接著就「揭發郝柏村的十大罪狀」，其一是糾彈他：「掌握軍權，鞏固自己的力量，以『反台獨』的名義，和中國的黨、軍等聯合，企圖打倒李登輝政府的政權。你，才是眞正的叛亂者。」同年十月二十三日的立法院，民進黨立委魏耀乾指名郝柏村詰問：「如果台灣不脫離中國的領土主權，成爲新的國家，就有被國民黨勾結中國共產黨背叛的可能性。我們強烈質疑，你是否會出賣台灣給中國呢？」

中國國民黨和中國共產黨在過去有過二次的國共合作，彼此建立共同戰線。掌握台灣軍隊的人，並不是沒有和中國共產黨勾結發動政變的可能性。

一九九〇年五月二十日，總統（任期六年）連任的李登輝，立即特赦政治犯。李登輝總統召集從各界遴選出的人員，在六月二十八日至七月四日召開國是會議（參加者共計一四五名）。逐一記錄意見，大致提出如下的民主化方針：廢止萬年國會；終止動員戡亂時期，施行憲政；以公民的直接選舉或間接選舉選出總統；將政府任命的省長、台北市長、高雄市長改爲民選；明確釐清中國大陸和台灣是各自擁有對等政府的政治實體。

現在，已完全確立李登輝總統的領導權。尤其是在廢止萬年議員的一九九二年，舉辦了立法委員的全面改選，在獲得躍進的民進黨的積極協助下，台灣的民主化急速推進。

36. 台灣獨立建國聯盟決定回台方針

成爲台灣獨立運動原點的，是一九四七年的二・二八事件。當時，無法忍受國民黨政權暴政的群眾，在台灣各地挺身而出進行抗議運動，但很遺憾，受到國民黨軍徹底的鎮壓。不過，這是中國士兵才做得出來的事。從中國被追擊趕出的國民黨政權，不得不對台灣人徵兵，雖然指揮官是中國人，但士兵中占壓倒性多數的卻是台灣人。即便如此，倚靠軍力爲後盾的國民黨政權認爲，如果再度發生範圍廣泛的群眾抗議運動，就必須命令軍隊出來鎮壓。此時，如果士兵違抗鎮壓的命令，反過來站在群眾這一方時，國民黨政權就會立即面臨瓦解的命運。

一九一七年俄羅斯的二月革命，未經戰爭就迫使持續三〇〇年以上的帝政瓦解，主要就是軍隊不服從皇帝的命令所造成。最近的一九八六年，台灣的鄰國菲律賓，獨裁者馬可仕總統下令軍隊鎮壓要求民主化的群眾運動，豈知卻遭到軍隊違抗，反而站在群眾這一方，導致馬可仕不得不逃亡國外。一九八九年，東歐諸國的群眾向統治的蘇聯要求獨立與民主化而站起來時，由於軍隊反過來站在群眾這一側，致使東歐諸國的共產黨政權在無計可施之下宣告瓦解。這都是國家的最大武力——軍隊站在群眾這一方才成功的革命，因此就是武力革命。可是，未戰便獲致成功，應該說是「和平的武力革命」。

我們所思考的，就是這種「和平的武力革命」。可是，早已不能進行如高雄事件般的鎮壓是非常明白的事。因爲，民進黨已經成立，如果再次進行那樣的鎮壓，必然引起台灣全境的抗議運動，而讓國民黨政權立即陷入瓦解的困境。蔣經國自己承認在事實上已經不能進行這樣的鎮壓，於是，在一九八七年解除戒嚴令。所謂戒嚴令，是發生非常事態時，將行政權、司法權全部委諸軍隊支配的制度。台灣並沒有發生任何的非常事態，卻仍持續施行長達三十八年的戒嚴令，這就是蔣介石、蔣經國父子體認到，唯有倚靠軍力才能統治台灣人。因此，解除戒嚴令，就是蔣經國自己承認已不能再使用軍力來統治台灣人了。半年後，因蔣經國逝世，李登輝繼任總統職位，在台灣才能以民主化運動進行獨立革命。然而，這卻耗費了比武力革命更遙遠長久的時間，豈非歷史的作弄？

基於這種情況，持續在海外進行獨立運動的台灣獨立建國聯盟（以下以台灣一般使用的「台獨聯盟」來表示），決定了將根據地移轉到台灣來推行民主化運動的方針。一九八九年十二月，台獨聯盟在美國召開中央委員會，決議「獨立運動的基本理念與基本方針」，以及「在二年以內將台獨聯盟的領導部移轉到台灣」，而且在一九九〇年元旦公開宣布。這種「基本理念與基本方針」的內容如下：

追求與實現人民自決，現在已經成爲巨大潮流流遍全世界。自決的權利，是人類普遍性的權利，而國家基本的職責就是保障人民的這種權利。中華民國體制，就和（當時的）南非聯邦一樣，是沒有母國的殖民地體制。台灣人民爲了實現自決，除了推翻這種殖民地體制，建設新的獨立國家以外，別無他途。爲了實現台灣的自決，我們向台灣人民呼籲，創設眞正的台灣議會。我們台獨聯盟爲了能在台灣形成公開進行政治活動的情勢，邀請全台灣人民攜手合作。大家一起聯手，實現台灣的獨立。

在決定這項遷台方針之前的一九八九年十月，台獨聯盟美國本部主席郭倍宏博士偷渡進入台灣，且在十月二十九日召開的民進黨大會上發表演說。有關當局發布懸賞二二〇萬給通報他所在地的人，行政院長李煥表示「民眾會向當局舉發郭倍宏」。對此，郭倍宏出席在事前就預告的十一月二十二日民進黨立法委員候選人的選舉演說會，而當局也派遣三千名警察伺機而行，但終究還是無法逮捕受到二萬名群眾掩護的郭倍宏。逃離台灣回到美國的郭倍宏，十二月十日在洛杉磯召開記者會，說明他所看到的台灣的情況。國民黨無法逮捕他，正顯示它讓群眾害怕的特務機關已經陷入功能不全的情形。

一九九〇年七月，台獨聯盟美國本部副主席李應元博士偷渡進入台灣，如同嘲笑國民黨政權的法務部長所說的「嚴格取締台獨聯盟」一般，他會晤了報社或雜誌的記者，闡述他的想法和活動情形。依據台獨聯盟的決定被任命爲總本部副主席的李應元，巡迴台灣各地會晤推行民主化運動的政治家和學者，協議和台獨聯盟的合作。他被逮捕，是翌年九月的事。

一九九〇年十二月八日，對曾以叛亂罪入獄二十一年的黃華，台灣高等法院又以叛亂罪宣告十年的有期徒刑。揭舉「愛與非暴力」原則的黃華，堅持這項原則進行台灣的民主化運動，但是，以批判國民黨政權符合叛亂罪的理由，被判入獄足足有二十一年。這次，台灣高等法院又針對他列舉：（1）鼓吹台灣獨立，（2）否定中華民國的主權，（3）在本庭高喊「台灣共和國萬歲！」等三項，做爲有罪的理由。

黃華表態「放棄控訴權」，在高喊「台灣獨立萬歲」中被帶往監獄。剛剛在台北市組成的台灣教授協會的教授們站在隊伍的前頭，進行數萬人支援黃華的示威遊行，其後也持續進行要求釋放黃華的運動。高等法院對黃華的判決，或許有人認爲非常不合理，但這只是依照法律判決的結果。

爲了讓台灣民主化，李登輝總統首先考慮的，就是復甦中華民國憲法。因爲，中華民國憲法是以國民爲主權者的民主憲法。中華民國憲法是在一九四七年十二月施行，但是，以和中國共產黨的內戰爲理由，國民黨政府於翌年五月公布動員戡亂時期臨時條款，實質上凍結了憲法。但是，國民黨中國人說，李登輝的做法等於放棄國是的中國統一政策，而激烈反對廢止臨時條款。於是，爲了擬定沒有放棄「統一」目標的名分，一九九一年二月，李總統決定設立國家統一委員會，以及制定國家統一綱領（以自由、民主、均富的原則來統一爲內容）。而且，李總統依據國民大會的決議，宣布在四月底廢止這項臨時條款。如此才能在同一年的年底廢止萬年議員，進行國會的全面改選。而且在五月十七日，依據立法院的決議，廢止懲治叛亂條例。依據這項法律，只要是批判蔣家政權，便構成「散布流言蜚語」或「對叛徒進行有利的宣傳」的罪狀，因而遭到七年以上有期徒刑的人高達好幾萬人。

37. 遷台作戰

一九九一年六月，台獨聯盟選出張燦鍙爲主席。許世楷擔任二任主席後，又回到張燦鍙身上。一九九〇年元旦，台獨聯盟已經宣布在二年以內將領導部轉移到台灣，因此，台獨聯盟就要在他的領導下，在一年內進行偷渡潛入台灣作戰。張主席從一九七三年至一九八七年擔任了十四年的主席，將台獨聯盟美國本部的組織擴大到美國全境，是個積極的行動派，因此，是最適合推行偷渡潛入作戰的人。將台獨聯盟的領導部轉移到台灣的目的，主要是要和島內的民主化勢力聯手合作，以俾公然展開獨立運動。國民黨政權在刑法一〇〇條規定，僅主張台灣獨立就符合叛亂罪，因此，偷渡進入台灣來進行獄中鬥爭，和島內的民主化勢力合作，共同以廢止刑法一〇〇條的規定爲當前的目標。

張主席再任命偷渡潛入台灣的李應元爲副主席，公布自己也將率領台獨聯盟幹部一起偷渡潛入台灣的方針。國民黨政權當局對此發表：「將二六二人列入黑名單，限制入境台灣，不過，分類爲ABC三等級，BC級是酌量情況有許可入境的情形。但是，A級的四十三人是嚴格限制入境，而台獨聯盟的中央委員全數屬於A級。」當時的台獨聯盟中央委員，美國本部有十七人、日本有十一人、南美有三人、歐洲有二人、加拿大有一人，合計三十四人，因此，A級的大半是台獨聯盟的中央委員。

從一九九一年八月十二日起的二日間，在日本千葉縣召開支援台獨聯盟幹部回國的會議。在該會議上，有來自台灣的民進黨第一任主席江鵬堅、第二任主席姚嘉文、台灣基督長老教會總幹事高俊明、立法委員葉菊蘭等約三十人參加，台獨聯盟的幹部有張燦鍙、黃昭堂、陳唐山等三十幾人來自歐美和日本共襄盛舉。緊接在這項會議之後，從八月十四日起的四日間，在東京八王子市召開世界台灣同鄉會，有來自世界各地和台灣共計二百多人參加，除了舉辦各種活動之外，也討論制定台灣憲法的問題。

在千葉縣召開會議二日前的八月十日，張燦鍙和陳重光（前台獨聯盟美國本部主席）與我會面。張燦鍙指出，在以前美國的台獨聯盟幹部是借用年齡相仿的盟員護照潛入台灣，台灣當局對此有所察覺後，對於持有美國護照者的入境審查變得很嚴格，因此，他詢問我能否利用日本的護照進入台灣。

也就是他希望取得他們二人和南美本部主席、歐洲本部主席等四人份的護照。先前他就已經宣布「早的話，九月就回國」，所以我以爲他們已經做好潛入台灣的準備。聽到他的要求後，我馬上回答：「知道了。我來處理。」就像彭明敏先生的情形一樣，從台灣逃離就必須把護照上的照片換成本人，這不是輕易就能做到的事，不過，從日本前往台灣時，只要有取得護照所需的戶籍謄本，就可以使用本人的照片，所以我覺得這件事不會太棘手。

張燦鍙表示，希望能出席十二月十日的高雄事件十二週年紀念大會，因此只要趕上這時間就可以。他會透露說在「九月」，主要是要讓國民黨提早防範，在拖拉的時間中讓他們的警戒產生疲乏倦怠。

隨後，我的腦海馬上浮現二名親友，不過，我還是先找小林正成商量。他說很高興能爲四人準備必要的文件。過沒幾日，他就帶來四人份的必要文件。這是極機密的作戰。下次四人來日本時，就不能讓任何人知道。

返回美國的張燦鍙主席，參加九月二十八日在紐約舉辦的潛入台灣的台獨聯盟幹部歡送晚餐會。在這次餐會上，除了台灣人之外，還有美國或南美的有力人士等超過五二〇人齊聚一堂。紐約最高法院的富利特曼法官在會上表示：「長年的朋友張燦鍙先生要回台灣了，一定要奧援他不可。如果需要，我會陪同他一起前往台灣。」會場的氣氛隨即沸騰高昂。參議院外交委員長克雷澎・裴爾、參議院議員愛德華・甘迺迪、眾議院外交委員會亞太小組主席史蒂芬・索拉茲等都捎來信函，表示所有的人都擁有回國的權利，大大鼓舞了預定回台的人。

張燦鍙主席致詞說：「這一年來，東歐共產主義國家爲了自由、尊嚴與生存，人民紛紛走上街頭發揮群眾的力量，推翻獨裁政權。連柏林圍牆都被推倒了，因此，國民黨的黑名單不可能不被打破。我們將克服一切困難，而且每一人都擁有付出最大犧牲的覺悟來返回出生的故鄉台灣，和兄弟姐妹們攜手合力，爲獨立建國盡力。」在這次餐會上，總計募集二十五萬美元的捐款。

在日本，是以黃昭堂爲中心進行募款，而創設台灣青年社的中心人物王育德教授（一九八五年逝世）的遺孀王雪梅女士表示，已獲得先夫在台灣留下的遺產，各捐五百萬日圓給總本部和日本本部。不是非常富裕、且生活樸素的王女士，慷慨解囊一口氣就捐出一千萬日圓，眞是讓人欽佩。

十月六日左右，我去接來自美國的張燦鍙和陳重光，並且把他們帶到地點不是很醒目的商務旅館去。在一般的飯店有可能會巧遇認識的人，因此特別找一家人員出入少的旅館安置他們。在交情密切的夥伴之間，都叫張燦鍙爲喬治（他在美國使用的名字），叫陳重光爲南天（他的筆名），因此，從這以後都這樣稱呼他們二人。爲了確認沒有被跟蹤而多繞一些地方後，才把他們二人帶到東京都的護照申請所辦理手續。喬治會說簡單的日語，南天是畢業於東京的華僑學校（高中）和早稻田大學，之後再留學美國，而且太太也是日本人，所以日語相當流利。領取護照時，承辦人員會詢問職業和出生年月日等，因此，事先就讓他們二人牢記給自己當人頭的資料。聽說承辦人員問喬治說「職業呢？」喬治馬上回答說「壽司店」。因爲，借戶籍謄本給他的那個人是經營壽司店。他們在十月十八日領到護照後，就飛回美國。當夜，召開日本本部的會議後，黃昭堂暫時自己一人留下來，他在走出事務所不久後就打電話給我。他說事務所前面停了二部車，其中一部尾隨他，於是他就走進單行道的巷弄裡，到了途中再回頭用公共電話打電話給我。我們的事務所是在新宿的小型大廈的二樓，我借住在三樓，掛掉電話後，我就下樓開門查看，果然停了一部車。我想看清楚車內的人，突然車子就發動逃走了。仔細想想，這麼明目張膽跟蹤或者直接就把車子停在事務所的入口正面，似乎不是專家所爲。擔心喬治來日本的事情已經曝光，但似乎又不像。幾天後才明白，原來是在十月十三日剛剛被選爲民進黨主席的許信良在隔天的十四日來到日本，但國民黨的特務卻掌握不到他之後的行蹤。國民黨的特務很想知道許信良到日本做甚麼，或許認爲許信良會來我們的事務所才部署人員在附近監視。

同年十月十八日，台獨聯盟秘書長王康陸博士和兩名同伴一起搭乘偷渡船從香港啓航後，在台灣南部的海岸上岸。十月二十日，王康陸出席在台北市召開的台獨聯盟台灣本部的設立大會。在這次大會上，有一百二十名盟員參加，卻有四百人的警察隊在外包圍，有部分警察不請自來進入場內，王康陸交代會議繼續後就被帶走。八月三十日，台獨聯盟美國本部主席郭倍宏想入境台灣時，在機場被逮捕，九月二日，在台灣持續從事一年二個月地下活動的總本部副主席李應元也被逮捕。

圖七　遷台作戰準備中（1991年11月攝於東京），左起張燦鍙、黃昭堂、何康美、筆者。

十一月一日，來自比利時的歐洲本部主席何康美、五日來自巴西的南美本部主席周叔夜陸續抵達東京。周叔夜爲了回台，辭退長年服務的建築公司，在聖保羅設立即使自己不在家太太也能經營的建築材料行。但是，一九九一年五月十五日，盜匪侵入材料行，用手槍射擊周叔夜的頭部。幸好子彈從他的左頰射入，沿著頭蓋骨從後頭部出來。九死一生的周叔夜，決心將剩餘的人生奉獻給台灣的自由和獨立。這一次，他和何康美二人在前往台灣之前都先停留在東京，因此，我將他們安置在租賃的短期公寓裡。我們用周叔夜的本名稱呼他，但是何康美就叫她阿美，所以以下都以阿美稱呼。他們二人的日語都很流利，沒問題的。爲了拍攝護照用的相片，我帶阿美到百貨公司的化妝品專櫃化妝。不久，我返回化妝品專櫃時，忽然對眼前的阿美感到很驚奇。瞬間就變成一個大美女。她平常是脂粉未施，所以其他朋友看到也會認不出她是阿美。

十一月二日，南美本部所屬的中央委員蕭健次飛抵東京。喬治除了考慮利用日本護照潛入台灣的方法之外，也考慮利用經常往返台灣與香港的三〇〇噸級客貨輪。據說，朋友也勸他利用這種船隻。如果利用這種客貨輪，蕭健次將陪同喬治搭乘一起前往台灣。這是秘密作戰，所以周叔夜也不知道這種安排，在東京和同樣是南美本部的盟員會晤時才得知而備感驚訝。

十一月十五日，領到阿美和周叔夜的護照，於是我告訴他們二人，若有想見的人，就由我來安排。阿美說她很想見見清芬，我便安排毛清芬和阿美見面。二人見面時，阿美當面邀請清芬說，「妳也一起前往台灣吧？」結果，清芬沒有和她的先生羅福全商量就馬上答應說，「好」。羅福全博士是陳水扁政府的第一任駐日代表（二〇〇〇年～二〇〇四年）。清芬計畫前往美國，借用妹妹的護照從美國回台灣。

十一月二十日，喬治飛抵東京。我拿到四人的護照後，就前往旅行社購買往返台灣的機票，並把護照交給旅行社辦理簽證。完成所有準備後，喬治、阿美、周叔夜和蕭健次，以及我和內人瑞江等六人，一起前往箱根的小型會員制飯店住宿一晚。此時的南天，爲了調查台灣的情勢，已經潛入台灣。進餐時，清芬的事帶出了話題，我提道：「傳聞台灣從很古早時候女人就非常強，台灣女性眞的非常勇敢。」周叔夜接著話頭說：「女人靠度量，男人靠撒嬌」，而引來眾人的爆笑。

喬治對著內人說：「瑞江女士，要不要一起搭飛機去呢？」內人很爽快決定一起前往台灣。雖然已經安排人員到台灣的機場接機，但是就怕在機上被帶走，就不知其行蹤。入境台灣時，會用電腦檢查護照，如果內人使用宗像的姓，或許就會遭到懷疑，但瑞江並未登記在我的戶籍下，所以也沒有這一層的顧慮。我和瑞江的邂逅，是我住在原宿的一九七六年左右的事。她在原宿租賃一處畫廊（工房），在此製造裝飾品。她的工作非常忙碌，有時會忙到三更半夜，此時會帶著打工的女孩子一起到附近的小型家庭餐廳用餐，而我也經常光顧這家店，久而久之，很自然就熟了。同居之後，我誠心地對她說：「妳要遷入我的戶籍嗎？」她半開玩笑的回答說：「像你這樣沒家屋又沒錢的人，入你的戶籍有何用處呢？而且也不知道會傾慕你到甚麼時候。」結果就一直沒有入籍。

南天返回日本後，就向大家報告在台灣所獲知的事情。他沒有被懷疑，很順利就入境台灣。台灣本部所公開的盟員沒有一個著名的人物，所以沒有一個人被逮捕，但聽說，尚未組成像樣的組織。也聽到傳聞說，在機場配置知道喬治長相的人。喬治因此接納利用客貨輪的建議，而和這位朋友聯絡時，聽說明天這艘船就要從台灣開往香港。如果搭乘這艘船入境，一旦被發現而驅逐出境，這時候就馬上返回日本，再搭飛機前往台灣，這樣國民黨的警戒就不會那麼嚴密。於是，喬治和蕭健次立即飛往香港。這是十一月二十九日的事。

圖八 遷台作戰準備中（1991年11月攝於東京），左起毛清芬、何康美、瑞江（筆者內人）、陳南天、周叔夜。

阿美和周叔夜的護照是夫妻的護照，所以二人一起在十二月三日飛往台灣。翌四日，接到二人成功潛入台灣的聯絡。五日上午，也接到喬治從香港打來的電話，表示船隻沒有進入香港，會馬上返回東京。南天說，或許這是陷阱也不一定。如果是陷阱，表示敵方已經知道喬治的行蹤，那麼到了機場一定會被發現。喬治是持日本護照，如果在機場被捕，南天的入境也會變困難，所以他就在六日飛往台灣。瑞江接到南天來電說，這次也是平安成功入境，明天會到機場接她和喬治。我的電話有可能會被竊聽，所以聯絡時都是使用瑞江的畫廊電話。

十二月七日，喬治和瑞江搭乘同一班飛機飛往台灣。下午，接到南天的電話表示：「喬治被逮捕了。」在台灣機場的入境處，瑞江排在喬治等幾個人的後面，眼睜睜看著喬治被有關人員帶走。南天是搭乘朋友開的車去接喬治和瑞江。為了萬一喬治遭到逮捕做準備，我託瑞江帶著一卷喬治演說的錄音帶轉交給南天，見到南天的瑞江，趕忙跟他說明喬治被有關人員帶走的情形。聞言的南天立即請朋友送瑞江到喜來登飯店。如果喬治被強制遣返，遷台作戰就會無疾而終，於是，南天通報各大眾媒體有關喬治遭到逮捕的消息。究竟要把喬治驅逐出境或即刻逮捕，也讓國民黨傷透腦筋，而大眾媒體也已披露喬治被逮捕的新聞，所以不可能把他驅逐出境。深夜，瑞江來電表示，飯店房間的電視不斷播放喬治被逮捕的新聞，於是使用攜帶的錄影機把這則新聞拍攝下來。在十日的高雄事件紀念集會上台以後被逮捕，是最理想的情況。但是，喬治的目的是進行獄中鬥爭，所以只要不被驅逐出境，儘管被逮捕了，也可說是成功。

十二月八日，周叔夜打電話來說他會在高雄的集會上上台，至於阿美和清芬，聽說會在台北召開的集會上上台。南天計畫從一開始就不走到檯面上露臉，事情結束後便返回美國。這主要是美國本部的幹部已經計畫要回台被捕，然後進行獄中鬥爭，所以，如果南天不飛回美國，我們就無法知道美國本部的詳細動向。回台的台獨聯盟幹部在高雄集會上出面的，只有周叔夜一人。我心裡忖度著「聊勝於無」，於是打電話給瑞江，指示她「在高雄集會台上應該有幾位妳認識的台灣朋友，不妨妳也上台露個臉。我會把簡單的演講稿傳真給柯旗化先生，請他翻譯即可」。

翌九日，柯旗化按計畫到高雄機場接瑞江。依據柯先生所言，預測有七、八千人會聚集在高雄集會上，但因喬治被逮捕成爲大新聞，而更提高群眾的關心，聚集的群眾或許會遠超最初預測的人數。

翌十日的深夜，台灣時間凌晨十二時前，日本時間是午夜一點前，《民眾日報》的專欄主筆陌上桑打電話進來。他表示，瑞江想打電話給我，就把她帶到報社來。他說明原由後，就由瑞江接聽。「在非常盛大的集會上介紹周叔夜時，會場的氣氛更加高亢沸騰。我也在最後講了一句話。」之後，葉菊蘭女士也打來電話。她興奮說道：「大概聚集了約四萬人。瑞江女士高喊台灣獨立萬歲、萬歲時，會場氣氛也隨之高昂。會後想找瑞江一起去喝一杯，卻已經看不到她的人影。不知道被哪些帥哥帶到哪裡去了。」我告訴她說，瑞江是和陌上桑在一起。

午夜二時，黃昭堂來電告知，依據來自高雄的報告指出，在會場分發的三萬支台獨聯盟旗成爲搶手貨，幾乎人手一支。他喜形於色地表示：「結果很好，一切都很理想。」

十二月十一日已近日暮的六時，周叔夜突然出現在我家，讓我感到很驚訝。他提到，和在台灣保護他順利在高雄集會上台的朋友們商量結果，決定逃出台灣。周叔夜談了很多事之後，爲了報告清芬的事而前往羅福全家。瑞江回到家，已經是深夜十一點左右。她以難以抑制興奮的情緒說，在集會之後，和葉菊蘭、陳菊、陌上桑等好幾位好友聚首暢飲到凌晨三點。瑞江也帶回陳菊（現任高雄市市長）所託的高雄集會的錄影帶。

觀看錄影帶，在廣大的勞工公園擠滿了手持台獨聯盟旗的群眾。大家齊聲合唱獨立派人員常唱的歌。司儀陳菊帶領群眾高聲吶喊「台灣獨立建國聯盟遷台成功」，向群眾宣告台獨聯盟南美本部主席周叔夜上台時，頭戴蓬鬆假髮的周叔夜在群眾如雷的熱烈歡聲中上台。在寬廣的台上，連同媒體記者約有五十人左右，團團圍住周叔夜。此時正好是萬年議員總辭，舉行國民大會總選舉的十二月二十一日之前，所以民進黨的國大代表候選人，都一一上台和周叔夜合影。

上台的周叔夜發表演說指出：「我是二十九年來第一次踏在故鄉台灣的土地上。在外國生活時，就已經察覺國民黨政權是如何蹂躪人權的惡毒專制獨裁政權。爲了讓台灣成爲自由、民主的社會，我認爲唯有台灣獨立一途，於是，義無反顧地參加台灣獨立建國聯盟。回想十二年前的高雄事件，國民黨政權蹂躪人權的惡行絲毫不改。三個月前我申請回國簽證，但國民黨政權不承認我的人權，不允許我回國。這次的國大代表選舉，是『獨立』和『統一』的大決戰。台灣的獨立建國，是所有台灣人的責任。大家必須團結一致，達成台灣獨立建國的使命。」

在「獨立！獨立！建國！建國！」的大合唱中，台上的燈光突然熄滅，照耀廣場的大部分照明也跟著熄滅。過一會兒重新亮起時，已看不到端立在台上的周叔夜。在廣場的周圍雖有警察的配置監視，但這樣的廣大群眾卻讓他們無從下手逮人。司儀是以台獨聯盟的日本協助者身分介紹瑞江。瑞江上台時，邀請柯旗化當翻譯，作簡單的致詞。瑞江激動述說：「很遺憾，張燦鍙先生被逮捕。這次，我聽到自己要好的台灣獨立建國聯盟人員，爲了入獄，不惜放棄過去在海外所構築的一切返回台灣，讓我大爲感動敬佩。我確信，台灣必定能在最近的將來完成獨立大業。大家要齊心一致，繼續努力。」接著，瑞江便振臂高喊「台灣獨立萬歲！萬歲！」在場的群眾也狂熱應和「台灣獨立萬歲！萬歲！」，如此般結束長時間的集會。

在同一時間，台北市的新生公園也舉辦歡迎台獨聯盟遷台的人權集會。公園內擠滿了手持台獨聯盟旗的群眾。重現如同高雄集會的光景之後，台上照明突然熄滅，司儀宣告阿美和清芬上台。照明在熱烈的歡聲中重新亮起，阿美和清芬與民進黨的三位前主席並肩現身在台上。

司儀介紹台灣獨立建國聯盟歐洲本部主席何康美與日本本部執行委員毛清芬時，會場哇一聲爲之沸騰，立即掀起一片聯盟旗的旗海大波。

首先，由阿美發表演說：「我就是這樣回到離開三十年的故鄉。今天是世界人權日。十二年前的今天，中國國民黨漠視人權，極盡政治鎮壓之能事，把眾多的人當作政治犯關進牢獄裡。這次，以張燦鍙主席爲首，從外國回來的台灣獨立建國聯盟的幹部，也都一一被抓進牢裡。這些人都是擁有很高的學位，在世界各國的居住地以專家身分備受尊敬的人。即使如此，國民黨政府仍視他們爲恐怖份子而嚴禁回國。我看起來像恐怖份子嗎？（群眾回應高喊看不出是恐怖份子）我們能夠自由自在行走於世界各處，但諷刺的是，自己的故鄉卻一步也踏不進來。二、三年前，我掌理歐洲台灣同鄉會理事長之職時，很高興能爲民進黨的訪歐團出點力幫忙。各國的政府官員都很支持我們，說：『我們承認中華人民共和國，所以無法承認中華民國。不過，如果主張台灣不是中國，而是名爲台灣的獨立國家，那麼，我們隨時都準備締結外交關係。』大家齊心協力，共同爲建立和平、民主的台灣共和國努力吧！只要台灣人團結一致，必定能達成獨立使命。我不逃也不躲。國民黨想逮捕我，就逮捕我吧！我絕對不會屈服在國民黨的脅迫下。各位，我們一起加油努力吧！」

接著是清芬的演說：「我代表日本的同志，向各位同胞表示敬意。在台灣獨立建國聯盟中，日本本部的歷史最久遠，從一九六〇年設立以來便發行《台灣青年》，透過這本雜誌向台灣留學生和日本社會廣泛宣揚台灣獨立建國的理想。正因如此，被國民黨視為叛亂組織，同志們都一一被列入黑名單中。我們不是都為了創建台灣國，成為這個國家的主人嗎？所以，我們才要把獨立聯盟的總本部遷回台灣。我們以甘地的和平和非暴力的信念，以達成台灣獨立。在此宣布，我不逃也不躲，和大家一起共同為台灣的前途努力奮鬥。」

喬治是持日本人的護照遭到逮捕，當然，國民黨方面一定會通知日本當局。喬治使用的護照，是壽司店主人會田的護照，所以警視廳一定會到會田的住處調查。於是，小林就出面自首作說明：「會田甚麼都不知道。他是被我利用的。」翌八日，我打電話給從柳文卿強制遣返事件以來都一直在幫我們的大野正男律師（其後擔任最高法院法官），向他說明原由後，他表示：「請暫且看看狀況。這事件由我們事務所的小松律師負責。」於是，小林和我一同拜訪這二人說明經過。

十二月十二日正午前，小林來電告知會田被刑警帶走，不知帶往何處。我透過朋友請駐警視廳的記者幫忙調查，結果獲知會田是在警視廳的外事二課接受調查，但聽刑警說「不準備把這案子當作事件來處理」。我和小林與兩位律師會面作說明時，大野律師提到「如果警察眞的想辦，就不會把眞正的事告訴記者」。會田接受調查到日暮時分，不過，他按照和小林的協商回答警方說：「社長（小林）邀請在二月左右一起前往海外旅行，因爲要辦理護照和機票，就把戶籍謄本交給他。」接著又說：「社長到我店裡時，如果是宴請公司的客人就會索取收據，如果是個人的客人就不會拿收據，所以我對他百分之百信任。」

翌十三日，會田的妻舅也被警視廳傳喚。他是爲了領取南天的護照提供必要文件的人。警察並不知道他的事情，不過他自己主動告訴刑警。下午五點左右，我搭小林的車一起前往大野律師事務所。小林爲了入獄，已經在旅行袋內準備好內衣褲類等。小林坦然表示「一切由我負責」，但大野律師說：「即使你說是張燦鍙先生委託，全部由你一人做的，刑警也不會相信。」我思忖道：「知道了。張燦鍙的機票應該也會被沒收，如果警方到旅行社調查，就知道是我買的。可是，我想拖延時間。因爲，潛入台灣的夥伴如果沒辦法聯絡到我，一定會帶來困擾和麻煩。不過，我相信不久就能解決。這樣一來，正月就在拘留所好好休息吧！」小松律師打電話給外事二課，表示「小林會到警局報到」，但對方卻說「承辦人員已經下班回家了，現在來也沒用」，儘管如此，小林仍堅持要到警局報到，最後就由小松律師陪同小林前往警視廳。

小松律師會晤承辦這案子的佐藤警視，但聽說佐藤表明：「以警視廳來說，不想介入台灣政治勢力的任何一方。我們是採取不受理這案子的方針。僅留下筆錄就結案。」

從傍晚起，台獨聯盟日本本部就召開執行委員會，大家一起觀看高雄集會的錄影帶後，就由周叔夜說明這次潛入台灣作戰的情形。翌日，他就飛回巴西。

十二月十四日上午九時，南天來電表示「我可以住院嗎？」我回答說「不設法出境嗎？」「那麼，幾天後再聯絡。」說完他就掛斷電話。所謂「住院」，是指入獄。好像是他持有的護照不能使用，而爲離境苦思不出好方法。

十二月十七日上午八時，外事二課二名刑警來到我的住處。他們希望我能夠一起前往本部（警視廳），但我拒絕，回答說「想帶我走，就逮捕我好了」，他們語氣和緩說道「只是想聽聽你所說的話」，他們二人仍不死心地努力說服我和他們同往。就在此時，小林的太太來電告知「小林被刑警帶走了」。來我家的刑警，最後終於死心，悵然回去了。

入夜七點半，小林直接從警視廳到我的住處。小林指出，他一再表明是受張燦鍙委託，一切都是他自己一人所做，好幾次要求警方逮捕他，但刑警說：「自己主動要求警察逮捕的人，實在罕見。爲什麼那麼想要被逮捕呢？」讓他們感到很不可思議。結果，小林回答說：「如果我被逮捕，大家就會更關心台灣問題。我希望日本人能夠更了解台灣的事。」

十二月十九日夜，阿美和清芬打電話來。聽說，她們二人一直一起行動，出席各種會議，且奧援國大代表選舉。阿美在電話中提到：「我們不逃也不躲，但國民黨都不逮捕我們。」而引來一陣大笑。「國民黨不主動逮捕，也不能拜託他們逮捕。妳們很久沒回到台灣，就好好玩再回來」，我回答道。喬治被逮捕引起極大迴響，美國很多議員如甘迺迪或裴爾等，紛紛抗議國民黨的政治性鎮壓，要求釋放這次回台被逮捕的盟員。唯恐批判聲浪更加波瀾，國民黨便避免逮捕她們二人。台北地方法院對她們二人因非法入境，宣判「拘役四十天，但可易科罰金四萬五〇〇〇元」的判決，使她們想入獄的願望未能達成。

我將阿美託我保管的比利時護照和清芬的美國護照，轉交已經歸化日本的阿美兄長送還給她們。二人一直待在台灣到二月，出境時，出境處發現二人護照上沒有蓋入境章，她們二人機智反駁「在護照上蓋章是你們的工作。你問我原因，我也不知道」。聽說承辦人員請示上司的指示後，便同意她們出境。

小松律師和外事二課交涉的結果，聽說沒有製作我的筆錄就無法結束這案件，於是，我在十二月二十日前往警視廳。當我說道「不受理這案件，似乎是政府的方針」，承辦的刑警頷首回答說「是啊！也有上面制止辦案的情形」。我個人覺得，日本政府是不會有這麼聰明的決斷，因此可能是受到美國政府的指示而做出的決定。過去，有幾位在美國的盟員曾使用朋友的護照潛入台灣，卻從來沒有聽過遭到懲罰的消息。這雖是違法行爲，但是回自己國家的權利，是世界人權宣言或國際人權規約所保障的最基本人權之一，因此，爲了行使這樣的權利所進行的這種程度的違法行爲，被認爲是迫不得已而可以漠視。

「我的筆錄就拜託你們了。但不要和小林的筆錄有矛盾之處」，我對刑警說完後就回家。翌日，我再度前往警視廳修正他們所製作的筆錄，修正二、三處後就簽名。這案件就這樣結案了。

十二月二十二日中午過一時，南天來電說「已經抵達馬尼拉，你趕快來吧」，清楚記下他住宿的凱悅飯店的電話號碼。南天的護照是託我保管，所以必須當面交給他。上午，我連打了好幾通電話給飛往馬尼拉的航空公司，但班班都客滿。因爲碰到聖誕節，很多來日謀生的菲律賓人都要回國，才造成大客滿。到最後詢問西北航空公司時，才有座位。我是搭乘傍晚起飛的飛機，十點半抵達馬尼拉。南天和住在菲律賓的盟員一起來機場接我。

我們在飯店裡邊進餐，邊聽南天敘述逃離台灣的方法。馬尼拉的盟員所安排的，是在台灣和菲律賓雙方都有登錄的漁船。船長是台灣人，另有二名菲律賓人的船員。十二月十八日，從高雄港出發之前有警察上船檢查，但並未發現躲在糧秣倉庫後面的南天。在波濤洶湧的海上沉浮了二十四小時後，才抵達菲律賓的一個小島。船長意有所指的說：「我們要開回台灣。」我知道這是要提高費用的伎倆，南天不受威脅的回應說，開回台灣你一毛錢也拿不到，那不是更糟嗎？結果，在這小島上經過了二十八小時後，又花了十小時開到呂宋島北部的阿巴利港。聽說，支付了六〇萬元。馬尼拉的盟員一直在阿巴利港等待。從這裡搭乘巴士，花了十六小時抵達馬尼拉已經是二十一日半夜十一點。

南天似乎很辛勞，但看不出疲憊的樣子。當我說「可以的話，能否和曼戈拉帕斯外交部長會個面」，聞言的南天立即撥電話給美國的陳唐山。貝尼戈諾・阿其諾從一九八〇年起亡命美國三年，一九八三年返國時在機場遭到暗殺，不過，他在美國和曼戈拉帕斯等從事反馬可仕獨裁運動時，和台獨聯盟美國本部有緊密的合作關係。二者都是爲了追求自由、反對獨裁體制。聽說，阿其諾等在紐約進行反馬可仕的示威遊行時，因菲律賓人的聚集情況不佳，於是轉向台獨聯盟要求協助，台獨聯盟二話不說馬上動員台灣人參加。

翌朝，陳唐山來電告知已聯絡曼戈拉帕斯，不久，便接到曼戈拉帕斯外交部長秘書的電話說：「外交部長從九點半起就有預定的行程，請馬上過來。」雖然我們僅談了十五分鐘左右，但與外交部長會晤時說明了台灣的情勢和這次的潛入作戰。外交部長也回應說：「我曾以信函要求國民黨的外交部長同意張燦鍙回國，但未收到回函。這次，我會再寫信要求他們盡早釋放他。」

南天的護照上並沒有蓋菲律賓的入境章，如果出境時直接使用，恐怕會被懷疑。於是，馬尼拉的盟員委託熟悉管道的人幫忙蓋上入境章。聽說，花了一五〇〇披索。十二月二十五日，南天飛回美國，我也返回日本。

38. 遷台作戰成功

隨著一九九一年十二月十六日萬年議員（立法委員八○人、國民大會代表四六九人）的總辭，於十二月二十一日舉行國民大會的選舉（立法院的選舉是在翌年十二月）。結果，國民黨當選二五四人（得票率71%）、民進黨六十六人（得票率24%），加上其他五人共計三二五人，投票率是68.32%。

一九九一年十月十三日，民進黨在黨綱上加入「基於國民主權原理，建立主權獨立自主的台灣共和國及制定新憲法的主張，應交由台灣全體住民以公民投票方式選擇決定」一項。如此明確提出台灣獨立路線的民進黨，以「制定憲法和建設台灣共和國」爲口號，進行這次國大選舉的選戰。國民黨的口號是「修正憲法，安定、革新、繁榮」。

在台灣史上，這是第一次的民主性國政選舉。即使如此，因長年生活在國民黨政權的恐怖政治之下，仍有不少人害怕對國民黨投下反對票。國民黨透過遍布台灣各角落的組織，毫無避諱地向選民撒錢。末端組織的眾多頭頭，不是黑道人士就是行徑如黑社會的人。如果不接受他們的賄賂，就會受到他們的另眼相待，結果多數人爲了明哲保身不得不接受賄選。而且，三家電視台都在國民黨的支配下，大部分的報社也都在國民黨的支配下。想想在這樣的情況下，仍堅持投票給民進黨的人，應該可視爲信念堅定的獨立派，也可說民進黨是非常善戰的。

雖然民進黨已經在綱領上揭舉台灣獨立，但法院仍依據刑法第一〇〇條認定「僅主張台灣獨立便符合叛亂罪」，對入獄的獨立派人士做出有罪的判決。從台獨聯盟發表遷台方針起，台灣便著手進行修正刑法一〇〇條的運動，其後因萬年議員總辭，在一九八九年底僅選出增額立法委員（任期三年）的立法院，在一九九二年五月十五日決議刪除刑法一〇〇條的條項，在李登輝總統簽署後，於翌日公布。雖然依據刑法一〇〇條受到有罪判決的九名台獨聯盟幹部立即獲得釋放，但唯有張燦鍙主席未獲釋放，六月八日，台灣高等法院以莫須有的殺人未遂事件共犯，判決他五年有期徒刑。

李登輝總統以要求台灣民主化的強力輿論爲背景，穩健推進台灣的民主化。八月一日，廢止在台灣最令民眾心懼的特務機關台灣警備總司令部。可是，「統一派」的抵抗也非常強烈，在同一日，國家統一委員會依據中華民國憲法發表所謂「中華民國的主權及於全中國，但現在的統治權僅限定在台灣、澎湖、金門、馬祖」的見解。對以「統一」台灣爲目標的中國共產黨來說，台灣維持中華民國憲法、遵守領土主權及於全中國的見解很合他們的意。因此，中國以「制定台灣憲法是意味台灣在法理上的獨立，因此不惜行使武力」，和國民黨的統一派合作，一起脅迫台灣人。連美國都反對制定台灣憲法，因此，迄今都還無法解決這問題。

將總本部轉移到台灣的遷台作戰獲得成功，台獨聯盟便決定十月在台灣召開中央委員會。分散在世界各國的中央委員紛紛向國民黨政權的代表處申請簽證，而日本本部的多數中央委員並未取得日本的國籍，當然就沒有日本的護照，因此，必須從申請台灣的護照開始做起。大家都領到護照，唯有日本本部委員長黃昭堂沒有發給簽證。在美國，陳重光（南天）申請簽證也遭到拒絕。還在黑名單上的只剩三人，有情報指出其中一人是狙擊蔣經國的黃文雄，另外二人則獲知是黃昭堂和陳重光。我在一九七〇年曾協助彭明敏先生逃離台灣，中華民國政府便寄給日本外務省一份要求「不讓宗像入境台灣」的文件，這是所謂的「不受歡迎的外國人」，因此，儘管認爲應該拿不到簽證，但爲了慎重還是提出申請，沒想到對方居然發給我三十日的簽證。不過，小林正成的簽證卻遭到拒絕。

雖然黃昭堂沒有拿到回國的簽證，不過還是以直接在台灣交涉入境，組成以他爲團長的十七位日本本部回國團。來自台灣的民進黨第一任主席江鵬堅、國大代表陳菊以及台獨聯盟台灣本部中央委員李勝雄律師等七人，飛到東京迎接我們。另外也來了幾位台灣的記者。十月十五日上午，我們一行人浩浩蕩蕩前往成田機場，我們已經預定機位，可是，新加坡航空公司卻拒絕黃昭堂的搭乘。聽說，國民黨政權已經通告各航空公司，一旦搭載黃昭堂就不允許在台灣著陸。我們不得不留下黃昭堂夫婦而出發。在台灣的桃園機場，有超過千人的群眾來迎接我們，當中有我的好友柯旗化先生和蔡仲伯先生。我們一個一個登上宣傳車向群眾打招呼，我特地請柯旗化先生爲我翻譯。被冠上政治犯入獄十七載的柯旗化先生，這一年剛在日本出版《台灣監獄島》。蔡仲伯先生也有以政治犯入獄的經驗，他們二人是在獄中認識的。這一夜，我和柯先生都住在蔡先生家，三人促膝暢談，其中談到選舉時投給國民黨的群眾是女性多於男性，這主要是受到電視很大的影響。這句話成爲啓示，讓我想到應該在中央委員會上提案設立民間電視台。

翌朝，日本本部回國團前往台北近郊的土城監獄面會張燦鍙主席。張燦鍙主席宛如將幾位有關官員如部下般帶領到會客室，並意氣軒昂地和大家談笑風生。

十月二十二、二十三兩日，召開中央委員會，決定推行制定憲法運動和「一個台灣、一個中國」運動等十大政策，其中也包含我所提案的「開設民間電視台，以打破國民黨獨占電視台的態勢」。此外，我也說明設立電視公司，要求分配頻道，這樣實現性高且容易掌握主導權。不久，以台灣本部爲中心，開始募集電視公司的股東時，民進黨一位有力人士也開始進行同樣的事。結果，這二個公司合併成爲民間全民無線電視台（民視），台獨聯盟第一任主席蔡同榮就任董事長，一九九五年在台灣以第四家電視台獲得認可，在一九九七年開始播放。

張燦鍙被判決有罪的案件向最高法院提起上訴，最高法院駁回判決，退回高等法院。聽說十月二十四日開庭，我們都趕往高等法院。開庭時，審判長立即宣告假釋張燦鍙，之後，便進行證人訊問，但證人針對將張燦鍙視爲共犯的自白書回答說：「這全部都是軍事檢察官的作文，我是被強制簽名的。」這是爲了讓張燦鍙變成無罪的形式上訊問。在台灣，人們常說：「重要審判的判決是由國民黨高層決定，次級的審判是依賄賂的金額決定，由法官自己判斷的審判僅是無法支付賄賂款項的窮人。」美國總統布希發表對台灣出售F16戰鬥機，但在執行上必須獲得參議院的同意，而參議院外交委員主席裴爾則主張說：「如果不同意保釋張燦鍙，就不應該出售F16戰鬥機給台灣。」張燦鍙的獲釋或許是受到這項主張的影響所致。

二十六日晚上，我在飯店與喬治會面。他喜形於色地握著我的手說：「這次的遷台作戰大成功。」從遷台作戰不到一年，台獨聯盟的活動就合法化，說是大成功是無庸置疑的。我們邊淺酌白蘭地，邊談論現狀分析以及今後的運動進行方法。

十一月二十五日，終於取得簽證的黃昭堂，這次也是和來自台灣迎接他的人們一起回台，我也同行，上一次台灣給我三十日的簽證，但這次卻只有十五日的簽證。十一月二十九日，在張燦鍙的出生地台南市舉行慶祝他回國和出獄的遊行與集會。有一萬多人參加遊行，由十匹的騎馬隊爲先導，接著是分別搭乘幾百輛吉普車或宣傳車、卡車等的群眾。沿途群眾夾道歡呼、燃放爆竹，儘管不是太長的距離，卻讓遊行車隊足足花了三小時。入夜七點半起，在聚集了約三萬人的台南市運動場舉行歡迎張燦鍙的演說會。時值第一次立法院選舉之前，所以，民進黨的候選人一個一個上台和張燦鍙、黃昭堂握手，並發表演說。黃昭堂等台獨聯盟的回台人士逐一發表演說後，張燦鍙就接著說：「三十年前，我們在美國的大學分發台灣獨立運動傳單時，多數的台灣留學生一看到我們都怕得紛紛落跑。可是，之後在世界各地的台灣人就開始進行台灣獨立運動。而且，現在的民進黨綱領上已明記台灣獨立，正因如此，大家才能夠歡迎台獨聯盟的遷台。三十年前，台灣的獨立建國是夢中之夢。但現在，則成爲可實現的現實大事業、大目標。建立自由、民主的台灣共和國，才是留給台灣人唯一的活路。大家一起攜手奮鬥，以實現這目標。」集會直到深夜十二點才結束。在黃昭堂的出生地台南縣鄉下，也舉辦遊行和集會，大多數的民進黨立法委員候選人都參加。在台南和高雄，我也受到幾位民進黨候選人的委託，發表應援演說。

十二月十九日，舉行立法院的第一次選舉。名額是一六一人，民進黨有五十人當選，得票率是31%。和一年前的國民大會選舉相比較，從20%增加到31%。透過這次的選舉，首度誕生眞正的台灣國會。雖然國民黨獲得壓倒性勝利，但是，在國民黨內部台灣人的勢力日益增強，使台灣的民主化變得容易推進。

南天也終於取得回國簽證，爲了和他同行，我再度申請簽證，但這次卻遭到拒絕。不得已之下，由內人瑞江陪同南天夫婦回台。南天夫婦過境日本，四月三日和日本本部幾位盟員以及瑞江一起直飛高雄市。在高雄機場，有張燦鍙主席等三千人來迎接，分別搭乘約百輛的卡車遊行高雄市街，入夜，在聚集一萬人的勞工公園，舉行鄭南榕烈士的追悼紀念會暨陳重光的歡迎會。

我是透過盟員黃爾璇立法委員向內政部提出，為何拒絕發給宗像簽證的質問書，獲得的回答是「宗像在台灣進行違法行為」。我這個外國人發表立法委員候選人的支援演說，居然也會違反台灣的選罷法。我請人代為轉告說，若被提起公訴，我一定親自前往法院出庭，也願接受處罰，然而卻未獲得答覆。小林正成的簽證，也是在一九七一年在台灣入獄時的獄中朋友謝聰敏立法委員的努力下才發給的。小林領到已經睽違二十二年的簽證，他帶著太太一起訪台，是一九九三年五月的事。豎立台獨聯盟旗的六、七輛車子，以及約有三〇〇名盟員拉著「歡迎小林正成」橫布條前來接機，讓小林夫妻大為感動。

39. 不可解的王康陸秘書長的死亡車禍

台獨聯盟的立法委員向當局交涉發簽證給我，但聽說，所謂「違反選罷法」僅是口實，無法發簽證給我，其實有根深柢固的原因。黃昭堂不死心地對我說：「拜託李總統看看。」一方是總統且是國民黨主席，另一方卻是獨立運動的領導人，兩方是不可能公開會面的，不過，我知道他們二人已經秘密會晤。一想到這二人的人品，就能預測彼此會馬上建立信賴關係。表面上看來，李總統和獨立派似乎是對立，但打破中華民國體制，將台灣變成自由、民主國家的目標卻是一致。九月，獲得黃昭堂聯絡說：「已經晉見李總統。應該會同意你的入境。」

一九九三年十月十三日午夜一時二十分，黃昭堂來電語氣凝重地說：「王康陸死了。是交通事故。昨晚九點半左右，演講結束後和一名學生一起搭計程車回家途中，被自用車強烈衝撞。現在在醫院，而學生和司機也身受重傷。請清芬轉告阿美。」這是非常嚴重的事態。刻不容緩地立即電話聯絡有關人士，獲知消息的人無不哀慟悲泣。翌十四日凌晨六時，住在比利時的阿美打電話來。聽說南天也在一起。阿美邊飲泣邊感嘆說：「康陸潛入台灣時已留下遺書，雖然平安潛入，不意卻在現在死亡。這樣台灣的獨立也有會所延宕。」男人眼淚不輕彈的南天，也難忍悲痛哭著說：「喬治是靠著他和我二人支撐著。」王康陸不僅才幹出眾，且擁有人人稱許的好人品。王康陸和南天（陳重光），就像是喬治（張燦鍙主席）的左右手。南天是代理喬治，不僅對美國各地的台獨聯盟組織，更需巡迴南美和歐洲、日本等組織。王康陸則是在喬治身邊提供建言，對於喬治所要發表的論文或演講稿，不需探詢喬治就能自己單獨撰寫。屬於獨斷專行型、不太聆聽他人意見的喬治，卻能傾耳聆聽王康陸的建議。喪失王康陸，對台獨聯盟來說是言語無法形容的痛。

這是一樁非常不可解的交通事故。在台北郊外陽明山上的文化大學結束演講的王康陸，正在搭乘計程車回家的途中。和王康陸同車的大學生是意識不明的重傷，計程車司機也是身負重傷，但意識清醒，所以由他說明事故的情況。道路是上山、下山各一車道，計程車是開在靠右的下山車道上，從下方彎道出現的自用車（BMW）並未打開車頭大燈，且快速疾駛到下山的車道上。驚愕的司機緊急將駕駛盤往左轉，那部自用車強力撞擊到王康陸搭乘的計程車的後方側面，計程車滾了二、三圈才止住。計程車嚴重受損，王康陸斷了九根肋骨，而且破裂的骨頭還刺入心臟或肺，幾乎是當場斃命的狀態。從之後的調查了解，當中存在眾多不自然的狀況。計程車內的三人被緊急送往附近的醫院，而警察則將駕駛BMW叫做林慶中的男子送到國民黨中國人經營的榮民醫院。林慶中只在額頭上受到輕傷，留下簡單的筆錄後，就立即獲得釋放。這案件被當作酒醉駕車的過失致死事故來處理。留在事故現場的BMW，由警察送往汽車修理廠，通常裝置收音機或錄音機等儀器的櫃子卻是空的。林慶中在將近一年前的十一月就曾駕車撞死一名女學生，但卻未實際服刑，僅受到有期徒刑十個月緩刑四年的輕犯罪處罰。林慶中是建築工人，並不富有，但撞死女學生的事件支付了賠償金，之後又能夠以七十二萬元購買中古BMW。林慶中在緩刑中是被吊銷駕照，卻能引起這麼重大的車禍事故。事發後，林慶中的緩刑既未遭到取消，也沒有被扣留。這種種的不自然狀況，以致引來一般民眾的質疑是理所當然的。發生這麼嚴重的車禍，林慶中卻幾乎毫髮無傷，是否曾受過特殊的暗殺訓練呢？那個儀器櫃是否安裝了和特務聯絡用的無線電話呢？重重的疑問令人困惑不解。這事件的眞相，迄今尚未解明。

一九九三年十月二十二日，我爲了參加王康陸秘書長的追悼會飛往台灣。下飛機走在空橋上時，就看到黃爾璇（立法委員）在一端等我。黃爾璇爲台獨聯盟的主要幹部，是民進黨的第一任秘書長，原本是學者型，留學東大的研究所，在台灣的東吳大學擔任教授時，受到國民黨的壓力辭去教授一職，轉而涉足政治之路。他爲了擔任我在機場辦理落地簽證時的保證人，特地前來機場接我。爲了讓當局能夠發給我一般的簽證，他持續和國家安全局交涉。國安局是直屬總統的國家安全會議的執行機關。以美國爲例來說，國家安全會議是相當於直屬總統的國家安全保障會議（NSC），但是，蔣家政權的國家安全會議的特徵，是統轄所有的特務機關。在一黨獨裁專制下，黨是存在於國家之上，因此，黨的防衛是優先於國家的防衛。

在翌日舉行的追悼會上，有來自美國的王康陸秘書長的夫人美珠女士、就讀大一的獨子寧文和親族、台獨聯盟的盟員、民進黨的幹部以及各界有力人士等約二百人參加。以下引述寧文的部分弔辭：

三十年的漫長期間，父親爲了追求台灣人的自由而工作。因主張台灣獨立，備受國民黨的種種迫害，但父親不曾氣餒、憤世嫉俗，仍然堅持建立民主台灣共和國的信念。父親爲了這個大義，不知辛勞、不知恐懼地奮力工作。如同父親所尊敬的馬汀・魯沙・金氏或馬哈特馬・甘地一樣，他認爲非暴力性的社會革命，才是成功的關鍵。對於父親的不幸，不要回想是死於非命，而要以他竭盡所能、肝腦塗地爲理想和信念奮鬥來追憶他。

出席追悼會的人士，強烈質疑這是謀殺而要求解明事件的眞相，於是在台北市街舉行示威遊行。

四十、台獨聯盟變更方針進軍政界

一九九三年十二月二十六日，我和朋友橫堀洋一與瑞江（內人）三人訪台。黃爾璇來到機場爲我辦理入境手續。橫堀和我到圖書館找資料，瑞江另有他事。二十九日上午十一時五十分，橫堀和我搭乘的計程車在台北市街的十字路口準備左轉時，突然從右側巷子冒出一輛轎車，撞上我們乘坐的計程車的後座車門。在此衝撞下，坐在右側的橫堀的頭撞到我的額頭。我的腦際裡馬上浮現王康陸事件，只不過肇事的那輛轎車是以緩慢車速接近，讓人感覺駕駛的青年較爲膽怯，或者只是要給我們一點警告所發生的小車禍。我立即拍下那輛轎車的照片，且對青年說不可離開現場。我利用附近的公共電話聯絡台獨聯盟本部時，是以前在日本本部的陳宏達接的電話，我拜託他馬上過來。橫堀可能有腦震盪，無力地坐在座位上，我的額頭到現在還留有傷口沾黏的瘤，計程車的車窗玻璃都沒有破裂，應該不是很大的撞擊。計程車公司處理事故的人員和陳宏達都來了，連同駕駛轎車的青年一起前往交通警察醫院，我們分別接受醫師的診察。經過陳宏達調查得知，那位青年是銀行行員，不是故意衝撞的。

十二月三十日下午，張燦鍙主席從台獨聯盟本部打電話給我，表示有事商量要我過去一趟，於是前往本部和喬治談了大約一小時。一開始喬治就說到：「黑名單已經解除，獨立運動也合法化。現在的台灣，可以說已不存在政治性的禁忌。但是，這反而讓群眾運動的組織或募款都變得困難。返台當初，是以群眾運動爲中心來活動，採取聯盟幹部不進軍政界的方針，但這樣一來，就沒辦法繼續推動大型的運動。民進黨頗爲墮落，對獨立路線變得消極。一定非改變民進黨的體質不可。於是，準備打出積極進軍政界的策略。以我自己來說，以擔任民進黨主席，進一步成爲總統以達成台灣獨立建國爲最大的目標。現在，民進黨中央黨部的一年預算約八〇〇〇萬元（當時，一美元約兑二十六元新台幣），因財政困難而處處顯得捉襟見肘，如果自己有幸擔任民進黨的主席，一定可以募款二、三億元。爲了推動政治活動，就不能只是揭舉基本的理念或目標，還必須要提出具體的政策，因此想找你討論看看。」

喬治提到希望成爲總統，並非無的發矢。李總統雖有人氣且具政治能力，但民眾並不信任國民黨，除李總統外，國民黨也沒有特別出眾的人才，因此，有不少人預測，終有一日民進黨一定能取得政權。在此情形下，也有不少的民進黨有力人士將總統做爲努力的目標。

當時，台獨聯盟內部常說道「主要的政策都是依據日本本部的提案」，理論機關雜誌《台灣青年》一直是我在編輯，因此喬治才會就有關政策立案問題找我商量。

我們二人在討論後，決定研究更具體的政策。我曾耳聞喬治爲了募集資金四處奔走。僅本部就有十幾名專職人員，發行出版物、組織群眾更需龐大的資金。如果是從政，就有因政策而獲利的人會樂於捐款，但是，如獨立運動這般沒有直接回報的運動，資金的募款是非常困難的。我常看到黃昭堂爲了募集資金千辛萬苦，所以我非常了解個中的酸楚。

我們獨立運動的基本資金是靠盟員的捐款，和基督教徒捐款給教會一樣。可是，擴大運動勢必花費更大資金，僅靠這些捐款是難以爲繼的。因此，必須轉向企業家籌募資金，但是，在日本的台灣人企業幾乎都是中小企業，且年輕一輩也都日本化，不是很了解台灣的實情，大多數人對台灣的關心都很淡薄。初期日本本部發行的機關雜誌，不僅發行日文版，也發行中文版和英文版，之後除了日文版的《台灣青年》以外一律廢止，也是出自資金短絀的理由。在日本本部，包括我共有三名專職人員，僅支付少額的活動費，個人的生活費都靠自己籌措。因此，獨立運動的領導者都有自己的職業。台獨聯盟第一任主席蔡同榮以及喬治都是擔任美國大學的教授，其他也有不少是大學教授。一九八九年七月，北美台灣人教授協會在馬里蘭大學舉辦爲期三天的研討會，我也受邀參加，在當時聽到的消息是，該協會會員有三千多人。取得Ph.D.（博士學位）的台灣人有會員人數的好幾倍。這是蔣家政權僅開放大學和專科學校的畢業生留學海外，因此，大部分的留學生都是大學畢業生，前往海外留學都進入研究所的結果。留學日本取得博士學位、或擔任教授的人也不少。活動人士中有很多的大學教授，正因較有空餘時間所致。在日本本部，黃昭堂是昭和大學的教授、許世楷是津田塾大學的教授、擔任《台灣青年》總編輯與發行人一職的周英明（已故）是東京理科大學的教授，其他還有好幾位的大學教授。羅福全是擔任位於東京的聯合國大學的學術審議官。在日本取得博士學位的台灣人當中，我想以醫學博士最多，可惜醫師的工作繁忙，根本挪不出時間參加獨立運動，這是他們的困難所在。

和喬治會面那一日的夜晚，葉菊蘭邀請來自日本的我們到她家。一九九〇年十月，擔任立法委員還不到一年，葉菊蘭就對大家都畏懼三分的郝柏村（行政院長）大膽放言說：「你大力鎮壓台灣獨立運動，且勾結中國共產黨，大放厥詞說中國以武力侵台的可能性很大，以此來脅迫台灣人民。如果要我保持緘默不發言，就殺了我吧。」不了解她的人，或許會覺得她是個很可怕的女性，其實，她很可愛且具幽默感，當我詢問她「想當甚麼？」時，她開玩笑說「總統」。

橫堀在元旦先返回日本後，在日本本部一起工作的侯榮邦，邀請我們夫妻倆到南部，介紹一些朋友給我們認識。此時，初次會晤李登輝總統的老友黃崑虎（現在，李登輝之友會總會長）。他就讀幼稚園的可愛孫女快樂唱著「桃太郎、桃太郎」的日文歌來歡迎我們。聽說，是她奶奶教的。榮邦以「虎桑」稱呼黃崑虎，所以我也跟著叫他虎桑。當夜，虎桑在宛如小箱根般的關子嶺飯店舉辦歡迎宴。在十一月二十七日選舉剛剛當選的台南縣長陳唐山，也趕來參加，使宴會更顯熱鬧。當我說到「陳唐山是美國制定台灣關係法的中心人物」時，大力奧援陳唐山選舉的虎桑面露驚奇的表情說：「我是第一次聽到這內幕。」我轉頭詢問陳唐山：「在選舉演說中你沒提到這事情嗎？」他說「提到這檔事也沒辦法增加多少票數」而讓我備感驚訝。殊不知，正因台灣關係法的存在，台灣人民的和平與安定才能獲得保障，想到這一層，讓我覺得政治一途眞的很難走。大家都用日語聊天，之後開懷大唱卡拉OK，所唱的歌曲幾乎都是日本歌。在賓主盡歡後，我們受邀前往就在附近的虎桑別墅，就住宿在李登輝夫妻也留宿三次的那間寢室。

41. 只要美國取消「一個中國」政策，即可承認台灣

雖然美國政府對台灣的態度搖擺不定，但是美國國會對台灣則是一貫友好。一九九四年二月二日，美國參議院以九十二票對八票壓倒性多數通過對國務院的授權法案。在

這項授權法上，包括：（1）台灣關係法優先於限制對台出售防衛性武器的一九八二年八月十七日的美中共同聲明；（2）促進美台間的高官交流；（3）將出生於台灣的美國人的出生地從中國變更爲台灣。

在李登輝總統和司馬遼太郎的對談中，李總統提到：「以前掌握台灣權力的，全部是外來政權。最近，我已經能夠很坦然地說這樣的事。即使是中國國民黨，也是外來政權。只是爲了統治台灣人才來到台灣的黨。必須把它變成台灣人的國民黨才行。我們七十多歲的這一輩，以前連晚上都無法安心就寢。我衷心期望子孫不需再處在這種朝不保夕的恐懼日子裡。」[37]能夠坦然說出這樣的話，正是顯示李總統的權力基盤已經穩固的證據。過去爲了不給李總統帶來困擾，我們不曾寄送《台灣青年》給他，從這時期開始就無所顧慮地寄給他。這是一九九四年六月的事，而台獨聯盟日本本部的老秘密盟員伊藤潔（歸化日本之前的姓名是劉明修，杏林大學教授，已故），爲了撰寫《李登輝傳》（一九九六年，文藝春秋刊）與李總統會晤時，也請他代爲確認李總統有否接到《台灣青年》，李總統回答說「已經閱讀過了」。如此一來，我們的想法就能夠傳達給李總統，這讓我們備感欣喜。

一九九四年六月，亞運評議會會長阿瑪特出席在台北市召開的會議，在會晤李登輝總統時當面邀請總統參加十月在廣島舉行的亞運會。李總統很爽快答應，但八月中國出面干

37　《週刊朝日》（一九九四年五月六日號），收錄在司馬遼太郎著，《台灣紀行》，第四九五頁。

涉時，日本政府便不知所措。當時日本的首相是社會黨委員長村山富市，最後順遂中國的要求也是沒辦法的事。但是，日本外相也是自民黨總裁的河野洋平，在之前的七月二十四日搭機前往曼谷參加會議的途中，遇到颱風迫使其座機必須在台灣的桃園機場緊急避難停機時，不曾打電話向台灣方面致意，在曼谷和中國的外交部長錢其琛會面時卻說「避開和台灣方面的一切接觸」。一九九一年的波斯灣戰爭之後，日本協助科威特的復興，因此，時爲科威特王族的阿瑪特會長無法漠視日本政府的要求，而取消了對李總統的邀請。這不僅對李總統非常失禮，對日本來說，也不啻是國辱性的對中國卑微屈膝的外交。

一九九四年十二月三日，舉行台灣二大都市台北和高雄的市長選舉以及台灣省長的選舉。民進黨的陳水扁當選台北市長，高雄市長和台灣省長則分別由國民黨的吳敦義和宋楚瑜當選。對陳水扁和宋楚瑜來說，這次的選舉成爲挑戰二〇〇〇年總統大選的踏板。

陳水扁就任台北市長時，將二月二十八日定爲台北市的「和平紀念日」，且將台北新公園改稱爲「二・二八和平公園」，在園內建造二・二八事件的紀念碑。李總統出席在二月二十八日舉行的紀念碑落成典禮時，以中國國民黨政權的代表向事件的犧牲者遺族致歉謝罪。蔣家政權將二・二八事件的責任推諉給當時的台灣省行政長官陳儀。但是，陳儀的電信秘書舒元孝卻證言在三月二日，蔣介石對請示如何處理事件的陳儀下令：「不問理由如何，寧可誤殺一百，也不能遺漏發動事件的一人。」

一九九五年四月，美國康乃爾大學校長訪台，邀請傑出校友李總統前往母校演講。儘管中國強烈反對美國同意李登輝的入境，但五月二日美國眾議院以三九六票對〇票、五月九日美國參議院以九七票對一票，贊成李總統訪美的決議。美國國務院也發表同意李總統的入境，李總統在六月七日訪美，九日在康乃爾大學發表演講，也會晤了美國的有力政治家之後，於十二日返國。李總統在演講中，向世界呼籲讓台灣復歸國際社會，但中國卻譴責這項發言是在策畫台灣獨立，於是在七月二十一日至二十六日，假軍事演習之名，對台灣近海發射六枚飛彈。

七月十三日，負責東亞、太平洋事務的美國副助理國務卿溫斯頓・羅特（前美國駐中國大使）指出：「台灣沒有和我國建立正式關係的意圖。因為，台灣堅持『一個中國政策』。」翌日，羅特又補充這項發言說：「台灣堅持『一個中國政策』，自己拒絕成為自由的國家。台灣的政府，並不希望台灣是和中國分離的國家。」

事實上，台灣並不是沒有和美國建立正式關係的意圖。台灣最想要開拓的正式邦交國，就是美國。一旦開啓和美國的邦交，其他的自由主義諸國也會立即跟進，而且，除了和中國有緊密關係的國家以外，世界各國可能都會承認台灣，台灣即可順勢重回國際社會。但是，如此一來就像羅特所指出的，必須明確表示台灣是和中國截然不同的國家，亦即台灣不是中國。當時，中國的國際性影響力還不是很大，因此，有不少國家說只要台灣將國名變更爲台灣，就能加以承認[38]。

這是我們開始獨立運動時所主張的事。其中最確實的方法，就是制定台灣憲法，將國名定爲台灣，廢棄中華民國憲法。民進黨雖有制定台灣憲法的主張，但台灣的情勢還沒有成熟到可以實行的程度。李總統指出：「我從來沒有說過『一個中國』。我所強調的是『中華民國在台灣』的事實。」在戰後長達半世紀的中國國民黨教育下，多數國民仍然認爲自己是中國人的時代，如此的發言已經是竭盡全力的說法。但是，中華民國的英譯「Republic of China」，是不可能通用於國際社會的。儘管如此，現在的美國對台灣，還是要求遵守「一個中國」的原則，反對制定台灣憲法，不過在柯林頓政府的初期，美國是主張如果台灣放棄「一個中國」政策，即可與台灣建立邦交。

42. 第一次總統直接選舉

一九九五年八月五日，在台北市近郊召開台獨聯盟的中央委員會。張燦鍙因爲被民進黨推舉出馬競選立法委員，因此堅持辭去主席一職，推薦日本本部委員長黃昭堂爲主席，

38 宗像隆幸著，《瀕臨危急存亡的台灣》，第六十五頁。

全場一致選出黃昭堂為新主席（任期二年）。黃昭堂主席指名黃爾璇為副主席，陳重光為秘書長，這也獲得與會一致的承認。

十二月二日，繼一九九二年之後舉行第二次立法委員選舉。名額是一六四人，結果中國國民黨當選八十五人、民進黨五十四人、新黨二十一人、其他四人。民進黨的得票率是33%（前一次是32%），當選者僅增加四人（立法委員的任期三年，總統沒有解散權。但是以後修正憲法把立法委員的任期改為四年；當立法院通過行政院長的不信任案時，總統就能解散立法院）。

台獨聯盟盟員的立法委員從四人增加到十二人，但重要的張燦鍙落選，卻在預料之外。在出生地台南市參選的張燦鍙，被視為鄉土英雄，任何人都認為他絕對當選，這就是一個大陷阱。認為他確實會當選，而把票投給其他候選人的支持者不在少數。所謂新黨，是反對李登輝總統推行中國國民黨的台灣國民黨化，在一九九三年從國民黨分裂另外組成的政黨，自稱是中國國民黨的主流。新黨的得票率是13%，和蔣家政權一起從中國來到台灣的人及其子孫占了全人口的13%，他們的票幾乎都流向新黨。而且，可說是郝柏村屬下、軍人出身的十一位候選人，都是由新黨提名，全員當選。

台獨聯盟所屬的立法委員雖然增加，但因張燦鍙的落選而完全搞亂計畫。民進黨中失去結黨時的理想，轉而謀求權力的幹部變多。因此，讓民進黨再度回到初衷進行改革，成為向獨立建國邁進的黨，正是張燦鍙決意進軍立法院的最大理由。可是，這種朝向目標積極果敢奮鬥的改革，如果沒有像張燦鍙這樣的領導人就不可能實現。

立法院選舉結束後，國民的關心都集中在翌年三月二十三日舉行的台灣第一次公民直接選舉的總統大選。總統、副總統候選人，國民黨推舉李登輝、連戰，民進黨推出彭明敏、謝長廷，無黨派的有林洋港、郝柏村以及陳履安、王清峰。確實推行台灣民主化的李登輝總統，其人氣壓倒性的高。

彭明敏雖是不折不扣的台灣獨立派，但中國完全無視於他，僅視李登輝爲推行台灣獨立的元兇而大力撻伐，極盡詬詈訾議之能事。呼應中國的是林洋港、郝柏村一組。二人都是國民黨的副主席，卻在立法院選舉時全面支持新黨而被國民黨開除。郝柏村之所以甘於擔任林洋港的副總統候選人，是因林洋港是台灣人，以政治家的輩分來說是李登輝的前輩，因此認爲他可以獲得台灣人的選票。他們譴責李總統推行民主化和台灣化是「破壞國民黨，對中華民國發動叛亂」。觀察上次的立法院選舉，明顯可見中國系的人將郝柏村視爲自身利益的保護者。蔣介石從中國帶來的下級士兵，在年邁退役之前都是以低階軍人過日子，無法結婚的人占多數。可是，即使靠著退休金僅能保障某程度的生活，但比起中國的下層勞工，他們的收入足足高出了二十倍，因此回到中國的故鄉就像衣錦還鄉般榮耀非凡。這些人是郝柏村的支持者。但是對現役的軍人，他的影響力似乎已經不再。郝柏村辭去行政院長是在一九九三年的二月，在當年的十一月底，陸海空軍的七一二位將軍中，中國系占了六一九人（87%），台灣人卻只有九十三人（13%）。郝柏村對辭去行政院長一事雖有抗拒，但這些中國系軍人卻無動於衷。在台北市進行「反對李登輝，擁護郝柏村」示威遊行的，是中國系的退役士兵。他們寄信給中國的鄧小平說：「注意台灣獨立的趨勢，爲了促進統一行使必要的影響力。」

李總統爲了把國民黨的軍隊變爲台灣的軍隊，在一九九二年首度任命台灣人爲海軍總司令，一九九五年首度任命台灣人爲空軍總司令，其翌年，也首度任命台灣人爲陸軍總司令。這表示李總統已經完全掌握軍隊。

對李總統這般的民主化、台灣化路線，中國好像認爲，如果李登輝當選總統，台海可能就會發生戰爭一樣，反覆進行軍事演習，且於三月八日在台灣近海發射四枚飛彈以恫嚇台灣人。對此，美國總統柯林頓在翌日下令派遣二艘航空母艦到台灣近海。三月十九日，美國眾議院也以三六九票對十四票通過協助防衛台灣的決議案。這就是所謂的「台灣海峽危機」。

看到這種狀況而讓獨立派備感困擾的是，一方面希望李登輝能夠以更多的得票獲勝，但是另一方面，如果彭明敏輸給郝柏村，可能就會受到抨擊說「獨立派輸給統一派」。不過，這種顧慮是杞人憂天。

李登輝以54%的得票率獲得壓倒性勝利，彭明敏的得票率21.1%和郝柏村一組的14.9%有很大的差距。台灣最大的宗教組織——佛教團體所支持的陳履安，得票率只有

10%。這次的投票率超過立法委員選舉八點五個百分點，有76.12%。這是中國以文攻武嚇，提高台灣人對政治關心的結果。李登輝和彭明敏的得票率合計超過75%，因此被認爲有四分之三的國民支持台灣獨立。

43. 狙擊蔣經國的黃文雄回國

一九九六年的台灣海峽危機，變成強化美日同盟的契機。在台灣總統大選的翌月訪日的美國總統柯林頓，和首相橋本龍太郎進行會談，在四月十七日發表「美日安全保障共同宣言——邁向二十一世紀的同盟」。依據這項宣言修訂美日防衛協力的指針，強化美軍與自衛隊協力關係的策略，現在仍然持續。

強化美日同盟之外，柯林頓總統也進行改善和中國的關係，在一九九七年十一月和訪美的中國主席江澤民發表共同聲明，提出美中兩國努力建立「建設性戰略夥伴關係」的方針。對中國市場抱有極大期待的美國財界的要求，讓柯林頓政府急速接近中國，但聽說這是親中國派的亨利・季辛吉等暗中活動所帶來的重大影響[39]。

一九九六年三月，我的著作《台灣獨立運動私記》（文

---

39 李察・班斯坦、羅斯・曼羅著，《不久將和中國作戰》（小野善郎譯，一九九七年，草思社刊），第一三〇頁。

藝春秋刊，中文版由台灣的前衛出版社發行）出版，報紙和雜誌上雖有不少的書評，卻僅發行一版。這是十一年前的事，那是個環視書店時，有關台灣的書籍罕見，對台灣持有關心的人很少的時代。不過，這一本書在了解台灣問題的讀者中卻深獲好評。我將這本書贈予和李登輝總統關係密切的中嶋嶺雄先生（現國際教養大學校長），他在回函中提到「李登輝先生手上也有這本書」。我覺得，這是所謂「我也在閱讀」的李總統的訊息。更令我驚奇的是，在一九六四年陳純眞事件時承辦我們案件的一位刑警，也來電告知拜讀這本著作。於是，我們決定召開「同窗會」。他們早已屆齡退休，一起聚會的是三名刑警和我共四人。他們還在現職期間，每年夏天都會從警視廳送一打啤酒到我們的事務所，冬天則是送二瓶日本酒。我們暢懷享受了一夕的晚宴，逮捕者和被逮捕者能有如此信賴關係，在世間是極爲罕見的事。

一九九六年五月六日，在二十六年前狙擊蔣經國的黃文雄，突然回國舉行記者會。黃文雄和他的協助者、同時遭到逮捕的鄭自才，在假釋中的一九七一年潛入地下活動。之後鄭自才被逮捕服完刑期後，已經返國，但黃文雄一直潛行在地下。黃文雄說道：「我之所以要射殺蔣經國，主要是想推翻以恐怖政治統治台灣的蔣家王朝。美國政府邀請蔣經國，表示將鞏固他成爲蔣介石繼承者的地位，因此我極力想要加以阻止。現在，推翻中華民國體制，使台灣民主化的運動主力，已經從海外轉移到台灣。現在，最重要的事是更加推進這項運動，使台灣成爲自由、民主的國家。爲此，我會盡全力。」

在黃文雄的回國歡迎會上，民進黨的幹部和民主化運動的領導人都蒞臨現場，聚集在會場的群眾人數多到幾乎無立錐之地。他們對黃文雄勇敢的行動為台灣人帶來勇氣一事，大為讚許。

一九七一年五月在紐約時，假釋中的黃文雄和鄭自才邀我共進晚餐。他們都看過我的論文的中文譯本，所以很想見我一面。透過朋友的翻譯，和他們聊得很盡興。他們在不久後就會確定刑期，預定要收押監禁，所以在話別中我特地勉勵他們：「自古以來，對革命家來說監獄是最好的學習場所。你們要好好保重身體，努力學習。」但是，之後不久他們就潛行於地下。決定這樣做，應該有他們的理由。

一九九六年十月六日，以李鎮源博士為主席成立建國黨。台北帝大出身的李鎮源博士，是以研究毒蛇享譽世界的台灣醫學界元老。我也見過他好幾次，他是生性嚴謹，完全沒有政治野心的人，看起來精力充沛很有活力，實際上已經是八十一歲高齡的老年人。建國黨的主要黨員幾乎都是學者、律師或作家，推舉這樣的人擔任主席，他們的主要目的似乎是要對因政黨活動而逐漸墮落的民進黨提出警告。無論如何，在之前的六月，民進黨選出以機會主義者聞名的許信良為主席。許信良不僅呼籲國民黨和民進黨組成聯合政府，甚且說出如果國民黨不接受，也不排除和新黨聯合。居然說出可以和與中國統一為目標的新黨聯手合作，這時期的民進黨似乎已經把組黨時的初衷忘得一乾二淨。擔任台北市長的陳水扁也說出：「爲了改革台灣，必須先改革民進黨。」

44. 在縣市長選舉上，民進黨首度贏過國民黨

一九九七年二月，規定二月二十八日爲國定假日，且立即施行。此外，以陳水扁市長主導，將位於台北市中心的公園改稱爲二・二八和平公園，且將位於該公園內的日本統治時代的無線廣播電台開設爲二・二八紀念館。二・二八事件時，占據該廣播電台的市民，向全島廣播事件的發生，極力呼籲民眾起義。對於二・二八事件時遭到殘殺或入獄的人，已經從一九九五年起獲得最高額六〇〇萬元的補償金。

五月十五日，李登輝總統很早就表態不參選下一任總統大選。環視世界，可能找不到政治手腕可以和李登輝匹敵的哲人政治家。因此，台灣沒有可以和李登輝相提並論的政治家是很當然的事，但是，國民黨未免也太沒有人才了。有很多人擔心，如果由國民黨內不勝任的人擔任下任的總統，問題就大了。

九月六日，台獨聯盟在台北市召開中央委員會，黃昭堂以壓倒性多數蟬聯主席。黃昭堂和張燦鍙有著相反的性格，張燦鍙善於攻擊，相對的，黃昭堂是屬於守備型。張燦鍙擔任主席時，很勉強的採取台獨聯盟的擴大政策，但黃昭堂卻

大幅削減台獨聯盟的預算和專職人員的人數，讓組織不必捉襟見肘即可維持。在台灣，企業經營者多到被詼稱在街上隨便丟石頭就會砸到總經理。以「我，我」強烈主張自我的人一多，無論任何組織都容易引起對立或分裂。在台獨聯盟的各本部也經常發生激烈的對立或分裂，日本本部在初期也發生過激烈的內部對立。不過，從一九七〇年以來，日本本部無論由誰擔任委員長，都不曾再發生激烈的內部對立。不知從何時開始，只要有黃昭堂在，就不會發生激烈的內部對立。黃昭堂就是這樣的人物，所以只要他擔任主席，就不用擔心台獨聯盟會分裂。

台獨聯盟中央委員會，爲了達成「打倒中華民國體制，建設台灣共和國」的不變目的，決定併用議會路線和群眾路線來推進運動，對國民黨政權則持續要求「放棄對中國與蒙古共和國領土的虛構主權」。

《華盛頓郵報》（十一月八日）和倫敦的《泰晤士報》（十一月十日），刊載對李登輝總統的專訪。當中，李總統有如下的闡述：

台灣就和英國或法國一樣都是獨立國家。中國的江澤民主席在過去有幾次以國民黨主席的身分邀請我前往中國，但是，我都加以拒絕。如果江澤民把台灣看成和中國一樣，是平等的獨立國家，我就承諾前往中國。我個人覺得，美國和中國的戰略性夥伴不會給台灣帶來危險。最近，來自華盛頓的發言保證，不會減弱對台灣的支援。自由、民主且尊重人權的台灣，是美國理想主義的象徵。中國是共產黨的獨裁國家。如果中國變成自由民主且是社會公正的國家，就是我們雙方開始談論統一的時候。從一九九一年起的六年間，台灣對中國的投資高達一四○億美元，這等於是美國和日本對中國投資的合計金額。另外，還有經由香港或澳門，不在統計上出現的對中國投資，台灣對中國的投資，推測將近三百億美元。這種巨額的對中國投資，對台灣來說，只會增加政治性、經濟性的危機。

在可預見的將來，是無法想像中國會變成自由民主且是社會公正的國家。假設中國眞的變成這樣的國家，那麼它就會承認台灣人民的自決權，台灣也就可以拒絕「統一」。可是，即使如此，李總統也是不得不談論有關「統一」的問題，因爲國民黨的元老會大力抨擊他是否放棄「國是的統一」，所以，站在國民黨的主席且是總統的立場，可能就不能大方說出眞心話吧。李總統已嚴正提出警告，對中國無節制的增加投資是一件很危險的事。即使依據法律來管制，也只是徒增從香港或澳門的地下投資，並無法有效管制。這個問題，在今後會越來越嚴重。

十一月二十九日，除了台北市和高雄市的直轄市以外，舉行五大都市與十八縣的縣市長選舉。民進黨在四市八縣獲勝。得票率，民進黨是43.3%（前一次是41%），國民黨是41.8%（前一次是47.5%），民進黨的得票率首度超過國民黨。台獨聯盟的盟員陳唐山，以近二倍差距打敗國民黨候選人，

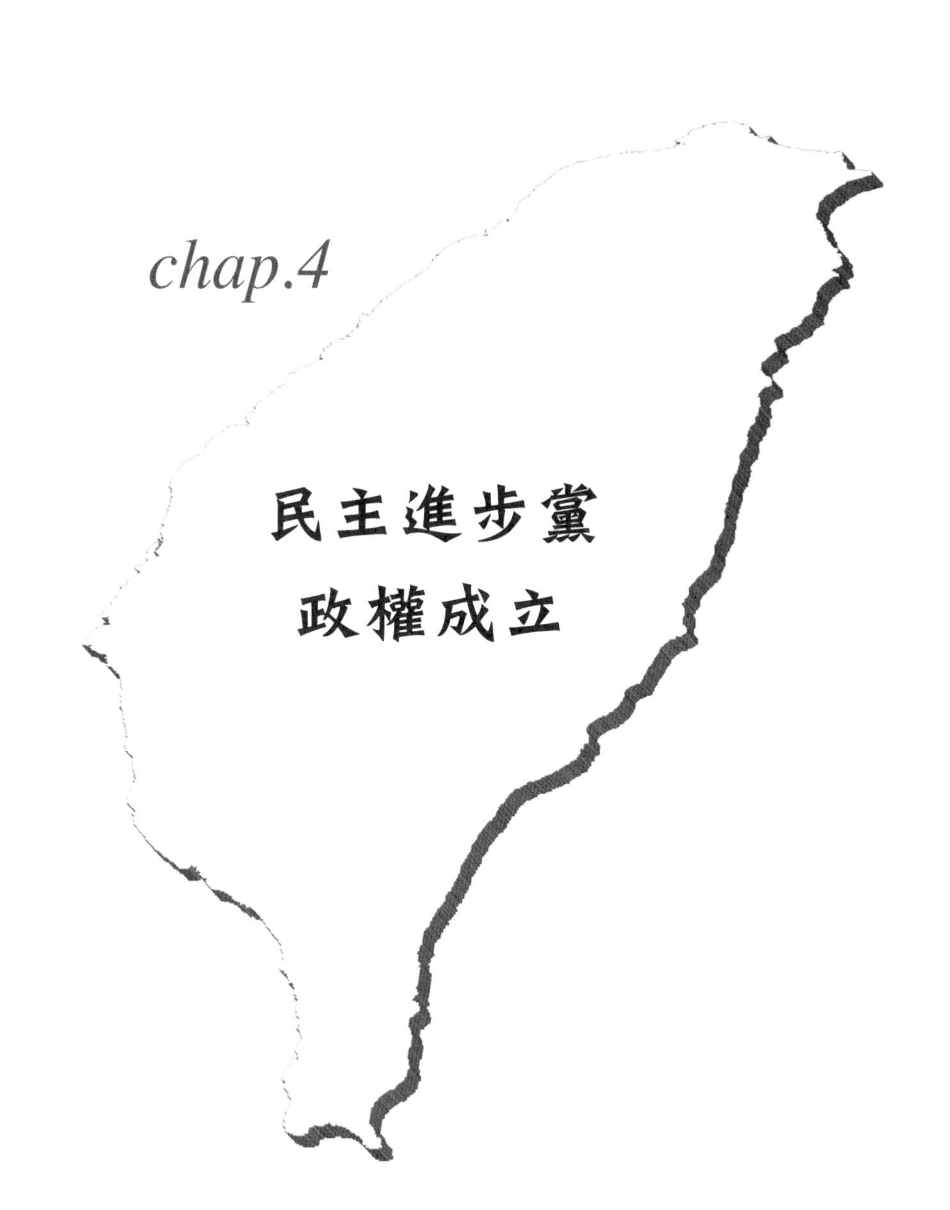

chap.4

民主進步黨
政權成立

45.「歷代總理的老師」末次一郎

一九九七年十二月，從年輕時代就是好朋友的池田憲彥（拓殖大學日本文化研究所教授）來到我的住所，說要介紹末次一郎先生給我認識，要我向他說明有關台灣的問題。這是我第一次聽到他的名字，不過，聽說他在政治家或高級官員之間，是被稱為「歷代總理的老師」或「日本唯一的國士」的偉大人物。我暗忖著，現在的日本有這樣了不起的人物嗎？但是，他的確是現代難見的翹楚人物。

陸軍中野學校（譯按：日本陸軍情報間諜學校）出身的青年軍官末次一郎，認為戰敗之後，存活者的責任就是進行戰後的處理。於是召集同志，進行救援滯留在海外的日本人。末次向菲律賓總統季里諾請求，將一九五三年在菲律賓服役的一百二十名戰犯、五十九名死刑犯減刑為無期徒刑後遣送回日本，在巢鴨監獄服刑。美軍允許末次等人自由出入巢鴨監獄，結果末次和以A級戰犯服刑的岸信介（後為首相）等都變得很親近。末次因為這層關係而和很多有力政治家都有密切的交往，但他不求一切名利，徹底當個幕後人物。末次曾召集日美兩國的有力人士，組織沖繩問題的協議會，其結論大綱獲得美國總統尼克森和佐藤榮作首相接納後，一九七二年完成沖繩的歸還。其後，末次也參與青少年的教育問題或對蘇聯・俄羅斯問題等等問題。一九九八年，爲了慶祝末次的喜壽（譯按：77歲生日），在東京的飯店舉行祝壽宴會，小渕惠三首相在會上說道：「我從早稻田大學的學生時代開始就接受末次先生的指導，在他不斷的叱責、激勵下，才能成就今日的我。我認爲，末次先生是日本唯一的國士。」小渕惠三在傳記上也寫道：「被譽稱爲歷代總理的政治老師或最後的幕後人，就是末次。」[40]池田所言一點也不誇張。

一九九七年十二月十九日，我透過池田的介紹，在首相官邸附近的末次事務所，首度會晤末次先生。我向他說明，戰後蔣介石政權的恐怖政治讓台灣人宛如身陷人間煉獄般，無時無刻不是生活在恐懼之中，台灣被聯合國排除，孤立於國際，美國政策性失敗是一大原因，美國或日本所堅持的「一個中國」政策，是不可能解決台灣問題等等。末次先生很快就理解我的說明，而他所提出的問題也都很精確，直中問題的核心。雖是初次謀面，卻能夠讓我毫不避諱的暢談，在彼此的談話中，可窺知末次先生確實是個偉大的人物。

我想，一定要建議李登輝總統與末次先生會面，於是提筆書寫信函。大約從一年半以前開始，我就不需要經過祕書，可以直接和李總統通信函，因此我在函內說明末次先生的情形，並詢問能否安排只有他們二人的晤談。不久，便接到從李總統來的傳話「務必會晤末次先生」。將這事情轉告末次先生時，他也深表會晤的意願，他提到在台灣時也想見

40　佐野真一著，《凡宰傳》（二〇〇〇年，文藝春秋刊），第一六七頁。

面的人，另外我也安排他參觀幾個地方，於是計畫四天三夜的行程。他們二人都是超忙碌的人，日程上很難調整，導致我們前往台灣的日期拖到一九九八年的六月十一日。末次先生連同祕書平田隆太郎（現任拯救北韓綁架受害者之會的事務局局長）、池田教授和我共計四人，直飛高雄繞到台灣南部。

圖九 李登輝總統與末次一郎（1998年6月13日）

李登輝、末次的會談是在六月十三日，地點在總統官邸，這裡和總統府不同，不容易被察覺，也沒有遭到竊聽之虞。即使如此，但如果身爲台獨聯盟盟員且是日本人的我會晤李總統的消息曝光，必然會讓想扯李總統後腿的人稱心，所以我自己就不打算和李總統見面。不過，李、末次會談後的晚餐會，我得到傳話要我和平田、池田一起參加，稍晚就有車子來接我們前往官邸。車子經過官邸門衛之前也沒有停車受檢，直接開到玄關之前。

晚餐會一開始氣氛就非常融洽，李總統也直率談到一些比較敏感的話題。例如如下的談話。（括弧內是筆者的補充）

「我認爲，我不能變成豐臣秀吉，非變成德川家康不可。一定要一步一步扎實的走。」「（從蔣家政權時代）具有既得權力的人，都非常厭惡我。報紙或電視等大眾媒體，都掌控在那些人手中。也有在大學領取中山獎學金，然後在美國當間諜的人，他們有的人擔任教授而處處顯得招搖威風（大多數領取這份獎學金留學的人，都負有向上級報告留學同一所大學的台灣人的一舉一動的義務）。這些人操作輿論。無論美國或日本，都是倚賴大眾媒體的資訊，才會頻頻出錯。」「我雖握有軍權，但國民黨的內部非常複雜。」「我不帶寸鐵擔任總統。連侍從（國民黨內反李登輝派實力人士的手下）都是間諜。」

我詢問道：「國民黨的統一派也只是利用北京的力量，可能沒有眞心想和中國統一。」李總統一聽，瞬間臉就緊繃著說：「不，那些人是眞心的。他們憎恨被台灣人統治。吳三桂（明朝的武將，防衛山海關，不料卻倒戈，向清朝投降）就是好例子。」這一則故事，帶給我非常好的教訓。結束二小時的晚餐會後，大家和李總統拍照留念，在玄關話別時，李總統緊握著我的手，我感佩地只能對他說：「您眞的很辛苦。」

回國後，末次先生立即來函表示：「非常感謝你的關心與安排，讓我能夠和李總統盡興暢談。李總統的人品和淵博的見識超乎我想像之外，讓我備受感動。」之後，他們二人之間有了緊密的管道，又舉行過二次的會談。

李登輝、末次會談的翌七月三十日，小渕惠三擔任首相。中日兩國正為了中國的江澤民主席預定在九月六日訪日一事在交涉中。首先，中國方面提出的要求是，當年六月三十日美國總統柯林頓在上海表明的「三不」（（1）不支持「二個中國」或「一個中國、一個台灣」政策，（2）不支持台灣獨立，（3）不支持台灣加盟聯合國等由主權國家所構成的國際組織），要求日本的首相也認同。（1）和（2）是日本已經承諾的事，但關於（3），小渕首相認為日本有自己的立場，而予以拒絕。日本的首相斷然拒絕了美國總統特意來到中國所表明的「三不」，這對中國來說，完全出乎預料之外。小渕首相也拒絕從美日安保條約的對象排除台灣的要求。中國也提出要求說，對於過去日本在中國所做過的事情，日本必須公開謝罪一事也要列入共同聲明中，對此，小渕首相回答說，只是口頭上講講沒關係，但拒絕列入共同聲明中。心頭大怒的江澤民，在八月二十一日以洪水災害的理由，通告無限期延後訪日。根據我從外務省高官所耳聞的消息，聽說日方給予的答覆是：「訪日一事，依貴國方便隨時均可來訪。」

因此而感到困擾的是中國方面。對中國第四次貸款（一九九六～二〇〇〇年度）的三年分，即將在這一年結束，剩餘的二年分雖已決定大概的範圍，但準備在江澤民訪日時簽署。最後，江澤民決定在十一月訪日。

江澤民可能怒氣未消。穿著人民裝參加皇宮晚餐會的江澤民致詞表示：「日本軍國主義步入對外侵略擴張的錯誤道路，帶給中國人民與亞洲其他國家人民極大的災難。……我們必須永遠汲取這種沉痛的歷史教訓。」毫不避諱地在天皇面前追究天皇父親昭和天皇的責任。而且，江澤民對日本的貸款不曾說過一句「感謝」之言，只是像朝貢國的朝貢般加以「評價」而已。如此而引起日本人的憤怒是可想而知的。

末次先生提到：「江澤民在永田町（譯按：日本中央政府所在地）的風評很差。以往五年分整批決定的貸款，從下一次起改為以一年為單位，逐漸減少。」事實上，就眞的變成這樣了。

廖建龍以〈江澤民訪日，小渕首相改變日中關係的流向〉為題，有如下的記述：「日中關係，以這次江澤民的訪日改變了原有的氣氛，所以流向可能也會跟著改變。這樣一來，小渕首相的對中外交可能會在戰後的日中外交史上留名，獲得頗高的評價。十二月六日，美國《華盛頓郵報》刊載以〈小渕首相堅定的立場〉為題的論文，評論『小渕首相合理的拒絕』、『熟稔舞台背後的設計人』，英國《經濟學家》週刊也刊載以〈正確的日本〉為題的論文，在『有關台灣問題，比起美國總統柯林頓，日本沒有給予更大的讓步』而予以極大讚許。」[41]

從總統卸任的李登輝先生，之後不久便表達訪日的意願。聞訊的中國立即表明激烈的反對，以河野洋平外相為首的日本親中派政治家或外務省亞洲太平洋局也老調重彈，主

41　《台灣青年》（第四五九號，一九九九年一月號發行），第九頁。

張這「會導致日中關係惡化，因此絕對不同意李登輝前總統入境」。在二〇〇一年春，李登輝爲了讓日本容易發出簽證，表示前一年在台灣接受心臟手術時，非常受他信賴的日本醫師也來台一同會診，非常清楚他手術前後的經過，這次是爲了前往他所服務的倉敷中央醫院看診，才要到日本。儘管如此，一樣引起激烈的反對，河野外相更不惜說出同意發簽證就辭職的話。末次先生堅定支持森喜朗首相的同時，也進行必要的事先協調。日本政府發給李登輝先生簽證是在四月二十日，在這二日前，中國外交部長唐家璇一再斷言「日本政府不會發簽證給李登輝」，外務省可能也如此傳達吧。

李登輝先生是在四月二十二日至二十六日訪日，在倉敷中央醫院接受診療。末次先生說：「這次是來累積實績，這也是不得已的。明年再盛大歡迎李登輝先生吧！」但是，末次先生卻不幸在這一年的七月逝世。因此，李登輝先生在下一次來日的二〇〇四年底，不僅無法前往東京，也無法在公開場合發表演說。李登輝先生來日受到盛大歡迎，能夠自由活動，是在安倍晉三首相時代的二〇〇七年五月～六月的事。如果末次先生仍然在世，李登輝先生可能在二〇〇二年就能夠在日本自由自在旅行。可是，二〇〇一年春，末次先生的肺癌已經惡化。之後我才知道，醫師在一九九九年的九月就已經告知末次先生罹患肺癌，且宣告「至多僅能存活四、五年」。癮君子的末次先生，隨時都悠哉的抽著香菸，怎麼也想不到會發生這樣的事。最後一次見到他是六月二十日，在台灣代表羅福全（駐日大使）的招待席上，末次先生就像平時說話般說著：「英國伊莉莎白女王訪日時，表示希望參拜靖國神社，但外務省卻加以阻止，這是很大的失敗。」這段話留給我強烈的印象。

七月十一日，末次先生逝去。七月三十日，以前首相中曾根康弘爲治喪委員長，在青山祭場舉行喪禮，歷代首相等多數的政治家或各界領導者都蒞臨參加。

政府授予末次先生正四位勳二等瑞寶章。末次先生的著書《感念昭和天皇》[42]，是記述他和昭和天皇或皇族間溫暖心靈的親密交往。天皇陛下與皇后陛下聯袂致來弔文，當中也加上紀宮心裡的話，皇太子殿下和王子妃殿下也呈示弔文。

喪禮中也朗讀幾篇外國要人的弔電，在這當中最先朗讀的就是陳水扁總統和李登輝前總統的弔電。外國代表有三十人列席參加，當中最先被指名捻香的是總統特使許文龍，接著是駐日代表羅福全。

有二千多人參加喪禮，表示末次先生的活動領域相當廣闊。這是相當符合「歷代總理的老師，日本唯一國士」讚譽的喪禮。

42　末次一郎著，《懷念昭和天皇》（一九九八年，展轉社刊）。

46. 選出林義雄爲黨主席，讓民進黨恢復失去的信賴

一九九八年六月七日，民進黨舉辦第一次全體黨員投票的主席選舉，結果林義雄以62%的得票率，超過張俊宏二倍以上的懸殊差距當選黨主席。林義雄當選主席，讓民進黨恢復失去的信賴，這和二〇〇〇年成功奪取政權有很大的關係。

一九九五年十二月，民進黨主席施明德以「大和解」之名，策畫和統一派的新黨聯手合作，此舉遭到強烈抨擊爲無原則、無節操，大大斲傷了民眾對民進黨的信賴。一九九六年三月，施明德以負起總統大選敗北責任辭去黨主席，但是，以代理主席就任的張俊宏，也欠缺鮮明表示和國民黨的基本理念與政策不同，果敢向奪取政權挑戰的氣概，他主張「除了和國民黨組成聯合政府以外，民進黨別無發展之道」。

一九九六年六月十六日，在民進黨黨員代表大會上舉行主席選舉，許信良以二八四票對一七二票擊敗蔡同榮（台獨聯盟第一任主席），當選主席。許信良是以無原則、無節操聞名的人物，一樣主張和國民黨組成聯合政府。黨員代表的選舉會受到黨內派系勢力的左右，無法正確反映黨員的意見，

因此，以所謂黨員直接選舉來選出主席的意見逐漸增強，但此時出現有力派系的反對而不被採納。

連續幾任欠缺堅定信念的機會主義主席，讓民眾對民進黨的信賴大爲消失。這一年十月成立的建國黨，帶有爲這樣的民進黨大大打氣的意味。多數的民進黨黨員可能也有相同的感受。結果，以全體黨員投票的主席選舉，林義雄獲得壓倒性的支持，被選爲黨主席。一九八〇年二月二十八日，他的母親和二個女兒慘遭殺害，另一個女兒也身負重傷，是個相當悲劇性的人物。林義雄沒有政治野心，政治手腕也不高明，但沒有人質疑過他純粹與堅定的信念。民進黨爲了拉回民眾對黨的信賴，選出最理想的主席。

47. 對於一再對中國讓步的柯林頓政府，李總統強調「一中一台」

美國的總統擁有極大的權限，總統的想法一旦改變，美國政府的方針也會立即變化。中國共產黨政權好幾次把美國總統的想法轉變爲對自國有利的方向。柯林頓總統也在不知不覺中受到中國籠絡。一九九五年，國務卿助理溫斯頓・羅特表示：「台灣沒有和我國建立正式關係的意圖。因爲，台灣政府堅持『一個中國政策』，不希望台灣變成和中國分離的國家。」廢棄以「一個中國」爲前提的中華民國體制，在法理上明確確定台灣和中國是不同的國家，就是台灣獨立運動一貫追求的，和民主化並列的兩大目標。一九九六年總統大選時，中國對台灣近海發射飛彈恫嚇台灣，聞訊的柯林頓總統立即派遣二艘航空母艦嚇阻中國的恫嚇。而且，柯林頓總統飛抵東京，爲了強化日美安保體制，發表日美安全保障共同宣言。

但一九九八年四月三十日，美國國務卿歐爾布萊特在北京公開說：「不承認台灣獨立與加盟聯合國。」六月三十日，柯林頓總統在上海表明「三不」，追認國務卿的發言。在此之前，前國防次長助理約瑟夫・奈伊在三月八日的《華盛頓郵報》，發表以〈有關台灣的交易〉爲題的論文。文內，約瑟夫・奈伊反對台灣獨立，寫有：「如果台灣信守不宣布獨立的方針，美國就要求中國對待台灣採取和香港一樣的『一國兩制』。」從鄧小平說出以所謂「一國兩制」併吞台灣以來，這就成爲中國的一貫主張，因此，這不只是「有關台灣的交易」，更是完全屈服於中國之下，想把台灣賣給中國的提案。

一九九七年十月訪美的江澤民主席，和柯林頓總統發表所謂「美中兩國戮力建立戰略性夥伴關係」的共同聲明。因此，我認爲柯林頓政府有接受奈伊提案的可能性，於是撰寫以〈美國將犯下第三次台灣政策的大失敗嗎？——美國不可以採用奈伊提案〉爲題的論文，發表在《台灣青年》（一九九八年五月號）上，英譯版也分送美國參眾兩院議員或中國問題專家等。以下簡單敘述其要旨：

美國最初的大失敗，是在二次大戰日本投降後，下令蔣介石政權占領台灣，爲此，台灣人生活在長達四十年的恐怖政治陰影下，身心備受恐懼與摧殘。第二次的大失敗，是在一九七一年沒有阻止蔣家政權從聯合國被排除，爲此，台灣被孤立於國際社會中。

如果採納約瑟夫・奈伊的提案，台灣被中國併吞時，台灣人便失去自己的國家、自由與民主，被置於中國共產黨的統治下。這是違背美國的建國精神與國家利益。

不僅中國主張台灣是自國的領土，而且台灣方面也行使中國大陸是自國領域的中華民國憲法，結果就出現了支持「一國兩制」的美國要人。因此，必須明確確定台灣和中國是領土完全不同的兩個國家，但憲法問題無法立即解決，於是得思考有否其他的對策，我在寄給李登輝總統的信函（九八年六月十日）上提到一案。這是以〈和平與友好的呼籲〉爲題的文章，其要點如下：

我國對大陸不具任何的領土野心。我們承認並尊重中華人民共和國在大陸的領土主權。我們希望貴國也承認中華民國的主權。如果兩國簽訂和平友好條約，確立台灣海峽的和平與安全，必定對亞太地區的和平與安全大有貢獻，甚至對世界和平也帶來重大貢獻。

當然，我們不期待中國的回答。只要台灣向世界明確傳達自己和中國是不同的國家即可。翌月，我聽到李登輝總統說出「確立領土與廢止國民大會」的決意。

一九九八年十月十四日，辜振甫（海峽交流基金會董事長）訪問中國，在上海和汪道涵（海峽兩岸關係協會會長）進行會談。二人爲了促進台灣和中國的交流，採取民間組織代表的形式，但實質上，是中國國民黨與中國共產黨的代表的會談，這是一九九三年在新加坡進行以來的第二次會談。辜振甫飛往北京後，在十月十八日上午與副總理錢其琛會談，下午則和國家主席江澤民會談。

同日，台灣的《自由時報》發表在前一日舉行的李登輝總統與作家上坂冬子女士的對談。李總統在談話中強調：「中華民國是獨立國家，以前是稱爲『中華民國』，但現在應該稱爲『中華民國台灣』。」「中華民國在台灣」，只是中華民國現在是存在於台灣，並未否定對中國大陸的主權。可是，所謂「中華民國台灣」，就是「中華民國＝台灣」的意味，承認中華民國的主權是限定於台灣。當然，可能事先都已經商討好對外口徑要一致。據聞，辜振甫和錢其琛的對談便頻頻說到「中華民國台灣」。聽說，辜振甫斬釘截鐵向江澤民主席傳遞「如果中國不民主化，便無法協議統一問題」的訊息。李總統邊觀察大幅接受中國主張的柯林頓政府的做法，邊強調台灣和中國是兩個不同的國家。

這一年的十二月五日，舉行台北市長、高雄市長以及立法院的選舉。台北市長是國民黨的馬英九以51.1%的得票率當選，民進黨的陳水扁市長的得票率雖然比上次增加二點二個百分點，爲45.9%，卻蟬聯失敗。前一次獲得30%得票率的新黨候選人，卻驟減爲3%。陳水扁雖在市長選舉上落選，之後卻當選總統，政治的變化眞是詭譎多端。高雄市長是由現在民進黨總統候選人謝長廷，以些微的得票差距當選。

立法院選舉，因廢止省議會，而讓名額從一六四人增加爲二二五人，因此，國民黨從原先的八十五人增加到一二三人、民進黨從五十四人增加到七〇人，但新黨卻從二十一人驟減到十一人。其他的小黨或無黨派的當選者有二十一人。以和中國統一爲目標的新黨新科立委數銳減，揭舉台灣獨立的民進黨得票率也從33%減少到29.6%，以致在民進黨內部所謂沖淡獨立路線色彩，採取中間路線的意見變強。

十二月三十一日，行政院確定且公布中華民國的領海基線。從中華民國的領土畫出十二海里爲領海，其外側的十二海里是連續水域。其中沒有包含中國大陸以及位於中國沿岸的金門島與馬祖島。這是強調「中華民國＝台灣」的措施之一，但是，如果中華民國憲法仍然維持現狀，就沒有放棄對中國大陸的領土主權。

日本的大眾媒體之前在台灣設立支局的，只有中國不同意它設置支局的《產經新聞》這家而已。但這一年，《讀賣新聞》、《朝日新聞》、《每日新聞》、《日本經濟新聞》、《東京・中日新聞》、共同通信、時事通信、NHK都紛紛在台灣成立支局。《產經新聞》在睽違了三十一年才獲得同意在中國設立支局，在十二月前往北京赴任的古森義久特派員，毫無顧忌地披露對中國不利的現實報導，這是過去的特派員所不敢涉及的禁忌。

在此之前，除了《產經新聞》讀者以外，大部分的日本人很少有接觸台灣資訊的機會。自從日本的大眾媒體紛紛在台灣設立支局以來，有關台灣的資訊遽增，也快速加深了日本人對台灣的關心。在日本的書店裡，也陳列很多和台灣有關的書籍，這也是成立支局後的事了。

48. 搖擺的民進黨，中國以核武恫嚇台灣人

時序進入一九九九年以後，民進黨內掀起一陣有關「台灣獨立綱領」的激烈論戰。民進黨在一九九一年修正黨的基本綱領，揭舉「建立台灣共和國」的目標。這就是「台灣獨立綱領」，其內容如下：（1）依台灣現實所行使的主權來建國，制定新憲法以復歸國際社會；（2）基於此現實，決定國家主權所及的領域；（3）依據以台灣的社會共同體爲基礎的國民教育，讓國家意識成熟，確立國民意識；（4）以全台灣住民的公民投票決定建立台灣共和國與制定新憲法。

建議廢棄這項台獨綱領的最大根據，大致如下。大多數的國民雖反對和中國統一，但畏懼因實行獨立綱領可能遭到

中國攻擊的人也不在少數，由於美國總統柯林頓已明言「不支持台灣獨立」，因此，即使遭到中國的攻擊，美國可能不會伸出援手協助的恐懼感非常強大。多數國民支持的是既非「獨立」亦非「統一」的「中間路線」，因此，沒有台獨綱領的存在會比較理想。與此相對，台獨綱領支持派提出如下的反駁。台獨綱領是在台灣民主化過程中所必然產生的，當初制定該綱領時，只有10%的台獨支持者，現在已經超過30%。隨著民主化的進展，國民的主權者意識也會逐漸高漲。國民最後必然會強烈希望擁有自己的國家。因此，必須堅持台獨綱領，更進一步推進民主化。雙方論戰的結果，決定不進行台獨綱領的修正，五月八日在民進黨黨員代表大會上進行補充綱領的「台灣前途決議文」。這項決議的內容幾乎和台獨綱領如出一轍，但最大的差異是承認「台灣已經是獨立的主權國家」，但是台獨綱領維持不變，因此，可以公民投票決定建立台灣共和國與制定新憲法。依據情況，亦可強調獨立路線，或強調中間路線，就是這項決議的目標。

雖言台灣已經民主化，但是，還留有眾多專制獨裁體制的痕跡。原先，禁止在團體或組織的名稱上冠上「台灣」二字。因此，在台灣，諸如中華航空、中國石油等冠上「中華」或「中國」名稱的機構頗眾，冠上「台灣」名稱的幾乎沒有。民進黨在成立時，多數意見都希望名為「台灣民主進步黨」，但如果真的使用這名稱，就沒辦法被當局認可做為政黨來登錄，於是略去「台灣」二字。台灣獨立建國聯盟之所以不用變更名稱就能暢通無阻，主要是不需要向政府機

視不管。」對此，柯林頓總統僅辯解說：「美國對中政策尊重一個中國原則，始終沒變。」

一九九七年十一月，李登輝總統在《泰晤士報》專訪中提到「台灣和英國或法國一樣都是獨立的國家」時，中國並沒有表現太強烈的反應。但是，一九九八年六月柯林頓總統聲明「三不」以後，中國認爲只要對準這一點美國一定會更讓步，於是打出更強硬的態度。當對方強力壓迫時就撤退，發現對方退縮時就趁機強力壓制，正是中國常用的手段。

十一月九日，台灣駐東京代表處打電話給我。對方自稱是新聞推廣部負責人，他以非常鄭重有禮的語調說：「李登輝總統將宗像先生抨擊季辛吉的論文，郵寄給莊銘耀代表。」爲什麼李總統會把獨立運動者所撰寫的論文寄給代表呢？令人深感不可思議。

亨利・季辛吉在《讀賣新聞》（一九九九年十月二十五日）上，發表以〈美對中政策——迴避對決之道〉爲題的論文，指出：「台灣突然片面挑戰中台關係既定的政治了解事項。現在，看起來似乎是台灣總統要求美國公開承認台灣獨立的地位。如果台灣眞的成功，無疑的，必然會發展成爲某種形態的軍事衝突。」這是季辛吉針對李總統在德國之聲所談的內容，代替柯林頓政府來批判李登輝。

見報的我，便撰寫以〈季辛吉的提案是不公正且不合理——直視現實，傾聽台灣人民的心聲〉爲題的論文（刊載在《台灣青年》十一月號），然後將原稿寄送給李總統，不意李總統會複印寄給莊代表。或許李總統思考的是，無論美國政府說甚麼，錯就要指出他的錯，莊代表應該要讓日本知道台灣的立場。

中國的發言一直漠視台灣本來就和中華人民共和國是不同國家的事實，提出所謂「不容許台灣分離」，像把白抹成黑一般。李總統在之後則照樣持續予以抨擊。台灣的民意調查顯示國民也支持李總統，有78%的國民回答說：「如果中國發動攻擊，會挺身而戰。」

49. 台灣史上最大的大地震

一九九九年九月十六日，爲了出席台獨聯盟的中央委員會，我和內人一起前往台灣。在機場的入境檢查處提出護照，查核人員就用電腦檢查，以我的情形來說，自從被認可再次入境以來，就經常在這裡受到阻撓，被告知「稍等一下」，查核人員就拿著我的護照前往位於入境檢查處前的機場辦公室。那位查核人員可能在此打電話請示上司。也有過足足等了約二十分鐘的情形。查核人員回來後，說了「請」就讓我通過。但是，這次竟然沒有等待就讓我通過。在中央委員會上見到黃爾璇（立法委員）時我提到這件事，他略有所悟地對我說：「又聽到你被禁止入境的事，我就去找黃主文（內政部長），詢問他做爲總統賓客受到迎接的宗像先生怎麼會被限制入境？」自此以來，我在入境時就不再受到阻撓了。

黃昭堂主席在中央委員會的報告上說明，在民進黨內部有亟欲廢棄台獨綱領的動向，在我們全力阻止下，最後做出那種模稜兩可的「台灣前途決議文」。在這次的中央委員會上，黃昭堂以壓倒性多數第三度獲選爲台獨聯盟主席（任期二年）。

九月二十一日凌晨二時前，我因突然的地震從夢中驚醒。內人說「大概震度四左右」。放置在飯店房間櫃子上的細長葡萄酒杯都沒有傾倒，可見搖晃不是很厲害。可是，房間內僅剩一盞燈亮著，其餘都熄滅了，電視也無訊號，暗忖可能在台北以南的地方發生很大的地震，導致輸電系統發生故障。當天早已計畫由一位朋友帶我們到他的故鄉新竹。早上天一亮，他就來電說「按預定計畫前往」。除了幾個較大的十字路口以外，幾乎所有的交通號誌都故障。平時開車較不守規則的人，到了交叉路口也都放慢速度行駛。開上高速公路的汽車變少，平時必須花一個半小時以上才能到達新竹，現在只開了一小時就到了。車子經過被稱爲台灣矽谷的新竹科學工業園區之前時，幾乎看不到人影。從外面看不出受災的情況，可能因停電關係而停止一切的運作。巡迴新竹市的舊市區，也沒有見到受災的情況。

這次地震的震度是芮氏七・三級，是台灣史上最大的地震，死者超過二千三百人，受傷人員約九千人，全毀或半毀的建築物超過八萬棟。震源是台灣中部的中央山脈山麓，因此災害才止於這種程度。即使受到如此嚴重的大震災，卻未引起群眾的大恐慌，也沒有發生趁火打劫的掠奪事件。地震發生十五分鐘後，政府立即設置救災總部，李總統下令出動軍隊前往受災最嚴重的地區救災。天剛亮，李總統等政府幹部分批搭乘軍方的直升機視察受災地，下午便發表緊急對策。和阪神・淡路大震災時日本政府所採取的對應有很大不同。目睹如此迅捷的對應，讓我深切感受到，唯有在重大緊急時方可窺得領導者的能力。國際性的救援隊也紛紛從各國趕來，日本的救援隊在地震當日由先遣隊首先抵達。台灣群眾很感激的說「日本人帶救難犬一起來」，聽說群眾們對地震大國日本的救援隊，毫不吝嗇帶來高科技儀器一起救災特別感佩於心。

50. 陳水扁當選總統

二〇〇〇年三月的總統大選，因李登輝總統不出馬競選，使國民黨分裂成二派形成混戰狀態。一九九九年七月，民進黨決定陳水扁爲總統候選人，國民黨雖已決定由副總統連戰爲總統候選人，但宋楚瑜也表明出馬參選。在一九九六年舉行的第一次以公民直選的總統大選，民進黨候選人彭明敏的得票率是21.1%。立法院選舉民進黨的得票率，一九九五年是33%、一九九八年變成29.6%，因此，預測陳水扁得票率最高可達33%程度較可信。如果依照預測，那麼連戰或宋楚瑜的任何一方只要得票率較高的人就能當選。

從一九九五年至一九九八年擔任台灣省省長的宋楚瑜，無視於省預算已經出現重大赤字，照樣巡迴台灣全島，進行大撒資金的政治作爲。台灣省制度是在一九九八年廢止，因此宋楚瑜將總統大選列入自己的政治規劃中，特意和地方派系建立深厚的人脈。雖然宋楚瑜是在中國出生，但在民意調查上卻占壓倒性的優勢。十一月，國民黨開除宋楚瑜黨籍，國民黨的立法委員進一步揭發「一九九二年，宋楚瑜匯款一億四千萬元到留學美國的兒子的銀行戶頭裡」。二〇〇〇年二月，監察院發表調查結果：「宋楚瑜以妻子和親戚的名義匯款三億八千萬元到美國。」國民黨向台北地檢處提起告訴，控告「宋楚瑜侵占國民黨公款三億六千萬元」。雖然宋楚瑜的人氣因此滑落，但連戰的人氣也沒有上升，因此出現陳水扁當選的可能性。

最讓中國害怕的，就是獨立派的民進黨取得政權。二月二十一日，中國發表「台灣白皮書」，以「一旦無限期延宕統一問題的和平解決，便行使武力」恫嚇台灣人。台灣許多有力人士對此相當反彈，便打破以往的沉默，出面表明支持陳水扁。台灣唯一獲得諾貝爾獎（化學）、擁有高人氣的中央研究院院長李遠哲，在三月十日表明支持陳水扁。接著，以李總統的好友聞名的奇美實業董事長許文龍，也出面表示：「李登輝路線的眞正接班人是陳水扁，大家應該支持他。」聽到這些發言，可能有不少人會認爲李總統是眞心支持陳水扁。在投票日三日前的三月十五日，中國總理朱鎔基在電視上以憎惡的表情暗示道，「如果獨立派當選總統，就會引爆戰爭」，故技重施再次恫嚇台灣人。台灣的電視，也不斷反覆播放這種場面。雖然充分傳達來自中國的危機感，但似乎引起反效果。

三月十八日，舉行總統大選。陳水扁以得票率39.3%當選，宋楚瑜是36.84%屈居第二，連戰僅獲得23.1%的得票率。陳水扁和宋楚瑜的得票差距只有三十一萬票，因此，也可說是影響力不可小覷的李遠哲和許文龍的發言促使陳水扁當選。傳聞，說服李遠哲表明支持陳水扁的是許文龍。

二日後的二十日夜，黃昭堂來電告知：「陳水扁就任總統後便無法前往日本，所以希望能在三月二十六日或二十七日前往日本一趟。他有日本的多次簽證。應該拜會哪些人，就拜託末次先生介紹。」

翌日中午，我和末次先生見面時談到此事。末次先生爽快說道：「現在日本能夠接受陳水扁的到訪嗎？總之，讓我來試試。」他馬上向自民黨的幹部或外務省等打探情形。其結果是：「中國因獨立派的陳水扁當選台灣總統，正處在激憤狀態，即使持有日本簽證，現在的日本實在很難接受他的來訪。如果他來到日本機場被拒絕入境，場面就會很尷尬難堪了。所以，請他中止訪日的計畫。」我向黃昭堂報告這經過，三月二十二日他回覆說「獲得陳水扁的諒解」，隨後我就立即聯絡末次先生。

冷靜思考後，就能了解當時的日本爲什麼不能接受陳水扁的來訪。陳水扁的當選，大大鼓舞我們的士氣。三月二十四日，我和末次先生碰面時，向他致歉表示給他添麻煩，但末次先生卻笑著說：「今天我會晤了小渕首相，談到請陳水扁中止訪日一事。不過我又告訴他，陳水扁想前往美國之前先到日本。」三月三十日，末次先生來電告知：「森（喜朗）幹事長表示爲了祝賀陳水扁的當選，將派遣自民黨代表麻生太郎與武見敬三。而民主黨的幹事長則說，中國大使要求不要派遣黨代表前往台灣，所以會以個人身分參加。」中國對自民黨也提出相同的要求，但遭到自民黨拒絕，照計畫派遣黨代表參加，這完全是末次先生從中斡旋所致。

二〇〇〇年五月二十日，舉行陳水扁總統與呂秀蓮副總統的就職典禮。陳總統決定任命黃昭堂與金美齡爲國策顧問，以屆齡剛從聯合國大學退休的羅福全爲駐日代表。據說，總統可任命的職位有五千個左右，看到任命年輕時期的夥伴擔任要職，就能實際感受到所謂取得政權就是這樣。

我忖度著，在羅福全回台灣受領正式人事命令之前就先介紹末次先生給他認識，於是，在五月二十五日帶領羅福全夫婦前往末次事務所。我在介紹羅福全之後，又提道「這位太太（清芬）看起來很賢淑文靜，但實際上她冒了被逮捕之險而潛入台灣」，聞言的末次先生莞爾驚嘆道「眞令人驚奇。勇氣過人」。當羅福全提道「宗像先生在台灣大有人氣」時，末次先生頗有同感地表示「應該沒錯。總之，他也是身經百戰，閱歷極廣的人」。我自己不曾意識到這樣的情形，但末次先生或許看過我的著作《台灣獨立運動私記》，才有這樣的感想吧！當我說「末次先生是歷代總理的老師」時，末次先生也緊接著說「有關台灣問題，宗像先生就是我的老師」。這讓我感到光榮之至。

51. 總統就職演說的承諾，讓民進黨政權失去大改革的機會

陳水扁以「台灣站起來」爲題的總統就職演說，稱讚台灣人民克服因中國恫嚇所引起的恐慌，以民主選舉實現歷史性的政權輪替，表明會更進一步推進民主化與擁護人權的決意。可是，這項演說卻包含阻撓爲確立台灣做爲獨立國家地位所必要的法理改革承諾。亦即，所謂「四不一沒有」的承諾：「只要中共無意對台動武，本人保證在任期之內，（1）不會宣佈獨立，（2）不會更改國號，（3）不會推動兩國論入憲，（4）不會推動改變現狀的統獨公投，（5）也沒有廢除國統綱領與國統會的問題。」

陳水扁總統的所謂「四不一沒有」，完全是對應美國總統柯林頓的「三不」（不支持二個中國或一中一台，不支持台灣獨立，不支持台灣參加聯合國等具有主權國家資格的國際組織）。陳水扁的「四不一沒有」是在美國政府的強大壓力下，不得不加入就職演說中的苦肉計，所以附上那樣的前提。中國已經明白說出對台灣有行使武力的意圖，所以在理論上這樣的承諾是

無意義的。但現實上，美國無視於這項前提，連細微的事都要干涉台灣的內政。

最壞的一項，就是不變更所謂中華民國國名的承諾。在聯合國憲章上雖已明記「中華民國是聯合國安全保障理事會的常任理事國」，但是，中華人民共和國已經占據其地位。這是依據一九七一年聯合國大會決議，被視爲「中華民國已經滅亡，中華民國的一切權利由中華人民共和國繼承」的結果。所謂不變更中華民國的國名，就是指台灣放棄做爲主權國家參加國際社會的意味。因爲這項承諾，民進黨政權直到二〇〇六年都一直持續在進行以中華民國之名申請加盟聯合國的無意義行爲。在二〇〇七年，終於首度以「台灣」的名義申請加盟聯合國，但正式的國名還是中華民國，當然不被聯合國接受。

國際社會已經認定「中華民國已經滅亡，其一切權利由中華人民共和國繼承」，因此，台灣維持中華民國的國名，對中國來說就變成叛亂集團，使中國對台灣行使武力正當化。

如此一來，就無法確立台灣的安全保障，這不僅對台灣有致命性的不利，也明顯違背美國或日本等的基本國家利益。美國重視的是中國的國家利益，完全漠視自國的重大國家利益。柯林頓政府從一九九七年視「中國爲建設性戰略夥伴」以來，美國政府便完全屈服於「如果台灣變更國名，就對台灣行使武力」的中國威脅。僅注目眼前的美國政府，看不到中國沒有以武力占領台灣的能力，所以中國才會在自己擁有侵台能力以前，極力不讓台灣變更中華民國的國名而時時加以恫嚇。美國的外交不是確立台灣的和平，而是將戰爭的原因留給未來。孫子曾言「戰爭是互相欺騙」。外交也是戰爭，因此，中國領導者認爲「欺騙就是外交」。相對於中國人如此般的戰爭天才，美國人或日本人卻如同天眞幼稚的孩童。

可是，也不能把責任全部推給美國政府。爲了確立台灣做爲主權國家的地位與安全保障，因歷史關係讓國民黨政權無法辦到的變更國名一事，就變成民進黨政權最大的責任與義務。事實上，李登輝已經被國民黨開除黨籍，掌握國民黨支配權的「統一派」，以「如果做出美國反對的事，一旦遭到中國的攻擊，美國是不會出手援助的」來威脅台灣人民，也是民進黨屈服於美國壓力的一大理由。攸關台灣人民基本利益的事情，也符合美國的國家利益，因此說服國民與美國政府或國會，才是民進黨非做不可的課題。但是，民進黨政權從成立那一刻開始，就犯下致命性的錯誤。因爲在就職演說的承諾上附有前提條件，所以民進黨的領導階層可能認爲，只要看準時機即可變更國名或制定台灣憲法。無論是台灣的總統，或擁有強大權限的美國或俄羅斯總統，所有國家的最高領導者所共通的是，如果不在取得政權的半年或一年內進行大改革，就會不斷衍生掣肘的事端以致無法實行遠大的政策，這似乎是一個政治原理。以民進黨來說，雖知無法立即實行，但也不能貿然表示放棄最重大使命的原則。我想，民進黨應該要找機會清楚說明自己的基本使命。

話雖如此，但民進黨政權從成立之初便陷入極混迷的狀態，也是沒辦法的事。民進黨不曾有過接掌政權的經驗，而且在總統大選之前也沒預料會獲勝，民進黨完全沒有接掌政權的準備。雖說取得政權，但在野黨占有立法院三分之二以上的席位，只要在野黨反對，法案是一條也無法通過。因此，陳水扁試圖與國民黨成立聯合政府，任命出生於中國的軍人、受到李登輝總統信賴起用爲國防部長的國民黨員唐飛爲行政院長。可是，國民黨並不打算協助民進黨政權。因民進黨反對已經在建設中的第四座核能發電廠，導致唐飛內閣延續不到五個月，接班的民進黨張俊雄行政院長，立即發表中止核四的建造。

國民黨之所以會失去政權，完全是內部分裂所致，因此，國民黨在總統大選後選擇和成立親民黨的宋楚瑜聯手合作，以謀求奪回政權之道。二〇〇一年一月，台北地檢署以「宋楚瑜的資金疑問，證據不足」而不予起訴，這表示國民黨與宋楚瑜的和解成立。從蔣家父子的專制獨裁時代開始，不只是行政機關，連檢察署、法院都在國民黨的支配下。台灣的民主化，尚未及於司法權的獨立。多數的官員相信，國民黨一定能夠在下次的總統大選奪回政權，而頻頻看在野黨的臉色，對民進黨政權是面從腹背。這也是造成民進黨政權混迷的一大原因。因此，民進黨政權，在外要承受中國與美國的強大壓力，在內也必須和強大的在野黨進行艱苦的戰鬥。

52. 不當的政治審判斷送張燦鍙的政治生命

一九九八年九月五日，台獨聯盟在台灣召開中央委員會。這一年年初，就任台南市長的張燦鍙（喬治）報告說：「我正為了消弭賄賂，建立乾淨又有效率的市政而努力。努力改革市政下，已節約十八億元。可是，卻因此樹立了很多敵人。」有一位中央委員對我說：「張燦鍙的做法太強硬了。不僅圍堵市議員的貪汙，而且凡是認為有非法嫌疑者，就予以革職的市府員工有10%左右。張燦鍙不僅將多數的市議員變成敵人，在市民之間的人氣也低落。」

在近半世紀的蔣家政權專制獨裁下，政治和金錢緊密結合在一起。花費龐大金錢當選地方議員的人，認為利用議員的地位牟利是理所當然的事。縣、市議會的議長、議員很多都是黑道人士，膽敢抨擊他們就是件危險的事。因為習慣了極腐敗的政治，所以對此習以為常的人不在少數。在此情形下，沒有做好充分的準備就想完全掃蕩貪汙，使得張燦鍙幾乎把周圍的人都變成敵人。或許他是以成為總統為目標，而想急於建功所致吧！他的性格是只要決定目的，就朝著那方向勇敢挺進，或許也是一大原因。

當選總統的陳水扁，最先想著手做的事，也是掃蕩政治的腐敗。二〇〇〇年四月，陳水扁在就任總統的前一個月，就宣布要大力掃蕩黑金政治，指示國家的調查機關、檢察署以及警察進行黑金政治的調查。爲要遏止黑金政治，最大的重點就是開始調查可疑的人士。成爲這項調查中心的是法務部調查局，這個機關在蔣家政權時代，是被視爲僅次於台灣警備總司令部，相當有力量的特務機關，是讓群眾畏懼的司法行政部調查局的後身。如果能夠確實掃蕩黑金政治，國民黨的組織勢必瓦解，國民黨將失去力量。

但是，成爲調查局第一個目標的，卻是台南市長張燦鍙。張燦鍙就任市長以後，將台南運河的既定整治計畫變更得更加充實，預算就跟著增加，也變更原先的承包業者，以致成爲大家想攻擊的目標。對張市長反感的市議員，認爲這些事情的背後可能涉及非法，而在議會予以追究。但自此以來，不曾出現任何非法的證據，只是已產生將此事件做爲案件法辦的氣氛。依據可能是調查局提供的「證據」，台南地方檢察署起訴張燦鍙市長、市政府顧問許政雄以及都市發展局局長董美貞，各求處十二年、十三年、十五年的有期徒刑。

他們從承接運河整治計畫的日本設計公司日建設計株式會社的帳冊影印上記錄的「交際費五百萬元，許政雄」，推測是對許政雄的賄賂。依據辯護律師調查，許政雄留學日本，是工程方面的專家，日建設計公司是按照他的建議編列五百萬元的交際費，打算在聽過他的意見後再支出，所以僅寫上他的姓名，交際費幾乎都還沒支出。這是增加樹木、改善景觀的計畫變更下所增加的預算，在此沒有任何非法的證據，但檢察官卻認為增加預算是帶給台南市不利，於是起訴董美貞，提出竊聽她和張燦鍙電話對話的記錄做為證據，以「二人有如此緊密的關係，張燦鍙必支持、庇護她」的臆測為理由起訴張燦鍙。辯護律師提到，如果是眞正的法治國家，這些都是不可能被採用的起訴書。多數的檢察官或法官都是國民黨系，可做出任何他們想要的審判。而且，二〇〇一年時台南市以不當的高價購入為台南市市議會議長所有的土地，檢察官對議長求處十年，對張燦鍙求處七年。

這是很明顯的惡質政治審判，所以在台灣、美國、日本、歐洲或加拿大的台灣人之間都紛紛發起對張燦鍙的救援運動，但是，檢察署僅辯解說是按照政府的指示，熱心掃蕩黑金而已。強調民主第一的民進黨政權，是不能干涉檢察署或法院的所作所為的。

如果以實施「強力掃蕩黑金」政策為藉口，卻連這種事都可以做出來，這種審判的目的無非只是為了保護國民黨吧！另一個目的，則是要傷害台獨聯盟的信用，弱化台灣獨立運動。尤其，過去張燦鍙邊和美國很多大學的國民黨學生特務鬥爭，邊擴大台獨聯盟的組織，在國民黨的領導層中有很多人都非常憎惡他，因此，特別把他定為標靶。的確，台獨聯盟受到不小的打擊，張燦鍙至今仍要承受長期的官司審判，可說政治生涯已經被砍斷了。

這是二〇〇一年一月的事，我曾聽李登輝先生說過：「無法改革司法，實在很遺憾。」無論司法改革有任何的困難，如果像這樣繼續容許司法以一黨之私來進行審判，那麼政治是不可能正常化的。

53.小林善紀著作的《台灣論》引起騷動與金美齡的活躍

二○○一年二月七日，小林善紀著作的《台灣論》[44]中譯版在台灣出版時，不到一週，以新黨為中心的「統一派」，開始鼓譟說那是一本應該禁止發行的惡書，甚至將《台灣論》堆得高高的放火燒掉，且開始追究書內親日派台灣人的發言。這本《台灣論》雖是漫畫，卻是詳盡調查台灣的歷史後所寫的，可說是只要讀過一遍就能明白台灣史概要的名著。

風土病蔓延、未開發的島嶼台灣，在日本統治時代的五十年間逐漸現代化，變成夜不閉戶即可安心就寢，治安極為良好，既豐饒且容易居住的社會。但因日本的戰敗，占領台灣的蔣介石軍隊，既野蠻也完全沒有法治意識，極盡掠奪之能事。目睹如此的狀況，台灣人笑稱「狗去豬來」。狗（日本人）雖有令人害怕的地方，但他們是面對惡人保護百姓的，至於豬（中國人）是貪吃又懶惰。「蔣介石私吞侵占全台灣資產的六成或八成的龐大資產」、「（在二・二八

44　小林善紀著，《台灣論》（二○○○年十一月，小學館刊，中文版由台灣的前衛出版社出版）。

事件）被殺害的台灣人高達二萬八千人，以當時台灣人口來說，二百人中就有一人」，閱讀這種漫畫的說明讓中國人抓狂，但這全部都是事實。於是，他們集中火力攻擊的，是有關奇美實業董事長許文龍對日軍慰安婦的發言。

許文龍說：「在慰安婦問題引起騷動的時期，第一個站出來說這是謊話的人是我，因爲內容太奇怪了，於是我開始調查。我召集慰安婦，聆聽她們述說的眞實情況。她們說，她們不是被強行帶走的。」許文龍又接著說明，當時無論日本或台灣，家庭貧困的父母把女兒賣到妓女戶的例子並不稀奇，這些女孩子所賺的皮肉錢，被老鴇扣除應有的利潤後，眞正入袋的錢是微乎其微，可是，如果當軍方的慰安婦，就能實得所賺的錢，當然就有餘力存款了，因此，根本不需要強行帶走。這完全是事實。許文龍解釋說：「雖然同情當時慰安婦的境遇，但日軍的慰安婦是從妓女戶募集的女性，和國民黨在金門島設置的軍中樂園工作的女性沒兩樣。」但新黨的議員卻不認同，他們在立法院緊抓著許文龍的話尾巴繼續追究。這可能是因許文龍在陳水扁當選總統上扮演重大的角色，讓他們對許文龍憎惡有加所致。新黨認爲「日軍是強行帶走慰安婦」的最大論據，是日本政府承認這項事實（河野洋平官房長官談話）[45]。日本政府輕率的發言歪曲歷史，讓談論眞實的人處在艱困的立場。

新黨要求「禁止不受歡迎的小林善紀入境，且禁止發行《台灣論》」。內政部不同意禁止發行該書，不過卻禁止預定在三月二日訪台的小林善紀入境。對這項措施有著迅速反應的，是和小林善紀有良好關係的金美齡。三月四日回台的她，在記者會上要求「取消禁止小林善紀的入境，且向他道歉」，追究破壞言論自由焚書的新黨議員的責任。金美齡即刻受邀參加電視政治談話節目，逐一戳破對手的論述，提出「世界不承認中華民國，必須直視無法加盟聯合國以及進軍國際社會的事實」的論點，抨擊在野黨最重視的擁護中華民國的政策。這項論說在台灣的言論界引起軒然大波。金美齡在日本已經是相當知名的人物，很多人都知道她是辯論的名人，但在台灣卻是沒沒無聞，此次曝光讓國人大感驚奇。陳水扁總統說「從民主與人權來思考，沒有限制小林善紀訪台的理由。在我的任期中，不製作黑名單」，而解除禁止小林的入境。在台灣一躍成名的金美齡，其後在電視上更是大顯身手。

45　宮澤喜一內閣的河野洋平官房長官（譯按：秘書長）有發表「慰安所的設置、管理及慰安婦的輸送，是由前日軍直接或間接參與。招募慰安婦是以受到軍方委託的業者為主進行，在這種情形下，以甜言蜜語、壓力等，違反當事人意志招募的事例不少。而且，也明顯顯示有官方等直接參與」的談話，並加以致歉。但是，當時的官房副長官（譯按：副祕書長）石原信雄則說：「雖然沒有所謂強制要求當慰安婦的情形，但是，因考慮韓國政府而發表河野洋平談話。」（二〇〇七年三月二十九日《產經新聞》）這種河野談話被擴大解釋，在二〇〇七年七月，美國眾議院也以「慰安婦制度，是基於日本政府的軍用強制性賣春，是二十世紀最大的販賣人口」，通過要求日本首相道歉的決議。主導這項決議的麥克．本田眾議院議員，承認中國系與韓國系的團體協力策定這項決議案。

54. 立法院選舉，執政黨雖躍進但未達過半數

民進黨雖在總統大選獲勝取得政權，但卻是在立法院僅占三成的執政黨，這使得民進黨提出的法案逐一被否決，導致政治陷入極度混迷的狀態。由於無法採取有效率的經濟對策，進入二〇〇一年以後，不景氣急速加深。國民黨攻擊民進黨說：「經過長期間，我們實現了奇蹟性的經濟繁榮，但是，轉入民進黨政權以來，經濟便一路往谷底滑落。」的確，經濟成長率從前一年的5.9%，急速滑落到-2.2%。在野黨的目標，是十二月舉行的立法院選舉。在野黨主張「行政院應該由立法院的多數派組閣」。中華民國憲法是模稜兩可的憲法。曾經發生蔣介石逝世後，從副總統晉升爲總統的嚴家淦，被視爲擺著好看的裝飾物，實際上是由擔任行政院長的蔣經國掌握一切的權力。在野黨打著將民進黨圍堵成綁手綁腳的少數執政黨，讓它不得不將實權讓給在野黨的算盤。

在立法院選舉之前，一般預測成爲執政黨的民進黨應該可以增加不少席次，但得票率可能不及陳水扁在總統大選所獲得的39%。這是因爲長年以資金力與組織力鞏固選區地盤的國民黨議員的力量，在立法院選舉時可能會發揮強大的效用。連戰擔任國民黨主席以來，前李登輝派就逐漸在國民黨

內被疏離。八月十二日，以李登輝直系的黃主文爲主席，成立台灣團結聯盟（台聯）。台聯最大的目的，在於吸收國民黨的一部分選票，以輔佐執政的民進黨。想出這一對策的，正是前總統李登輝。

在野黨方面，預測以宋楚瑜爲主席的親民黨會有長足的進步。在總統大選時，連戰僅獲得約23%的選票，而宋楚瑜則獲得近37%的選票。這顯示在國民黨的組織內，宋楚瑜擁有不容小覷的影響力。國民黨內有二十位立法委員出走轉入親民黨，這是他們也具有資金力的證據。傳聞，在宋楚瑜背後資助的是中國。陳水扁當選總統以後，支持陳總統的台灣企業家，他們進軍中國的企業都受到中國政府強大的壓力。尤其是對許文龍的奇美實業，中國政府的稅務、環保、勞工部門等有關官員，以所謂查核的名義輪流安排了十幾人到公司來妨礙營業。這是所謂「不容許存在獨派台商所經營的企業」的儆戒。傳聞，進軍中國的台灣企業，受到壓力必須金援宋楚瑜。

二〇〇一年十二月一日，舉行立法委員選舉。各黨的當選人數和得票率（括弧內是前一次）如下。民進黨八十七人（七十人）、36.57%（29.6%），國民黨六十八人（一二三人）、31.28%（46.4%），親民黨四十六人、20.34%，台聯十三人、8.5%，新黨一人（十一人）、2.86%（7.1%），其他政黨與無黨派十一人（二十一人），合計二二五人。

雖然民進黨變成第一大黨，但是和台聯合計也只有一〇〇席，要達到過半數還差十三席，國民黨雖驟減，但是和分身的親民黨合計則有一一四席，已經超過半數。新黨僅當選金門島選出的一人，這主要是中國人的選票流向親民黨所致。新黨是自不待言，但多數無黨派的委員也都倚賴國民黨。民進黨政權處在因在野黨控制立法院的過半數，以致沒有獲得在野黨的同意，是連一條法律也無法通過的窘境。和立法院選舉同時進行的二十三個縣、市長選舉（除直轄市的台北市與高雄市）的當選人數，民進黨九人（前一次十二人），國民黨九人（八人），親民黨二人，新黨一人，無黨派二人。

55.《台灣青年》的停刊

大約進入二〇〇〇年時，台獨聯盟日本本部的內部出現所謂《台灣青年》停刊的時機已到的意見。《台灣青年》從一九六〇年創刊以來，業已歷經四十載，其間台灣的狀況產生極大的變化。

一九六〇年代初期的台灣留學生，在中小學時代，國家的統治者從日本變成蔣介石政權，從此台灣陷入慘澹的狀況，也曾見聞二・二八事件的殘虐鎮壓。因此，蔣介石政權爲了正當化自己的所作所爲，大力實施日本是如何做盡壞事的教育，但他們的心中如一面明鏡非常清楚，不曾被國民黨欺騙。而且，他們以留學生身分來到自由的國度，在耳濡目染下讓他們痛切感受到台灣政治的異常。關於這一點，更年輕一輩不是很了解日本時代的留學生也是有同樣的感受。因此，閱讀《台灣青年》而對獨立運動產生共鳴的留學生相當多。他們對台灣的資訊備感飢渴，就這方面來說，讓《台灣青年》備受歡迎。實際參與獨立運動的只是他們當中的極少部分人而已，但是，只要對居住在台灣的人們傳達台灣是處在特異狀況的事實，讓台灣人能夠體認到爲了贏得自由必須民主化，即可承擔台灣獨立運動的一端。

一九九〇年代，台灣邁入民主化，台獨聯盟幹部也都回國推行獨立運動，因此沖淡了《台灣青年》的必要性。有關獨立運動的理論，全部收錄在《台灣青年》的各期期刊。對台灣各個狀況所必要的論理，全部都能加以應用來對應。《台灣青年》不只是理論性的刊物，也扮演提供資訊的角色。日本的大眾媒體各公司都紛紛在台灣設立支局，已能充分傳遞台灣的資訊，而且，二〇〇一年六月，台獨聯盟日本本部國際部長林建良所開設的電子雜誌《台灣之聲》，每日都傳輸詳盡的台灣資訊。基於以上種種原因，讓我們想到《台灣青年》可以停刊了。於是，在二〇〇二年四月，台獨聯盟日本本部決定《台灣青年》以第五〇〇號（二〇〇二年六月發行）停刊的方針，獲得台灣總本部與歐美各本部的認同。

在這本停刊紀念號上，有大約六十位有關人士的投稿。台獨聯盟盟員的文章，翔實呈現在蔣家政權時代的恐怖政治下，爲了追求自由與民主，台灣人如何奮鬥，而《台灣青年》又在當中扮演怎樣的角色。以下介紹這些文章中的部分精粹。

1. 四十二年的《台灣青年》

黄昭堂（台灣獨立建國聯盟主席、前日本本部委員長）

雖是懷著惶恐、驚懼起步，但《台灣青年》的發行居然能夠持續這麼長久。不經意察覺時，已經過了四十二個年頭。一九六〇年時，以極少數人開始的雜誌《台灣青年》，不久便獲得台灣獨立建國運動的機關雜誌地位，帶給海外台灣留學生不小的影響，一九七〇年成功整合世界各地的獨立運動團體後，更結合台灣內外成立台灣獨立聯盟（現在的台灣獨立建國聯盟）。

2. 在《台灣青年》觸發下，在美國的我們開始獨立建國運動

張燦鍙（前台灣獨立建國聯盟主席、前台南市長）

《台灣青年》不僅啓發了包括我在內的多數人，更成為長期在國外孤軍奮鬥的我們的精神糧食。一九六一年，我獲得萊斯大學的獎學金留學美國。我召集朋友在大學校園內分發《台灣青年》給台灣留學生。看到這情景的人，有人緊握我們的手給予鼓勵，但也有人因畏懼而離去。不僅無視自己的安全，也漠視可能帶給台灣的家人或朋友困擾，熱誠參與台灣獨立運動的留學生是非常少的。可是，我們就像新開拓地的墾荒者一般，邊分發《台灣青年》，邊有耐性進行遊說

後，同志逐漸增加，凝聚成一股以台灣的獨立建國爲目標的力量，以至成立之後的台灣獨立建國聯盟美國本部。

3.《台灣青年》是獨立運動世界組織的核心

林哲夫（前台灣獨立建國聯盟加拿大本部主席、前立法委員）

我在一九六〇年七月底抵達加拿大的多倫多大學，九月初旬就接到留學日本早稻田大學的朋友寄來的《台灣青年》雜誌的創刊號和二、三號。其後，在加拿大的台灣留學生人數漸增，我們也開始著手成立組織。一九六〇年成立台灣同學會，一九六三年成立加拿大台灣同鄉會，一九六四年春成立台灣自決聯盟、一九六四年秋成立台灣人權委員會，一九七〇年成立世界組織的台灣獨立聯盟，成爲該聯盟的加拿大本部，在一九八七年改稱爲台灣獨立建國聯盟。利用從《台灣青年》所獲得的啓蒙思想與資料，我們結合加拿大的民主、自由、平等的傳統，建立堅固、超越國界的組織，在台灣內外協力合作下，以非暴力的手段實現台灣民主化的政治奇蹟。

4.《台灣青年》是我們的精神支柱

何康美（前台灣獨立建國聯盟歐洲本部主席）

畢業於台南女子高中的我，在一九六一年三月留學日本的上智大學。我就是在學姊的住處，首度看到《台灣青年》。甫自高中畢業的我，在國民黨獨裁政權下接受徹底的中國式教育，認爲這是一本絕對不被容許的非愛國性雜誌。但是，每次學姊和她的朋友聚會時，都以刊載在《台灣青年》的論文為話題，快樂且熱烈的討論「國家大事」。一九六二年底，我飛往美國，開始在洛杉磯的生活。到了這裡，又見到《台灣青年》。這裡就和在東京時的情形一樣，學姊們都以《台灣青年》的論文為主題進行興奮的議論。雖然我無法了解她們的議論，不過對這本小雜誌何以具有如此「魔力」深感不可思議。一九六五年，我轉往歐洲，進入比利時的大學就讀。在當時的西歐，是以大學或知識份子為中心，強力抨擊既成的社會制度，要求改革的聲浪高漲。我受到這種影響，才開始對出生的故鄉產生關心，極為渴望能進一步了解台灣的事情。在此，《台灣青年》的中文版登場了。爾來，引頸企盼每月寄來的《台灣青年》。《台灣青年》成為我們的精神支柱，給予我們愛台灣、思考台灣未來的理論性基礎。旅居世界各地的台灣人，透過《台灣青年》等台灣人的刊物，更緊密彼此的溝通。而且在一九七〇年，終於成立世界台灣獨立聯盟，我們的組織變成該聯盟的歐洲本部。

5. 在南美《台灣青年》也成為運動的指針

周叔夜（駐巴西台灣代表、前台灣獨立建國聯盟南美本部主席）

一九六二年二月，在飛往巴西的途中在日本做短暫停留時，第一次看到黃永純給我的《台灣青年》。我抵達巴西後就忙於生活，根本無暇顧及台灣的事，幾乎也忘了《台灣青年》一書。一九六五年從台灣移民巴西的朋友，從日本帶來

《台灣青年》。生活大致底定後，我召集了幾位台灣人一起討論台灣的問題。此時做爲議論主題的，幾乎都曾刊載在《台灣青年》。歷經這樣的過程後，我們的團體在一九六七年變成全美台灣獨立聯盟的支部，一九七四年更成爲台灣獨立聯盟的南美本部。一九七〇年代，我們是從《台灣青年》學習台灣獨立的基本理念與思想，《台灣青年》爲巴西的台灣獨立運動帶來決定性的方向性與力量。尤其，迄今仍然清晰記得從《台灣青年》學習所謂「台灣的獨立是從哪裡獨立」等問題的解答。可謂是在《台灣青年》的引導下，開始我們的台灣獨立運動。

6. 每一冊的《台灣青年》都化爲美麗的史書、詩篇

陳唐山（在台獨聯盟美國本部主要負責對美外交、回台後歷經外交部長等要職、現任國家安全會議秘書長）

一九六四年，在美國奧克拉荷馬州自己的小房子，時常被濃厚的鄉愁所困，因此第一次拜讀《台灣青年》時，帶給我極大的震撼。原本就對台灣統治當局充滿質疑的我，最後對當局僅存的一點希望也被粉碎殆盡。然後，做爲知識份子對台灣的責任感覺醒了，使我義無反顧地投入台灣獨立運動。爾來二十九年間，雖被登錄在台灣統治當局的黑名單中，但我不曾後悔。當時，留學美洲大陸的多數台灣青年，和我一樣受到《台灣青年》的啓發，陸續參與台灣獨立運動，不斷推進波瀾萬丈的台灣建國運動。雖然身居海外，但是在國民黨特務滲透在台灣人之間加以脅迫，進行分裂工作

與收買工作的國民黨獨裁時代，《台灣青年》在四十二年間持續扮演宣揚集結台灣人意識的核心角色。如此般不斷從海外將精神性、物質性的支援注入台灣的結果，迫使台灣的萬年國會解散，舉行國會的選舉。而且，也實現由公民直接選舉總統，讓台灣人終於成爲台灣的主人。停刊後的《台灣青年》，絕對不會被擱置在歷史一隅而被遺忘，在台灣完成獨立建國之日，每一冊每一冊的《台灣青年》都會化爲美麗的史書、詩篇。

7. 和《台灣青年》共同奮鬥四十年

羅福全（前亞東關係協會會長、前駐日台灣代表）

從《台灣青年》的創刊號起，我就是它的忠實讀者。這也是我和台灣青年社直接接觸的開始。一九六三年，我從日本飛往美國。當時的留學地費城，是台灣獨立運動在美國的根據地。我結識「United Formosans for Independence」（UFI）主席陳以德後，便參與其活動。當時，在全美各地的台灣留學生活動極爲活躍，《台灣青年》也分發於美國大陸。一九六六年，UFI吸收全美各地的組織，在費城成立全美台灣獨立聯盟（United Formosans in America for Independence, UFAI），積極與日本的台灣青年社合作，透過《台灣青年》更加充實北美的啓蒙活動。一九六四年，彭明敏、謝聰敏、魏廷朝三人在台灣被捕入獄。台灣青年社秘密取得由他們三人起草的「台灣自救運動宣言」，檢附日譯在《台灣青年》一九六六年一月號發表。受到這篇文章深深感動的我，在費城將蘇金春先生的漢文「宣言」燒成鋁板，印刷一萬份以上，在全美各地分發。這份「宣言」在六〇年代後半的美國，成爲最具影響力的刊物自不待言。在世界各國由政治流亡者出版發行的刊物中，能夠像《台灣青年》這樣從不間斷，持續極爲傲人的四十二年歷史，可說是世界罕見的。

8.《台灣青年》的使命與新生國家理論

許世楷（駐日台灣代表、前台灣獨立建國聯盟主席、前日本本部委員長）

我們是依據舊金山和平條約、日華和平條約等，使第二次大戰後的台灣變成國際上歸屬未定的地區，不歸屬包括中國在內的任何國家，台灣的國民黨政權僅憑同盟國聯軍的命令，在一九四五實行占領之實。這個占領政權，在一九四九年變成喪失祖國的亡命政權，形成台灣和中國隔絕的「獨立政治實體」（independent political entity）。其後，這個獨立的政治實體漸漸成長，蛻變成爲新誕生的「事實上（de facto）的獨立國家」。我的這種解釋，是對照於「分裂國家理論」，命名爲「新生國家理論」。在《台灣青年》即將落幕的現在，必須再次確認我們的目標。「台灣獨立建國」，是使台灣從現在事實上的獨立國家達到法理上的獨立國家之境。爲此，將「以台灣的名義申請新加入聯合國」的行動付諸實行是極爲重要的。可是，使用「台灣」名義，會惹起在現在的台灣思考「中國統一」，亦即中國併吞台灣的人，以及畏懼中國的軍事恫嚇甘於維持現狀的人的反對。爲此，必須培育國人對台灣擁有堅定的國家意識，最有效的方法，就是變革一貫注入中國人認同意識的中華民國教育體制。爲此，必須廢止現在的中華民國憲法，制定新憲法。

9.《台灣青年》與美國留學生

盧主義（台灣獨立建國聯盟美國本部負責對美外交）

我和《台灣青年》雜誌的接觸，是在一九六〇年八月投稿第三號時的事。我是以李天福的筆名，在《台灣青年》介紹當時北美台灣人留學生所進行的台灣獨立運動情形。《台灣青年》對啓蒙台灣、日本、歐美的台灣人帶來極重要的貢獻。在美國的台灣留學生當中，有很多人在讀過《台灣青年》後才對台灣人意識與台灣獨立的正當性有所覺醒。此外，在四十二年的努力下，《台灣青年》也成爲台灣近代史的資料寶庫。

10. 專制體制對《台灣青年》等自由主義思想視如毒蛇猛獸般畏懼

鄭欽仁（前台灣教授協會會長、前台灣大學教授）

突然聽到《台灣青年》發行到五〇〇號就要停刊，胸臆間感到非常遺憾。爲什麼會有這樣的心情呢？一時語塞，也說不出個所以然。不過，或許是《台灣青年》和我們一起走過那樣苦難的歲月使然吧！從一九六八年九月三日至一九七三年九月二十日，我以台灣大學講師身分留學東京大學的研究所。在那個時代，蔣介石政權採取極爲嚴密的文化性鎖國政策，嚴格管制台灣國內的所有媒體與宣傳機構。住在台灣的民眾從這些媒體或宣傳機構所得到的資訊，就像是映照在魔鏡上的影像般已經被扭曲了。在大眾媒體尚未發達的時代，蔣家政權的愚民政策發揮頗大的統治效果。處在這般的時代，對海外留學生來說，在了解有關台灣的國際情勢上，《台灣青年》扮演非常重要的角色。當然，對居住在日本的台灣人來說，《台灣青年》具有極大的啓蒙作用。住在台灣時所無法理解究竟發生甚麼事的疑惑，經由《台灣青年》一一解明，就能清楚其中的眞相。專制獨裁體制，視自由的思想如毒蛇猛獸般畏懼，極盡所能加以袪除。身處如此的社會，讓自己成為法西斯主義與殖民地統治權力之奴隸的人頗眾。

11.《台灣青年》所扮演的歷史性角色

周明（前全美台灣獨立聯盟委員長）

時入一九六二年以來，每一號的《台灣青年》都以我的名義寄來。的確，《台灣青年》郵寄到很多在美台灣留學生的手上。《台灣青年》成為對故鄉消息備感飢渴的台灣留學生的精神糧食，已經成了他們生活不可或缺的一部分。我們夫妻參與台灣獨立運動是在一九六三年的事，翌六四年，被正式登錄在中國國民黨政權的黑名單中而備感榮耀。當時的黑名單，是將反體制派台灣人置於特務留學生的監視下，加上種種的壓迫，一旦被登錄在黑名單上，一踏入國門馬上就被逮捕，事實上就是流亡海外。其實，我們也有近三十年無法回國。多數的台灣留學生受到《台灣青年》的影響紛紛響應參與獨立運動，也逐一被登錄在黑名單上。

12. 停刊必須有勇氣與智慧的決斷

陳重光（筆名陳南天，前台灣獨立建國聯盟美國本部主席）

我是在一九六三年負笈前往日本，就讀東京的高中（東京華僑學校），直到早稻田大學畢業，在東京度過了七個年頭。一九七〇年赴美後立即加盟台灣獨立聯盟，之後，就讀哥倫比亞大學研究所。在美國的多數台灣獨立運動的領導者，都直接間接受到《台灣青年》強烈的思想性影響，聯盟的美國本部與日本本部的關係也相當緊密，我是做爲雙方溝通的橋梁，時常往來美日之間。一九八〇年代後半，從民進黨成立的前後開始，聯盟和台灣的反體制派領導人的合作關係變得緊密化，日本常成爲雙方接觸的舞台。《台灣青年》持續發行五〇〇號本身，就是令人非常驚異的事，我想，決定停刊必然要有勇氣與智慧的決斷。台灣獨立運動的戰場，已經轉移到台灣。當然，爲了配合這種狀況，一定要把戰略直接轉換到台灣方向。讓日本民眾了解變化迅速的台灣實情的宣傳活動固然重要，但是，這方面只要透過網路即可彌補《台灣青年》所出現的空隙。

13.成爲台灣史之一部份的《台灣青年》

黃文雄（台灣獨立建國聯盟日本本部委員長、在日本有一〇〇冊以上的著書，在台灣也發行數十本的中文著書）

我是在一九六四年加入台灣青年社（台獨聯盟日本本部的前身），爾來開始參與學生運動等所有的運動。對我來說，這不是青春的一部分，而是人生的大部分。一九六六年起，我開始文筆活動，從一九八〇年代中期起，開始在《台灣青年》撰寫政論或論說，直迄今日。爲什麼我能夠持續不間斷的撰寫呢？自己沒有太在意原因，不過，《台灣青年》的存在可說是原動力之一。

14. 與《台灣青年》的邂逅

金美齡（前《Independent Formosa》總編輯、前總統府國策顧問）

四十二年後的今天，對於接到創刊號時的狀況仍歷歷在目。一九六〇年春，那一天我和在台灣國際學舍結識的美國學者馬克・龐克爾先生約定共進晚餐。下午，正準備出門前往美容院時，接到雜誌，不是很在意的順手就帶著出門。打開一看，雜誌名稱是《台灣青年》。在那時期，「台灣」一詞是一大禁忌。不經意地將視線掃過周圍，看看悠閒的店內有否目光注視著我。抑制著亢奮的心情，貪婪地耽溺於閱讀中。約定的場所是在飯田橋車站，從站前搭乘計程車時，龐克爾先生問我「妳知道《台灣青年》雜誌嗎？」「今天我剛好有接到。」「覺得如何呢？」「實在太棒了！我想，這是台灣留學生所編的雜誌，眞的非常有勇氣。而且，日文、內容的水準都非常高。眞是令人感動。」其後，我在龐克爾先生的公寓見到王育德、黃昭堂兩位先生，從此步上此道四十二年了。

15.《台灣青年》，是青春也是人生

周英明（筆名孫明海，前《台灣青年》總編輯、發行人，已故）

現在在李登輝改革以來的自由空氣中成長的台灣年輕人，可能無法想像我第一次拿到《台灣青年》時的異常感覺。全身由根底激烈搖撼，使長年隱藏在內心深底的鬱憤，一口氣噴發而出，就像岩漿般灼熱全身，這一夜直到天際吐白還無法入眠。這是我剛來到東京的一九六一年四月的事。同年七月，我經過苦思熟慮後，在王育德老師家承諾加盟台灣青年社。我是從一九七二年起開始擔任《台灣青年》總編輯，一九八五年九月發行人王育德老師逝世後，就由我擔任發行人，宋重陽（宗像隆幸）擔任總編輯，直迄今日。不過，實務均由宋先生一手包辦。

16. 回首《台灣青年》的創刊

王雪梅（王育德夫人）

創刊《台灣青年》雜誌是在一九六〇年，當時育德三十六歲，就在這一年完成東大博士的課程，具有明治大學兼任講師的身分。身處具有思想與發表自由的海外的青年，一想到居住在像是被囿於牢獄般島內的台灣人，就有想替他們發言以喚起國際輿論的使命。雜誌出刊後，大家相聚一起，度過充滿喜悅的短暫時光。我幫忙寫信封、貼郵票，連孩子都很高興幫忙。事情告一段落後，大家邊吃著我親手料理的菜餚，邊乾杯慶賀。大家告別回家後，育德凝視著雜

誌，說像是生了兒子一樣的心情，發行第二號時就像生第二個孩子一樣興奮。以幾個人開始的運動持續了四十二年，能夠讓《台灣青年》出版到五百號，我覺得是一大奇蹟。在談論台灣歷史時，這本雜誌一定可以在民眾的心中閃閃發亮，爲後世帶來勇氣。

17. 我們的青春是勇敢之歌

盧千惠（台灣獨立建國聯盟中央委員、許世楷夫人）

深紅色的《台灣青年》創刊號，郵寄到我留學的國際基督教大學是在一九六〇年初春時的事。我依稀記得，當時從一旁觀看日本學生們憂心戰後的日本，戮力思考如何建設新日本的情景，不禁讓我欣喜：「啊，留學生當中也有憂心台灣前途的人。」《台灣青年》扮演何等重大的角色，只要看看將分散在世界各地的留學生整合爲一，將獨立的激流匯注於島內的情形即可窺知。解開綁縛隨時放在身側的四百九十八冊《台灣青年》的捆繩，不禁讓我深感驚愕。《台灣青年》不只是理論，也參與非常多的活動。在島內無法舉行的每年的二・二八紀念集會、救援政治犯、前日本兵補償問題、聲援長老教會國是聲明、美麗島事件示威遊行、撤廢戒嚴令示威遊行運動……，常言「一步一腳印」，但經過既長又遠的路程，一直以來都只是夢幻的台灣獨立、新生台灣共和國的誕生，已經在不遠的眼前。

18.《台灣青年》創刊時期

廖建龍（前《台灣青年》總編輯）

人的命運，有由一種邂逅決定，然後形成人生的情形。某位台灣留學生帶我造訪王育德老師家。這次的邂逅決定了我的命運。在六個榻榻米大的書齋裡，有四、五名留學生圍繞著王老師熱血沸騰地談論天下國家大事，眞是暢懷爽快的論談。幾次前往王老師家後，也加入大夥的議論，在大啖王夫人親手料理的美餚時，王老師提案「我們來做雜誌吧！」記得在很自然下就決定下來，當場共有七名勇士。把國民政府斷定爲難民同盟的第十號「中國人難民問題特集」，以當時來說，是觀點相當嶄新且尖銳的新說。國民政府方面再度承受重大衝擊。我對這項新說、現在已成定論的「國府是外來政權」的獨創學說相當自負。在這一號裡，和在美台灣人的獨立運動組織UFI（United Formosans for Independence）發表共同聲明，明確化台灣青年社是以獨立運動爲目標組成的組織。我也以總編輯梁彰海之名，在剛加盟的宋重陽協助下，專心一志於學業與運動。

19.《台灣青年》中文版與我

張國興（前《台灣青年》《Independent Formosa》總編輯）

一九六三年八月二十八日赴日的我，從翌二十九日（二十七歲生日）起就投入台灣獨立運動。我強調使用漢文啓蒙活動的重要性，在六〇年代後半擔任漢文版《台灣青年》

與英文雜誌《Independent Formosa》的總編輯，使用眞實姓名和筆名執筆很多有關台灣的論文或主張。中國國民黨侮辱我們是「中共的爪牙」，而中國共產黨則辱罵我們是「美日帝國主義的走狗」，但實際上，我們只是爲了創造台灣共和國不惜犠牲自己的人而已。

20. 眞心感謝《台灣青年》

侯榮邦（台灣獨立建國聯盟財務部長、前日本本部組織部長）

第一次接觸《台灣青年》時，我因感動與興奮而拼命地閱讀。察覺時，已是拂曉。這是一九六三年四月二十四日，爲了留學抵達東京那一夜的事。同年十二月，我也成爲台灣獨立運動的夥伴。我從青春時代就戮力參與獨立運動的無數活動。我思忖著，其實我是過著既充實又有意義的人生。《台灣青年》，眞心感謝您。

21. 我與《台灣青年》

連根藤（中文《台生報》總編輯）

一九六二年來日留學京都大學不久，就在大學的中央圖書館看到《台灣青年》。架上齊備每一期版本。現在我仍清晰記得，當時一刻也不停地貪婪閱讀的情景。對我來說，《台灣青年》是有關台灣的最大資訊來源。這本小冊子，滿載在台灣絕對不可能公開發表的資訊與論說。在閱讀《台灣青年》當中，逐漸窺知台灣眞正的狀況，確信台灣非獨立不可。《台灣青年》長達四十二年的發行，恰好與我的海外生活相疊，就像生活中的空氣般熟悉，即使沒有意識，也覺得是非有不可的東西。《台灣青年》以五〇〇號停刊，如同一位德高望重的年長教授，留下眾多的學子後離開學校。我做為一名學子備感寂寥，想說一句「辛苦了」來歡送。

22.確保與培養人才是獨立運動的當務之急

林建良（台灣獨立建國聯盟日本本部國際部長）

獨立運動早已不是啓蒙的時代，而是邁入如何終結中華民國體制，建立台灣共和國的最後階段。這條路線，已有獨立運動的先驅者顯示出來。現在所進行的「正名運動」「制憲運動」「加入聯合國運動」等，正是具體的步驟。將中華民國的國名正名為「台灣」，制定新憲法，將領土與主權明確和中國區別時，便完成獨立的程序。如果透過公民投票的手續實行以上的步驟時，國際社會就不得不承認台灣是一個新生的國家。盡力於啓蒙獨立理論與宣揚建國理論的台灣獨立建國聯盟，無疑地仍持續扮演獨立運動的中心性、領導性的角色。從此以後，將對獨立必要的認識浸透於台灣各階層，才是獨立運動的當務之急。為此，必須吸收各階層的領導者為盟員，或者必須培養各階層的領導者。

23.以聯盟的歷史為傲，今後仍將不懈奮戰

陳明裕（台灣獨立建國聯盟日本本部組織部長）

台北醫大牙科畢業的我，進入日本齒科大學臨床研究科就讀，是在一九七三年的事。不久便與《台灣青年》邂逅，

迄今依舊無法忘懷當時的感動、興奮與共鳴。我對一九七〇年協助在蔣家政權軟禁下的彭明敏先生逃往國外，或對一九九一年以後，被登錄在黑名單上而無法回國的台灣獨立建國聯盟幹部們，反而潛入台灣進行獄中鬥爭等，前輩們既勇敢又充滿睿智的行動敬佩不已。雖理解《台灣青年》停刊的理由，但仍然感到很落寞傷感。傳達台灣的情勢或獨立派意見的活動，是由我們中堅份子協助年輕人，利用網路等持續進行。我們從去年就發行電子雜誌《台灣之聲》，深獲好評，讀者也漸增。雖然《台灣青年》停刊了，不過它的精神永久被台灣人繼承下來。

24.今後仍持續台灣獨立運動的奮戰

宗像隆幸（筆名宋重陽、《台灣青年》總編輯）

創刊《台灣青年》迄今已歷四十二年，而我負責編輯則有四十一年。回首一顧，宛若瞬間發生的事一般，實際感受到「人生如夢」。從年輕時代開始，我就確信自由是人類的最高價值，對於爲了自由而與超級大國波斯作戰的古代希臘人的思想與生存方法深感共鳴。因此，在台灣留學生爲了與國民黨獨裁政權奮戰，成立台灣青年社之際，當時我受託協助，自己也欣然接受投入這項革命。所謂革命，不一定只是刀光劍影打來打去。縱然以武力推翻一個政權，建立新的政權，但如果沒有改變基本的社會體制，那麼，充其量也只是政權交替，而不是革命。所有的體制，都是和一定的思想或理念相結合。因此，多數的革命是從思想或理念奮戰開始。

台灣獨立建國聯盟的奮戰，就是從這種思想與理念的奮戰開始。不，也可說這些就是奮戰的大部分。在台灣，台灣人占壓倒性多數，如果多數的台灣人對我們的思想和理念有所共鳴，即可確實獲得勝利。當然，僅抽象性的理論，是無法在這種思想與理念的鬥爭中獲取勝利。還必須動員政治、經濟、歷史、文化、哲學、社會學、國際法等一切領域的思想與知識來進行理論鬥爭。推翻中華民國體制，確立民主制度，是台灣人在政治上、經濟上邁向幸福的唯一之路，台灣人必須自己理解這點。可是，即使順利展開思想與理念的奮戰，但如果無法與實際的活動結合，形成正確的戰略，那麼革命終歸會失敗。關於這種戰略問題，讓各方在雜誌上自由交換意見，並漸漸取得共識，正是革命機關雜誌的獨擅之場。五百冊的《台灣青年》，就是這種理論性武器的寶庫。期待在與反對台灣進一步民主化的勢力或「統一派」的戰鬥中，能大大活用這些武器。

（爲了容易使用《台灣青年》，特別製作附有「台灣獨立運動相關年表」的《台灣青年總目次》。）

二〇〇二年八月三日，預計在東京的飯店召開世界台灣同鄉會的年度大會，於是，配合這次大會在同一飯店，在一日舉辦《台灣青年》的停刊紀念酒會，在二日舉辦台灣獨立建國聯盟的中央委員會。對於《台灣青年》的停刊，台灣的《中國時報》（七月三十一日）以半頁的篇幅作報導，其中指出：「在四十二年的長時期裡，對日本和台灣以及世界各國的台灣人發揮一定影響力的《台灣青年》，扮演了歷史性角色，宣告停刊。」

八月一日，在池袋的大都會飯店舉辦停刊紀念酒會，聚集了來自日本、台灣與歐美的二百多人，台灣的民視電視台與《中國時報》《聯合報》都前來採訪。席上，我第一次介紹爲了協助彭明敏教授逃離台灣而派遣到台灣的阿部賢一，瞬間備受大家的注目。台灣的報導陣容也興致勃勃的採訪他，《中國時報》（八月二日）更有大幅的報導。

56. 中國強烈駁斥陳水扁總統的「一邊一國論」

二〇〇二年八月三日，在東京召開的世界台灣同鄉會年度大會上，聚集來自日本、台灣與世界各國的台灣人，形成一大盛況。在這次的大會上有陳水扁總統與李登輝前總統的演說，他們是從台北透過視訊放映在大螢幕上。陳水扁總統在這次的演講中提到：「台灣不能成爲第二個香港、澳門。因爲，台灣是主權獨立的國家。亦即，台灣和對岸的中國是『一邊一國』，必須明確區別。是否改變台灣的未來，或台灣的現狀，無論任何國家、任何政黨、任何個人，都不能代替我們的決定。我衷心向各位呼籲，必須認眞思考公民投票立法化的重要性與迫切性，並大力加以推進。」

台灣和中國是個別不同的國家，李登輝在總統時代已經說過好幾次這樣的話，這是很單純的闡述事實而已。陳水扁在總統就職演說中所提到的「四不一沒有」，其中有「不會推動改變現狀的統獨公投」，不過，這樣的說法有附加所謂「只要中共無意對台動武」的前提。其後中國幾次以武力恫嚇台灣，使這項承諾不再具有效用。但中國政府卻認爲，陳水扁的「一邊一國論」是不能見容的分裂活動，而透過新華社以〈危險的挑撥〉爲題發表論文做警告，其中不乏恫嚇台灣人之詞：「鼓吹兩岸是個別不同的國家，以公民投票實現台灣獨立，就是變更現狀，將台灣從中國切離，無疑是將台灣推向戰爭之途。」台灣原本就是以和中國不同的國家存在於世，「將台灣從中國切離」究竟意味甚麼呢？依往例中國是不做說明的。這是因爲中國希望台灣遵守中華民國憲法，但中國又不承認中華民國的存在，所以無法提出說明。

這一年的九月一日，台灣政府在蒙古共和國的首都烏蘭巴托開設代表處。在中華民國憲法上，仍將蒙古視爲中華民國的領土，因此在野黨追究其矛盾。外交部長簡又新在說明中提到：「我國不能迴避國際性的現實。蒙古是在國際上已被承認的主權獨立國家。即使是中華人民共和國，也已承認這項事實。蒙古已經在一九六一年加盟聯合國。」但是，國民黨與親民黨卻和中國同調，無理地擁護如此偏離現實的中華民國憲法。

五十七、與李登輝先生的對話

在過去，我也對台灣的報社或雜誌投稿，然因《台灣青年》的停刊，我想，今後應該集中努力於直接對台灣的行動。於是，我執筆撰寫以〈爲了解決台灣問題的一個嘗試案〉爲題的文章，完成後也寄送給李登輝先生和幾位台灣朋友。寄給李先生的文章內也隨附一函（二〇〇二年九月二十一日），表示「可以的話，希望拜見先生」。十月二日，接到李先生的秘書鍾振宏先生（前外交官）來電，約定十月二十三日我與李先生的會面。

我的「嘗試案」要旨，涵蓋如下的內容。台灣被孤立於國際社會的原因，主要是台灣方面也和中國一樣倡導「一個中國」，主張「中國大陸是中華民國的領土」，因此，首要之務是必須明確表示「中華民國的領土不包含中國大陸」。但現在的台灣，想要透過修正憲法來明確釐定這件事是有困難的，因此，改由釋憲來確定領土範圍如何呢？因爲，中華民國憲法上僅記載「中華民國的領土是其固有的領域」，且明記「中華民國的主權屬於國民全體」。現在，中華民國的主權者，是以總統大選與立法院選舉來行使主權。由代表主權者的立法院決議中華民國的領土不包含中國大陸，然後由總統公布，不就可以了嗎？例如，做出如下的決議：

中華民國國民熱切盼望能與中華人民共和國國民和平共存共榮。中華民國對中國大陸不具任何的領土野心。中華民國確認中華民國的領土主權不及於中國大陸。中華民國承認中華人民共和國對中國大陸的領土主權，尊重其領土主權。爲了促進兩國的和平共存共榮，希望中華人民共和國承認中華民國具有在現實上統治的領域的領土主權，在兩國之間建立邦交。

當然，中國不可能接納這項決議，不過他們也不能對台灣說「不要放棄對中國大陸的領土主權」，也不能以這項決議爲理由對台灣進行武力攻擊。將領土主權所及的範圍限定在台灣的事實加以法制化，以明確釐清台灣和中國是兩個不同的國家爲目的，那麼，即使中國無視於此也無所謂。

十月二十三日，上午十時至十一時多，我在台灣綜合研究院拜會李登輝先生。鍾振宏先生在一旁記錄我們的談話，且拍攝照片。

李登輝先生突然提到：「想要修正憲法，已經交代有關人員進行研究，不過，尙未達到向國代提出的地步。如果說承認中華人民共和國就可以了。」李登輝總統還記得我在信函上（一九九八年六月十日）所提案的〈和平與友好的呼籲〉的事。

在李登輝總統的時代，國民黨在立法院是占壓倒性多數，雖有保守派的抗拒，但李登輝派卻握有國民黨的領導

圖十 李登輝總統與筆者

權，亦能獲得民進黨的協助，因此可以做出所謂「寧靜革命」的大變革。因此，我認爲如果是在當時，李總統就能提出承認中國的領土主權的發言，說出「承認中華人民共和國就可以」。現在，是親中國派支配下的在野黨控制立法院，所以非常清楚很難進行這次我所提案的決議，於是就此截斷這話題。

李登輝先生感嘆地說：「現在的政府是門外漢。」這可能是李先生覺得現在的政府欠缺將口號付諸實行的政治手腕，才有感而發的一句話。在談論中，李先生也提到：「上一次《沖繩時報》來採訪時，我說沖繩能復歸爲民主又豐饒的日本，眞是一件好事；也說了尖閣諸島（譯按：釣魚台）是沖繩的一部分，這些發言引起軒然大波。中國提出尖閣的領有權，是在一九七〇年前後發現石油以後的事。」當我說道「一九七一年我前往美國時，因尖閣問題而舉行盛大的示威遊行」，李先生便接口說「那是職業學生馬英九等發動的」。（李登輝有關尖閣的發言，刊載在九月二十四日的《沖繩時報》。）

我說明一九九八年李總統和末次先生會談的結果，才讓小渕政府斷然拒絕江澤民所要求的「三不」。也因此事，成爲日本轉換過去對中國紆尊降貴外交的契機。話題及於現在的世界正處在過渡期，新世界的新秩序將如何時，約定的一小時在瞬間就匆匆過了。這是第一次和李登輝先生一對一的對談，眞是既充實又愉快的一小時。

58. 李登輝說「中華民國已經不存在，必須以台灣的國名建設國家」

進入二〇〇三年以後，翌年春天舉行的總統大選成爲台灣的政治焦點。二月十四日，國民黨主席連戰和親民黨主席宋楚瑜，簽署有關兩黨合作的備忘錄。報導指出，兩黨約定在翌年三月的總統大選，以連戰爲總統候選人、宋楚瑜爲副總統候選人參選。二〇〇〇年三月的總統大選，陳水扁是以39.3%的得票率當選，但宋楚瑜和連戰的得票率合計卻有60%，足足有20%以上的差距，因此，預測連戰、宋楚瑜一組獲得壓倒性勝利的看法占多數。可是，在二〇〇一年底的立法院選舉，民進黨和台聯等執政黨陣營的得票率是41.2%，在野黨的得票率是49.8%，其間的差距已縮小到約8.6%。即使如此，如果沒有打出有效果的選舉戰略，執政黨的敗北已顯而易見。似乎應採取各種各樣的對策，不過，我在思考是否可以把領土主權問題做爲群眾運動來進行。

於是，我以〈台灣爲何不正面敲開國際社會的大門？外國人不可思議的台灣政治〉爲題，深入淺出論述領土主權問題。其要旨如下。

台灣朝野都主張「台灣是主權獨立國家」。主權國家的「獨立權」和「平等權」是被承認的。所謂「獨立權」，就是被視爲眞正的獨立國家，擁有參與國際社會的權利。而所謂「平等權」，則是不分國家的大小，在國際社會以獨立國受到平等待遇的權利。因此，即便是人口一萬人的蕞爾小國，一樣能夠和世界各國建立邦交，也能加盟聯合國。某國對他國行使武力，以武力恫嚇，是被視爲侵略行爲，在國際法上是被嚴禁的。但現在的台灣，國際社會並不承認是主權國家，以致僅能和一些小國建立邦交，也被拒絕加盟聯合國。而中國雖然以武力恫嚇台灣，但卻不被認爲是違反國際法而受到糾彈。這主要是台灣自稱是中華民國，維持中華民國的領土包括中國大陸的非現實性原則，以致國際社會無法承認台灣是主權國家。因此，首先必須明確釐清台灣的領土僅限於台灣，將附有「China」的國名改爲台灣，台灣就可以和其他國家一樣成爲獨立國家，而被國際社會接受。

二月十七日，我將這篇論文寄給台獨聯盟主席黃昭堂的同時，也檢附一函郵寄給李登輝先生。三月三日，接到鍾振宏先生用傳眞寄來的李登輝先生的傳言。他對我的論文讚譽有加，並寫道「我們朝向這方向（群眾運動化）努力邁進」。

台獨聯盟本部立即將我這篇論文印成小冊子分發各處。翻開寄送到我手上的這本小冊子，從右邊打開是日文，從左邊打開則是中文（林建良譯）。我想，原本是只把中譯作成小冊子，不過，現在的台灣經常可在看板或電視畫面上看到日文，所以即使不懂日文的人也不會覺得很突兀，反而更引人注目，也深得懂日語的年長者的喜愛。發行這本小冊子是三月的事，但《台灣日報》從六月十八日起，分成五次刊載中譯。這是台獨聯盟本部爲了推進群眾運動所策畫的。不知是否以我的論文爲契機，李登輝先生從黃昭堂處借來《台灣的法理性地位》（黃昭堂、彭明敏著，東京大學出版會一九七六年刊）閱讀後，從台獨聯盟本部的王康厚那裡聽到李先生說：「我做了十二年沒有主權的國家總統嗎？」台灣的法理性地位未定，這在《台灣青年》的論文等已經寫過好幾次，在我們之間從幾十年前就已經是一項稀鬆平常的常識。可是，在蔣家政權時代的台灣，這種事不僅不能掛在嘴巴上說，也不能冠冕堂皇的寫出，所以一般民眾都相信蔣家政權所主張的，台灣是以開羅宣言、波茨坦宣言成爲中華民國的領土。

八月二十三日，在台北市召開以李登輝爲代表的正名運動決起大會。所謂正名運動，是要把冠在台灣的國家或機關、企業名稱上的「中國」或「中華」改爲「台灣」的運動，但是，最大的目的是把「中華民國」變更爲「台灣共和國」。李登輝在這次大會上演說時指出：「中華民國已經不存在。我在十二年間，確實是中華民國的總統。可是，四處尋覓中華民國在哪裡時，卻怎麼努力也找不到。中華民國早已經被中華人民共和國取代。正名爲『台灣』這個正確名稱，才是台灣國正常化之途。陳總統也有相同的想法，只因現任總統無法開口說出，所以由卸任的我代替他來說。」

九月六日，在台北市的總統府附近舉行向政府要求「以台灣的名稱申請加盟聯合國」的示威遊行。因預定在翌日召開台獨聯盟的中央委員會，所以我也飛往台灣參加。這是非常炎熱的暑日，遊行的群眾人數非常多。原先預定十萬人的目標，最後卻聚集了十五萬人，被認爲是台灣史上最大的示威遊行。

李登輝在總統府前發表演說時指出「中華民國已經不存在」，說明其理由是：「中華民國是在一九一二年成立，當時並不包含台灣。戰後，國民黨政權以武力占領台灣，但並非台灣就這樣變成中華民國的領土。中國在一九四九年被中國共產黨占領，中華民國便喪失領土。」他強調：「可是，台灣是實際存在的國家。必須以台灣這個正確名稱，建設爲主權獨立的國家。」

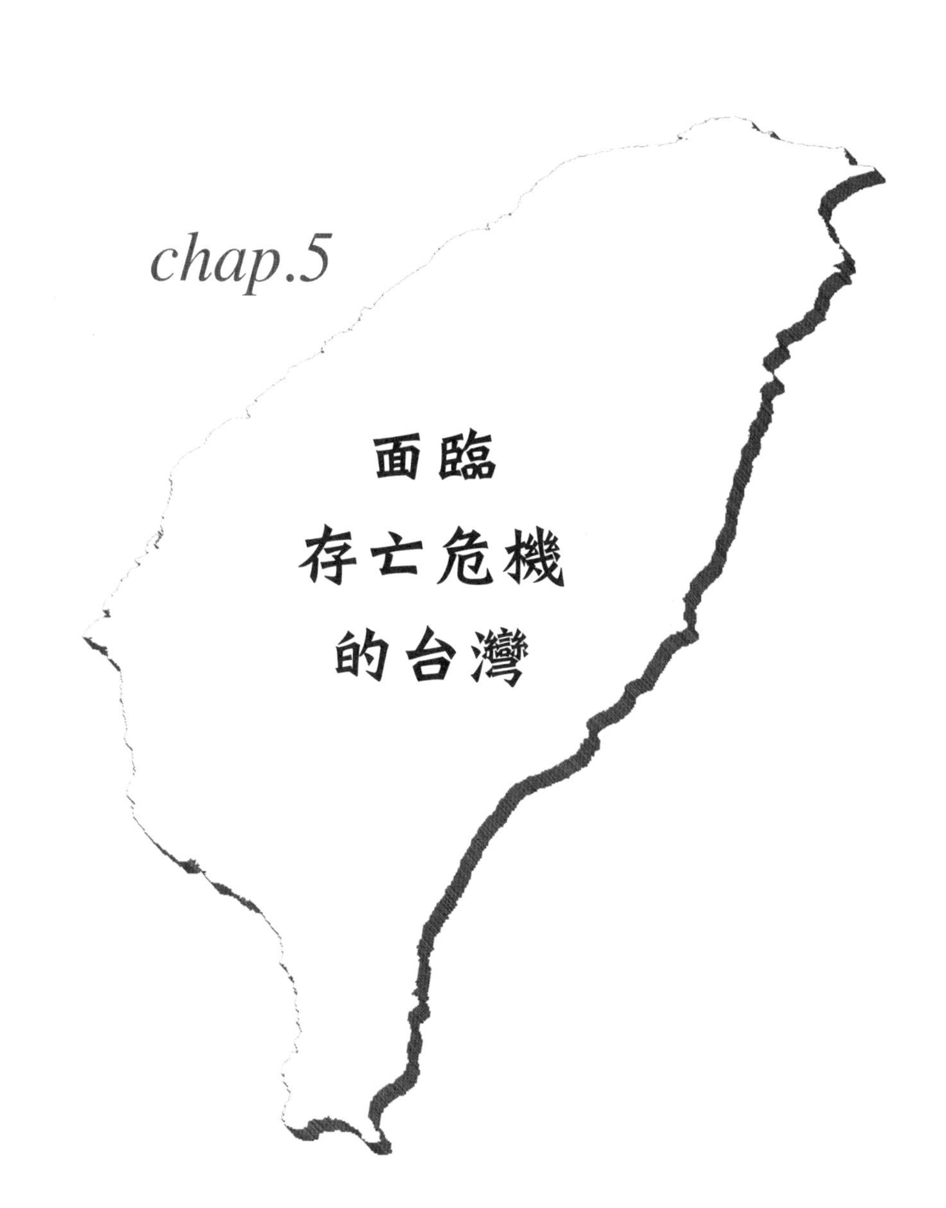

chap.5

面臨
存亡危機
的台灣

59. 二百二十萬人形成鎖鍊手牽手護台灣

十月三十一日，陳水扁總統爲了參加巴拿馬建國一〇〇週年慶典飛往巴拿馬，途中過境美國，在紐約獲頒國際人權聯盟的「二〇〇三年國際人權獎」，且以「人權的台灣，向民主蛻變」爲題發表紀念演講。陳總統在這次的演講中指出：「在制度上能否確立台灣的民主化，是依能否制定新憲法而定。實施公民投票，象徵更鞏固的台灣人權。」

同一日，李登輝在支援陳水扁全國組織的成立籌備會上演說指出：「連戰、宋楚瑜的搭檔，和中國共產黨的關係非常緊密，如果讓他們取得政權，可能會出現高喊『共產黨萬歲』的人。這樣一來，我非逃到國外不可。」他以淺顯的用詞向群眾說明，這次的總統大選所具有的重大意義。越來越多的人理解到，總統大選的結果將決定台灣的獨立與民主維繫與否，因此陳水扁的支持率逐漸逼近連、宋搭檔。對如此動向感到憂心的中國政府，其有關台灣問題的負責人表示：「一旦公開推行台灣獨立，向中國挑戰，則行使武力是無可避免的。台灣獨立就是等於戰爭。」不過，這只是下層官員的發言而已，對台灣人的威嚇用詞已較爲客氣。這是在前一次的總統大選時，朱鎔基總理以「如果獨立派當選，就會引發戰爭」進行明顯的恫嚇，結果反而引起反效果，使中國方面記取教訓，避免重蹈覆轍所致。

十一月三日，我以電話與台灣的黃昭堂聯絡時，聽他提到要在二・二八紀念日舉辦一〇〇萬人的示威遊行，代表的李登輝先生任命他爲總指揮。一〇〇萬是一個非常大的數目，但他似乎自信十足。我想，只要李登輝先生和黃昭堂聯手合作必可實現，在此之下，總統大選也一定能獲勝。

十二月九日，美國總統布希在白宮與中國總理溫家寶進行會談，會後在記者會上表示：「反對中國、台灣任何一方改變現狀的決定。反對企圖改變現狀的台灣領導人最近的言行。」對此，溫家寶則說：「我對布希總統的見解予以高度評價。台灣當局假借民主之名行公民投票之實，圖謀從中國分裂。」在此之前，布希總統派遣親信攜帶以「反對可能和台灣獨立有關的公民投票」爲主旨的親筆信函到台灣給陳總統。

連、宋搭檔便利用布希的發言威脅台灣民眾說：「美國也反對以公民投票來制定和台灣獨立有關的新憲法。只要推動台灣獨立迫使中國以武力攻擊台灣時，美國也不會伸手援助台灣。因此，讓陳水扁當選，就會發生戰爭。」國民黨系的大眾媒體也如此大肆宣傳。因伊拉克問題傷透腦筋的美國政府首腦，唯恐與中國爲敵，因此對台灣問題就唯唯諾諾依中國之言行事。美國政府對東亞問題不曾深思熟慮，這從它對北韓的核武問題期待獲得中國協助一事來看就很明白了。實際上，中國只要中止對北韓的石油或糧食援助，金正日政權就會立即瓦解，所以金正日不可能拒絕中國的要求。雖然中國政府辯解是金正日不聽勸告，但很明顯的這只是虛應的演技而已。對中國來說，北韓是重要的屏障。因此，中國向美國強烈要求維持金正日政權。美國政府對台灣問題，並未考慮到萬一「統一派」取得政權，局勢將會如何變化。如果中國統治台灣，則東亞的勢力均衡會立即分崩離析，美國便處在危地之境。

十二月二十九日，想不到連日本政府也盲從於布希總統的說詞，駐台灣代表內田勝久會晤總統府秘書長邱義仁時表示：「最近陳『總統』有關實施公民投票與制定新憲法等的發言，只會讓中台關係出現緊張的結果，以日本來說，從台灣海峽以及該地區的和平與安定的觀點看來備感憂慮。」在總統的稱呼上加上引號，是非常失禮的舉措。這是外務省的訓令，或許內田代表也是情非得已。不只是美國，連日本也反對陳水扁總統的消息，被大肆利用在連、宋派的宣傳上。

這是美國與日本對台灣內政問題多餘的干涉，使已經逼近連、宋的陳水扁支持率又稍微下滑。在此之下，二・二八一百萬人示威遊行的重要性更增。這是從台灣的南端到北端，沿著面向中國的西海岸，群眾形成鎖鍊手牽手護台灣的活動。這項活動的構思，是得自一九八九年八月二十三日波羅的海三小國，要求從蘇聯獨立所進行的群眾手牽手形成鎖鍊的活動。共計有二百萬人在波羅的海三小國六百公里的道路上，手牽手連結成鎖鍊。台灣的南北長度，即使以直線計算也有三七七公里，無論如何一定要有一百萬人才能完成。二〇〇四年一月，我爲了參加研討會飛抵台灣，聽民進黨的幹部說，一般認爲要集合一百萬人是很勉強的事。可是，爲了完成一百萬人手牽手護台灣活動而四處奔走的台獨聯盟幹部則說，有來自全台灣好幾百個各式各樣的組織提出協助，人數是與日俱增，似乎很有自信。時入二月中旬時，黃昭堂喜形於色地說「一百萬人沒問題」。連行事愼重的他都這樣說了，我想應該沒錯。

二月二十五日，我和朋友以及內人一起飛往台灣。因高雄的團體邀請，我們一行直接飛往高雄。聽說，在台灣南部爲了讓一百萬人手牽手護台灣活動成功，大家的士氣都非常高昂。二月二十八日的手牽手護台灣活動，我們是參加位於台北市中心的陣容。因聚集的人數相當多，於是分成四列或五列，不僅無法伸開手臂手牽手形成鎖鍊，幾乎到了肩踵相觸的地步。在倒數計時的下午二時二十八分，群眾一致面向西側，並齊聲高喊「台灣YES，中國NO」，表明反對和中國統一，支持陳水扁的意志。

參加台灣中部苗栗手牽手護台灣活動的李登輝，在演說上指出：「民主與人權絕非空降而來。必須在大家齊心努力下，才能贏取、守護這些權利。」在台灣南端的屏東指揮手牽手護台灣活動的黃昭堂，在活動後的記者會上報告說：「以一五〇萬人手牽手形成的鎖鍊，連接了台灣南北四八七公里的道路。」一名記者問道「據我們報社調查，說是聚集了二百萬人」，他回答說「所謂一五〇萬人，是現在已經回報的人數」。一般而言，由國民黨主辦的活動，會提出比實際聚集的人數多出好幾倍的數字，所以，主辦者方面發表如此保守的數字，或許是台灣首見的。三月二日，在台北市的飯店召開這次手牽手護台灣活動的記者會，席上，黃昭堂報告說：「依據最後統計，總共聚集了二百二十萬人。」

60. 陳水扁總統連任

台灣的國民，是選擇守護台灣的自由與民主，並加以推行的自主獨立路線呢？或者選擇和中國統一的路線呢？爲了在現場觀察總統大選，二〇〇四年三月十八日我和內人飛抵台灣。當夜，由台獨聯盟在台北市內的飯店舉辦晚餐會。會上聚集了幾個月來爲了陳水扁總統的連任盡心盡力的五百多人。

黃昭堂致詞表示：「人們常說台灣人不能團結，很難爲了一個目的，聯手合作從事有組織的活動。可是，二百二十萬人的群眾，聯手合作完成二・二八手牽手護台灣形成鎖鍊的活動，證明了台灣人擁有強大的團結力。後天的總統大選，預測是五五波勝負難定的大戰。大家繼續努力一天吧！」陳南天也大聲疾呼：「依據民進黨的調查，當初落後不小差距的陳總統已經逐漸追上，在二・二八手牽手護台灣活動後有了逆轉。雖然現在的差距只在1%以下，但我們不容許樂觀以對。只剩一天，請大家盡全力努力吧！」

翌日，台獨聯盟的盟員都非常忙碌，我們卻非常空閒，於是，請好友周宜旋帶我們參觀號稱世界第一高的一〇一大樓。開門營業的是一〇一大樓下面的幾個樓層，上面仍然在裝修中。下午三時四十分，周先生的手機響起，告知「陳水扁總統與呂秀蓮副總統遭到槍擊。所幸二人無生命之虞」。我們急忙返回飯店，打開電視。陳水扁和呂秀蓮是共乘一輛吉普車，在台南市向沿途的群眾揮手拜票的行進中，受到不明槍手的槍擊。陳水扁可能是從正面受到槍擊，在腹部上出現長11cm、寬2cm的傷口，傷口很淺，僅進行簡單的手術。呂秀蓮是在右膝受到輕微的擦傷。

國民黨的候選人連戰主張：「必須把國家的安全與社會的和平列爲最優先。總統大選應該按照預定實施。」連戰可能相信得自國民黨方面調查的壓倒性優勢的資訊。親國民黨的電視台，持續播放所謂「槍擊是爲了博得同情自導自演」的資訊。事件發生時，沿途的爆竹聲震耳欲聾，似乎沒有人聽到槍擊的聲響，不知行兇者是誰。可是，無論再高明的槍手，也很難精準做到僅擦到腹部的射擊。而且，依據槍彈的分析，犯案的槍枝似乎是出自菲律賓等地的改造手槍。

三月二十日，舉行總統、副總統選舉暨公民投票。投票是在下午四點截止，隨即開始開票。我們前往主辦手牽手護台灣活動的大聯盟事務所，以四台電視同時觀看開票狀況。開票一開始還不到三十分鐘時，國民黨系的三家電視台就不斷播放連、宋一組以大差距領先陳、呂一組的消息。民進黨系的民視台，則是報導連、宋一組以小差距領先。應該是要報導依據台灣各地的投票所開票結果的總數，但是，不知各電視台所統計的票數爲何會有這麼大的差距？大家都說國民黨系的電視台都是灌水報導的，民視的報導較能信賴。民視的報導，是說兩者以微差在競爭。不久，連其他的電視台也報導兩者的差距越來越縮小，六點半左右，每家電視台都報導陳、呂以微差領先。七點四十分左右，開票大致結束，報導確定陳、呂當選。

投票率是80.3%（82.7%），陳、呂的得票是六四七萬一九七〇票，得票率是50.114%（39.3%）；連、宋的得票是六四四萬二四五二票，得票率是49.886%（59.9%）。（括弧內是前一次，連、宋二人得票率的合計。）兩者的得票差距，只有二萬九五一八票，得票率的差距是0.228%。二・二八手牽手護台灣活動，對陳、呂的勝利帶來極大貢獻。或許是偶然，但得票率的差距竟然出現二二八的數字，而備受注目。

和總統大選同時舉行的公民投票，避開因美國等的壓力害怕刺激中國的問題，變成不具有太大意義的以下二道問題：（1）如果中共不撤除瞄準台灣的飛彈、不放棄對台灣使用武力，你是不是同意政府增加購置反飛彈裝備，強化台灣自我防衛能力？（2）你是不是同意政府與中共展開協商談判，推動建立兩岸和平穩定的互動架構，謀求兩岸的共識與人民的福祉？

投票結果，贊成（1）的有87.4%，贊成（2）的有84.9%，不過，因在野黨的反對使投票率（約45%）未達過半數，讓公民投票變成無效。

選舉結果確定後，連、宋一組立即指出有非法的開票情形，提出「選舉無效」訴訟，其後就開始進行長期的示威遊行。聚集所有的選票重新驗票後，陳、呂的勝利還是不受動搖。

61. 在連任的總統就職演說中，陳水扁重蹈相同的錯誤

二○○四年五月二十日，舉行總統就職典禮，陳水扁在總統就職演說中公開承諾：「涉及國家主權、領土及統獨的議題，目前在台灣社會尚未形成絕大多數的共識，所以個人明確的建議這些議題不宜在此次憲改的範圍之內……公元二○○○年五二○就職演說所揭櫫的原則和承諾，過去四年沒有改變，未來四年也不會改變。」陳水扁不僅放棄在總統大選中所提到的「制定新憲法」的承諾，也將以「只要中共無意對台動武」為前提的「四不一沒有」，因中國不斷的武力恫嚇變成無效，卻又重新公開承諾。陳總統屈服於美國政府強硬的要求，在這次是大後退。

即日，白宮發表聲明：「樂見陳水扁總統具建設性的演說。陳總統的演說，排除片面變更現狀，表明尋求與中國一致的見解，產生中台再度對話的機會。」美國國務院發言人也表示：「美國表明樂見陳水扁總統就職演說之意。尤其，樂見陳總統在就職演說中的建設性發言。」美國予以高評價

的建設性意見，是指陳總統就職演說中的「未來中華民國與中華人民共和國或者台灣與中國之間，將發展任何形式的關係，只要兩千三百萬台灣人民同意，我們都不排除。……共同確保台海的現狀不被片面改變，並且進一步推動包括三通在內的文化經貿往來，才能符合兩岸人民的福祉與國際社會的期待」等部分。

美國政府完全不了解如果沒有制定台灣憲法，廢棄中華民國憲法，便無法確立台灣海峽的和平與安全。美國政府僅顧及中國，卻對台灣內部的情況懵懂無知，這可從美國國務卿鮑威爾十月二十五日在北京所說的「我們不願看到雙方採取片面手段以致危害到最後的結果；就是雙方所尋求的再次統一。中國只有一個，台灣不是獨立國家，不具有國家主權。這是我們堅定的政策」，即可完全表現出來。這項發言等於是說「台灣是中國的一部分，台灣人都希望和中國統一」，這根本就與事實不符。外交部長陳唐山立即提出強烈抗議：「國務卿鮑威爾的發言，是直到目前爲止美國政府有關人士最嚴重的發言，台灣方面感到事情的嚴重性非同小可。」返回華盛頓的鮑威爾國務卿，在十月二十七日表示「不是再統一，而是和平解決，才是我們一貫的政策」，修正在北京的發言。但是，只要稍微了解台灣的問題，就不會出現像鮑威爾在北京那樣的發言。

在台灣的防衛上，美國的協助顯然是不可或缺的，既然如此，台灣方面就不要唯唯諾諾地接受美國的無知要求，應該主張的事就要果敢主張，然後向美國作充分說明，讓他們了解台灣問題的基本問題所在。陳水扁總統非但在二〇〇〇年總統就職演說中接受美國的要求，以致喪失接續李登輝總統進行大改革的機會，而且在連任時又重蹈同樣的錯誤。

六十二、制定台灣憲法運動

依據一九七一年聯合國大會第二七五八號決議，將蔣介石政權從聯合國排除，但是，從一九九三年的李登輝政府開始，台灣就透過友好國申請以中華民國返回聯合國。在聯合國憲章上明記中華民國是安全保障理事會的常任理事國，然因中華人民共和國已經占據其地位，中華人民共和國已繼承中華民國的地位，因此，很顯然的不可能以中華民國返回聯合國。但是，民進黨政府執政後，仍繼續以中華民國申請返回聯合國。爲什麼台灣會繼續採取這種無意義的行動呢？其中一大理由，就是沒有體認到聯合國大會第二七五八號決議包括「台灣不是中華民國的領土，中華民國在喪失中國領土的時間點，便已喪失做爲主權國家的資格」的意義。台灣一般的看法是，中華民國在台灣確實存在，之所以受到漠視且被聯合國排除在外，是中國蠻橫的干涉所致。另一理由是，無論總統或立法委員，要是做出否定中華民國主權的發言，就會被追究「總統與立法委員是依據中華民國憲法選出的，難道要否定自己的資格嗎？」因此，當李登輝提出「中華民國已經不存在」的發言時，也說「陳總統也有相同的想法，只因現任總統無法開口說出，於是，由卸任的我代替他說出」。

但是，中華民國憲法是占領台灣的中華民國強迫國民接受的，而且中華民國已經滅亡，因此，使用這種憲法就是異常。儘管如此，也不能把國家置於無法狀態，因此才在不得已之下使用這部憲法而已。如果這情形能被一般民眾理解，那麼無論總統或立法委員就都能坦然說出：「爲了讓台灣變成正常的國家，必須制定台灣憲法。」在此之前，就不得不以群眾運動來推行制定憲法運動。

以手牽手護台灣活動對陳水扁總統尋求連任扮演重大角色的手護台灣大聯盟，決定下一次群眾運動的主要目的是制定新憲法，也同時進行正名運動。以李登輝爲總代表，黃昭堂爲總執行負責人的組合和以前一樣，制憲部門的負責人是考試院院長姚嘉文（民進黨第二任主席），從二〇〇四年七月一日開始制憲運動。爲了推行群眾運動，必須淺顯易懂的說明制定台灣憲法的絕對必要性，我把以〈制定「台灣憲法」就能確立主權國家與民主主義因而讓台灣得以加入國際社會〉[46]爲題撰寫的原稿，寄送李登輝先生與黃昭堂。據悉，李先生非常中意這篇文章，希望印成小冊子做爲制憲運動的教科書。中譯已在台灣進行。九月十五日，接到鍾振宏先生來電，告知李登輝先生希望取得我的同意，將這篇文章刊載

46 宗像隆幸著，《瀕臨危急存亡的台灣》，第九十一頁。

在《自由時報》。這也是我衷心期盼的。台灣的大報社都控制在國民黨的保守派手上，不過，以「台灣優先、自由第一」爲座右銘的《自由時報》，在李登輝先生擔任總統時期的支持下，終於發展成爲台灣發行數最多（一百二十萬份）的報紙。

九月三日，台獨聯盟本部來電表示「主席夫人病倒。病危」，三日後逝世。黃昭堂夫人謝蓮治女士因支氣管擴張症的宿疾，從以前就清瘦，不過一個月前在東京的壽司店一起進餐時，食慾還很旺盛，沒想到這麼早就逝世。她有三個兒子，現在都有很不錯的職業和家庭，孫子也健康成長。黃昭堂之所以能夠專心於獨立運動，完全拜夫人的內助所賜。九月十一日，召開中央委員會，聚集了來自世界各地的中央委員及其夫人，當天，在台北市的殯儀館舉行臨時告別式。正式的告別式，是在九月十九日於台北市的教會舉行。李登輝先生也蒞臨參加，我在教會的入口處見到他，他邊握著我的手邊說「我讀了那篇文章後深受感動」。陳水扁總統與呂秀蓮副總統也親自出席告別式，李登輝伉儷直到最後才離開。

我和內人抵達台灣的九月八日，耳聞周叔夜被內定爲駐巴西代表。駐日代表是以許世楷接任羅福全。我們的老夥伴中已經有二人擔任如大使的代表，羅福全是轉任駐日代表處之上級機關的亞東關係協會的會長，因此，有三人負責日本與巴西的外交。

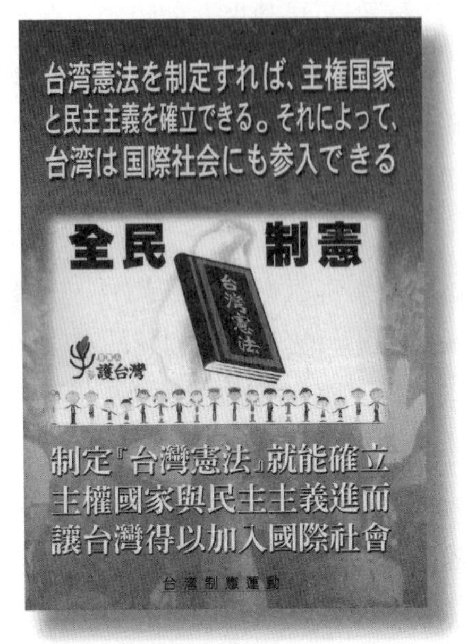

圖十一 制定台灣憲法運動的小冊子

九月二十日正午前，我在台獨聯盟本部接受自由時報社的攝影師採訪時，得知自由時報社發行人吳阿明來電邀請一起吃午餐，要我馬上趕去。席上還有社長和總編輯，所以請精通日語的趙天德君（在台灣安保協會服務）一起去。吳阿明先生的年歲不小了，深諳日語幾近完美，但其他人不懂日語，所以帶著趙君同行當翻譯。我們立即趕往自由時報社。我暗忖可能對我的論文有疑問，但餐聚中論文並沒有成爲話題，只是打聽有關日本的政治情勢。我的論文篇幅較長，所以在編輯會議上檢討要以怎樣的方式來刊載。翌朝，翻閱《自由時報》時，發現以整版加上我的照片，介紹我所撰寫的論文

〈制憲正名台灣唯一活路〉。然後，以滿滿的三頁一次完整刊載我的論文。在最後一頁裡，大幅披露李登輝先生將制憲運動的旗幟交給黃昭堂的照片。朋友說，頭一次看到報紙以三頁的版面刊載一篇論文，而受到極佳的評價。付梓印刷的小冊子也完成，這是日文和中譯（楊明珠譯）合爲一冊。這次也翻成英文，是做成中文和英譯（李憲榮譯）合爲一冊的小冊子。

63. 爲了確立台灣的民主與安全保障

二○○四年十月十六日，台灣安保協會（黃昭堂理事長）與亞洲安保論壇（宗像隆幸幹事）共同在台北市舉辦以「亞洲的安全保障現狀與展望」爲題的研討會。台灣方面，有現任的國防部副部長等出席，日本則有前海上自衛隊海將以及軍事問題評論家出席。台灣位於東亞的要衝，台灣能否獨立不只是台灣的問題，也是攸關整個東亞安全保障的問題，對此，與會者均無異論。對於中國急速增強軍力，台灣因立法院在野黨的反對，以致無法購買美國承諾讓渡的台灣防衛上所必要的武器，而更加深台灣的危險，大家對此認識也都一致。十二月十一日舉行的立法院選舉，如果執政黨取得過半數，這問題就能迎刃而解。我在閉會致詞中強調一貫的主張，爲了確立台灣的安全保障，必須決定「台灣的法理地位」，為此，必須制定台灣憲法。

翌日，上午十時已有約定，來自日本的我們四人在黃昭堂引薦下拜訪李登輝先生府上。李先生很親切地對內人說：「聽說在瑞江女士的協助下，宗像先生才能集中精神在台灣的事情上。」席間，談到很多的話題，當中因李登輝先生所著的《武士道解題》已在日本出版，所以武士道也成為話題。李先生表示，武士道的基本是言行一致與對死的哲學，他認為戰敗以前的日本，即使不使用武士道一詞，這二項也已廣泛浸透於一般庶民心中。如李先生所言，「中國人想的事和說的事是不一樣的，如孔子所言『未知生焉知死』，在中國是不存在對死的哲學」，接著又說「西洋哲學只有理性即認識論，缺少感情。彌補這缺失的是西田哲學的『場所理論』」。哲人政治家的面目躍然活現。

當夜，常作東請我吃飯的蔡焜燦（在司馬遼太郎的《台灣紀行》稱為「老台北」）先生，邀請我們及幾位台灣有識人士共啖台灣料理。席上，以及這次訪台我所見到的其他人，都對執政黨能在這次的立法院選舉取得過半數擁有樂觀看法。

十一月二十七、二十八兩日，李登輝先生以「行動智庫」所設立的群策會，於台北市圓山飯店舉辦有關「制定新憲法」的國際研討會，我也受邀參加。場內聚集了一千二百位聽眾，一個大會議廳座無虛席。基調演講一人僅分配十五分鐘，不過在台灣舉行的國際研討會，在事前都有提出原稿，在現場分發中譯的冊子，當中都有詳細說明，所以在基調演講上僅強調重要的要點。在台灣，一般都誤解台灣是中華民國的領土，因此，我說明台灣的法理性地位未定，強調制定台灣憲法極爲重要。與我同組出席的一位美國教授表示，民進黨主張變更國名爲台灣，國民黨則極力保護中華民國，看到雙方相持不下，建議雙方在相互協調下何不稱爲「中華台灣民國」。質疑應答也結束後，我在分配的五分鐘作總括演說時，有如下的敘述：

建設新國家時，基本的哲學很重要。台灣的人民希望建設自由、民主的國家，因此，其基本哲學是非自由主義不可。古代希臘人的自由主義哲學，是從自由人與奴隸有何差別的觀點產生的。自己決定自己的生存方式與國家乃自由人，而保護此制度就是民主制度。反之，縱然家財萬貫，應有的自由卻不被承認，由主人來決定自己的生存方式，就是奴隸。如果繼承占領台灣的蔣家政權所強制施行的中華民國憲法，無論如何修訂，台灣在法理上還是無法成爲民主國家。遵從自己所制定的法律才是民主，因此，爲了確立台灣的民主主義，主權者的國民必須制定憲法。

這次在台灣見到的多數人，都認爲執政黨在立法院選舉上可取得過半數。可是，也有人認爲如果國民黨在立法院選舉敗陣，國民黨的黨產就會被國有化，而國民黨因此瓦解是顯而易見的事，因此，國民黨必然不惜大力撒錢，在此之下，就不能太樂觀了。

64. 民進黨在立法院選舉嘗到意外的敗北

立法院選舉前一日的十二月十日，我和內人飛往台灣。往常如果沒有事情，我不會前往台灣，但是我暗忖，這次一定可以和朋友在台灣大肆慶祝勝利。可是，結果卻是意外的敗北。

立法院的選舉結果如下，括符內是前一次（二〇〇一年十二月一日）的結果。

	當選人數	得票率（%）
民主進步黨	89（87）	35.72（33.4）
台灣團結聯盟	12（13）	7.79（ 7.8）
中國國民黨	79（68）	32.83（28.6）
親民黨	34（46）	13.90（18.6）
新黨	1（ 1）	0.12（ 2.6）
無黨派等	10（10）	9.57（ 9.0）
合計	225（225）	100.00（100）
投票率	59.16%（66.16%）	

陳水扁說民進黨和台聯的執政黨聯合可取得過半數，但是，以擅於選舉戰而備受好評的民進黨實力者邱義仁，卻誇

下豪語說「民進黨最低可取得一〇八席」。但結果，民進黨僅增加二人，共八十九人，台聯減少一人，僅十二人，共計一〇一人，要過半數尚不足十二席。民進黨的得票率僅增加2.3%。總統大選時，得票率50%以上的民進黨，因過於自信而推薦過多的候選人，以致遭到滑鐵盧的人也多。投票率比上一次下滑7%。被國民黨或親民黨買票拿到錢的人，不一定會把票投給該黨的候選人，但也有人擔心有眼線盯著看他是否投票，而不得不投票，結果就讓民進黨支持者的投票率變差。民進黨最熱心的支持者，非獨立派莫屬。他們不僅自己投票，也大力鼓吹朋友一定要投給民進黨，而讓民進黨的得票增加。但是，我在台灣所見的人幾乎都是民進黨與台聯的支持者，陳水扁在總統大選時常掛在嘴上的制定台灣憲法等獨立派所樂見的事，在當選後，就和前一次一樣屈服於美國的壓力，道出迎合在野黨的一些事情，對此深感不滿的人頗多。在此之下，自然降低了獨立派人士爲民進黨熱心進行選舉運動的士氣。親民黨比上一次減少十二席，但國民黨卻增加十一席。由此可知，國民黨是如何竭盡所能地撒錢。中國國民黨政權足足持續了半世紀以上，因此大部分的高級官員都是國民黨員。總統大選連續輸二次以後，他們認爲國民黨已無力再奪回政權，而依稀可見依從民進黨的傾向，但這次立法委員選舉的獲勝，讓認爲國民黨在下次總統大選能獲勝的人大爲增加。即使是在台灣國民中沒有甚麼人氣的連戰，都能夠演出那樣的激戰，那麼換成高人氣的候選人，獲勝的機會是不無可能的。結果，擁有群眾人氣，尤其是女性

若有任何一條成爲事實，中國就會採取爲了統一台灣的非和平手段：（1）主張台灣獨立的分裂勢力，做出讓台灣從中國分裂的事實時；（2）發生使台灣從中國分裂的重大事變時；（3）完全喪失和平統一的可能性時。台灣是以和中國不同的國家而存在的，因此以怎樣的事態「分裂」，完全是依中國的解釋而定。（3）的條件也是依據中國的解釋而定，等於是中國在法律上規定隨時都可以對台灣行使武力。

陳水扁與宋楚瑜發表共同協議後，陳水扁立即遭受強烈的抨擊。李登輝扼腕地說，「抓鬼反被鬼抓」，言下之意是連總統都受宋楚瑜的擺佈。黃昭堂以身爲台獨聯盟的主席無法接受該協議爲由，立即辭去總統的國策顧問一職。在黨綱揭舉以台灣獨立爲目標的民進黨內部，刮起對陳水扁撻伐之聲是理所當然的事。

中國制定「反分裂國家法」二週後的三月二十八日，以江丙坤爲團長的國民黨訪問團訪中。四月二十六日，國民黨主席連戰一行訪中，連戰受到國賓待遇的熱烈歡迎，二十九日和中國共產黨總書記胡錦濤會談。會談後發表的協議事項，包括「反對台灣獨立，追求台灣海峽的和平安定。終結敵對狀態，推動簽訂和平協定」。對照「反分裂國家法」來看，所謂「追求台灣海峽的和平安定」，就是追求和平統一的意味；所謂「終結敵對狀態，推動簽訂和平協定」，可解釋爲做爲和平統一的前階段，先締結和平協定。亦即，這是國民黨取得政權時，就以這種形態推進統一的協議。

民進黨政府執政以來，向美國購置武器的預算案，因國民黨與親民黨的反對，一直都沒有通過。據立法委員蔡同榮所言，連戰曾表示只要減少預算案的金額就可以贊成，於是便減少金額，但是，連戰前往中國之後，食言而肥又持反對意見。宋楚瑜則是一貫表示反對。五月五日，親民黨主席宋楚瑜一行訪中，對於出生於湖南省的宋楚瑜來說，這是暌違五十六年的返鄉。五月十二日，進行胡錦濤與宋楚瑜的會談，發表和胡、連相同的協議「共同反對台灣獨立、終結中國與台灣的敵對關係」。陳水扁與宋楚瑜的協議，僅被宋楚瑜利用做爲宣傳而已，民進黨政府得不到親民黨的任何協助。因立法院選舉敗北所帶來的衝擊，似乎讓陳水扁總統失去冷靜的判斷。

66. 以讓美國轉變對台政策爲目的的論文

看到陳水扁總統亂了陣腳，民進黨持續處在迷失狀態，並喪失最大支持基盤獨立派的信任，我忖度著，如果二〇〇八年總統大選讓「統一派」獲勝，「統一派」就會和中國共產黨聯手，讓台灣瀕臨存亡的危機。如果台灣人不自己制定自己的憲法，便無法完成台灣的法理性民主化，也就無法確立台灣的安全保障體制，但是，美國政府卻一意孤行強力要求陳總統嚴守「四不一沒有」。迫使台灣處在危機上的最大原因就是美國政府。因此，爲了讓美國人了解台灣問題，我以〈瀕臨危急存亡的台灣——美國應該轉變對台灣的政策〉爲題撰寫論文[47]，並分別寄送給李登輝先生和黃昭堂。

看過這篇論文的李登輝先生表示，預計十月訪美時會在各地演講，希望能在現場分發這篇論文，所以需要英譯。此時，英譯、中譯都在進行中。

這篇論文的一開頭，我就這樣寫：

美國總統布希，在二〇〇五年一月二十日的總統就職演說中，向世界呼籲：「要讓我們的世界保持和平，最好的機會就是把自由推展到全世界。美國的政策是，支持所有國家追求民主化運動與制度的發展，最終目標是結束世界的專制政治。」……布希總統總共使用了四十二次的「自由」（freedom與liberty），呼籲世界上在暴政統治下的人民都能群起推進民主化運動，承諾美國將與爲了自由奮戰的人們同在。……但是，不可思議的事是，台灣卻因美國政府的壓力，導致民主化的推動受阻，民主化運動陷於窘境。

美國人幾乎不了解台灣的事情，很多人都認爲台灣自古就是中國的一部分，因此，該文首先簡單介紹台灣的歷史。接著，說明台灣人的不幸是始於對台灣問題無知的美國總統羅斯福，以他在一九四三年的開羅會談上提到要把台灣交給蔣介石爲契機，導致中國國民黨軍占領台灣。一九七一年，

47　本篇論文在《自由》二〇〇五年七月號發表，收錄在《瀕臨危急存亡的台灣》。

美國可以讓蔣介石政權留在聯合國，如果當時能夠留下來，全世界就能承認台灣和中國是個別不同的國家，也就能夠確立台灣海峽的和平；但是，因美國的失敗使蔣介石政權被排除在聯合國之外，導致台灣在國際上的孤立，進而招致今日的危機，因此，美國要負極大責任。文內也指出，只要美國支持台灣的民主化，贊成制定台灣憲法，即可完成台灣的法理性民主化，但是，美國即將演出第三度的致命性失敗。

圖十二 以讓美國轉變對台政策為目的的英文小冊子

九月初，我這篇論文的日文版、英譯版、中譯版都在台灣做成小冊子，李登輝先生各拿每一版本五百冊，英譯版和他自己著作的書一起帶到美國分發。這是爲了不了解台灣問題的美國人所寫的書，因此，淺顯易懂的日文版和中譯版都深獲好評。

67. 陳水扁總統重新站起來轉變攻勢

陳水扁總統亟欲獲得協助，因此不惜迎合在野黨，表現出容忍以「統一」爲目標的在野黨對中國接近政策的姿態，此舉讓熱心支持民進黨的獨立派大失所望。在十二月三日舉行的縣、市長選舉，民進黨失去四個縣市，僅有六位候選人當選，國民黨增加六個縣市，共有十四位當選縣、市長（親民黨和新黨各有一位當選）。

在二○○六年的元旦賀詞上，陳水扁總統表示，對中國的經濟、貿易政策，將從原來的「積極開放、有效管理」轉換爲「積極管理、有效開放」的方針，指出「必須重視將來台灣的安全，優先於從中國可取得的眼前經濟利益」。亦即，不迎合要求更積極開放的在野黨或財界，而是重視國家的安全，強化對中國的經濟、貿易管理。一月二十九日，陳總統說「必須認眞考慮廢止國家統一綱領與國家統一委員會」。這等於是廢棄陳總統的「四不一沒有」承諾之一，因此，不僅在野黨強烈反彈，美國國務院發言人也表示強烈憂慮說：「美國不支持台灣的獨立，反對台灣或中國的任何一方變更現狀。」陳總統與美國方面談過話後，在二月二十七日發表不是廢止而是「停止」國家統一綱領與國家統一委員會。民進黨擺脫立法院選舉的敗戰衝擊，終於回歸本來的路線。

另一方面，連戰和宋楚瑜因立法院選舉的勝利而得意忘形，變得更急於接近中國，這也提高了國民的不安。想要和中國統一的國民只有幾個百分比而已。在前一年七月舉行的國民黨員直接選舉的主席選舉，得票有立法院長二倍半差距當選主席的台北市長馬英九，雖然證明擁有高人氣，不過，因爲二〇〇八年的選舉是以總統爲目標，所以必須平息因邁向「統一」所造成的民眾不安。在二月十日《自由時報》的第一版，刊登國民黨的大幅廣告，當中寫著：「無論統一、獨立或維持現狀，有關台灣的未來，應該交由全部人民決定，這是國民黨的一貫主張。」在獨立派色彩強烈的《自由時報》上刊登這樣的廣告，無非是要民眾對「國民黨未必以統一爲目標，而是徹底尊重國民的意志」留下深刻印象。以國民黨主席身分和中國總書記胡錦濤約定「反對獨立、推進統一」的連戰前主席曾表示：「徹頭徹尾反對將台灣獨立做爲選項之一。」對此，馬英九辯解說「台灣的一部分人支持台獨是不爭的事實，從所謂言論自由的觀點，必須尊重他們的主張。可是，國民黨的立場是維持中華民國的現狀」，並沒有說「國民黨的立場是統一」。這主要是多數的民眾反對統一，即使是所謂的「維持現狀」，也有不少是眞心希望台灣獨立，只是唯恐中國行使武力才改爲支持「維持現狀」。之後，陳水扁總統進一步強化對「統一派」的攻勢。二月二十八日，發表國史館館長張炎憲等人所編撰的《二・二八事件責任歸屬研究報告》。在這部報告書上，明記事件的最大負責人是當時掌握國民黨、政府、軍隊、特務機關的中國國民黨總裁蔣介石。以追究在國民黨政權時代被神格化的蔣介石責任，讓台灣人重新憶起蔣介石、蔣經國時代的恐怖政治。陳總統沉痛表示：「二・二八事件在台灣人民的心靈上烙下永遠的傷害。不容掩飾、輕視其責任。」

68. 和李登輝先生的對談

黃昭堂和我幾乎每年都在台灣舉辦演講或研討會，這一年也從日本邀請二位軍事問題專家，出席十二月十六日在台北市舉辦的以「美國的轉變與亞洲的安保體制」爲題的研討會。李登輝先生表示是以「一名聽眾出席」，堅持坐在最前面的座位上，會上他也提問問題。在會中的休息時間時，我向李登輝先生提出：「計畫將過去發表的幾篇論文合輯編成一本書出版，可以的話，能否加上與先生的對談內容呢？」他很爽快地說：「可以啊，時間、地點會盡快通知你。」我順便把準備好的對談問題交給他。

二〇〇六年二月六日上午十時，我和李登輝先生在台灣綜合研究院見面進行八十分鐘的對談。李登輝先生手持我事先交給他的提問問題單，「就以這些問題爲基礎來談吧」，但實際對談中，話題便往各方向發展，陸續談到想都沒想到的有趣話題。一部分的對談在先前已寫過，在此介紹幾則讓我印象非常深刻的話題[48]：

李　：這是一九六九年的事，一大早憲兵就來我家把我帶走。去的地方是台灣警備總司令部。在這裡被監禁一星期，徹底調查我過去曾經做過甚麼事情。主要是訊問二件事。一件是加入共產黨在讀書會時，做甚麼事情。參加讀書會是事實，但並未加入共產黨。另一件是留學美國時代都做了甚麼事，不過，他們似乎不是很重視這件事。

宗像：讀書會的事，是戰後不久的事吧！

李　：對，是二・二八事件之後，那時候我還是大學生時期。

宗像：當時還是國共合作時代，中國共產黨員爲了感化台灣青年，在大學或高中盛行舉辦讀書會的時代，所以認爲李先生可能和共產黨有甚麼關係而做調查吧。

李　：就是這樣。這在中國是常見的做法，不過，這是蔣經國讓他們來做的。如果他要任用我，可能會遭到很多人抨擊說，李登輝是這樣的人、做過這樣的事。面對這些譴責聲音，蔣經國就可以說李

48　《瀕臨危急存亡的台灣》

登輝的事情都已經確實調查過，不必多慮了。

宗像：那麼，是以善意監禁李先生一週吧！

李　：（邊笑著）就是這樣。我被釋放時，姓周的安全局長很不悅地大聲說：「像你這樣的傢伙，除了蔣經國之外是不會有人任用的。」

李　：美國說要賣八艘潛水艦給台灣，是布希擔任總統不久的二〇〇一年四月的事。十年來，我們在軍事會談上所要求的，就是這八艘潛水艦。阿米第茲（前美國副國務卿）等美國有關人士，以及那個時代的台灣國防部長等都知道這件事。在三國軍事會談上也一再要求，所以日本方面也知道。橋本內閣時代安保條約指針的變更，也是在三國軍事會談上決定的（因在野黨的反對，使陳水扁政府無法購置這些潛水艦）。

宗像：三國軍事會談，日本也有加入嗎？

李　：當然，日本也有加入。對外是秘密，但實際上有不少人知道。一年舉行三次，在華盛頓特區、檀香山、洛杉磯、東京、台北等地召開會議。

宗像：如果中國占領台灣，中國就可以控制南海與台灣海峽，日本或東南亞諸國視爲生命線的海上交通線一旦操控在中國手中，就等於是生死存活的問題了。情勢果眞變成如此，亞洲的勢力均衡將立即產生激烈變化，美國的世界戰略也會爲之瓦解，所以日、美、台必須協力保衛台灣，是理所當然的事。我想，中國制定「反分裂國家法」很明顯是做為威脅台灣之用，但另一方面，又說如果答應中國所要求的「統一」，就能保障台灣的和平，像這樣想利用飴與鞭來屈服台灣國民，是他們當前的目的。如果計畫以武力奪取台灣，與其不斷威脅恫嚇，不如讓台灣人鬆懈大意，再以奇襲攻擊！

李　：沒錯，我們並不在意中國的威脅。但是，台灣的軍備遲遲延宕，是非設法不可。中國對準台灣部署了八〇〇枚左右的飛彈。台灣一樣能配置飛彈對抗就好了。

宗像：中國有可能以核武攻擊台灣嗎？

李　：那不會吧。中國對美國大吹牛皮，但只要他們對台灣發射一枚飛彈，就會引起嚴重的問題。美國有八艘核能潛水艦在台灣近海巡弋。這八艘可搭載近二千枚的核彈頭飛彈。

李　：老是在嘴巴上說要以武力攻擊台灣，但實際上，中國也很清楚台灣海峽的和平極為重要。可是，如果政權處在窮途末路時，也不是沒有奇襲台灣的可能性。

宗像：在台灣，單單陸軍就有十九萬人，海軍有六萬，空軍有五萬，兵器也非常先進優秀，所以想要占領台灣，至少要登陸幾十萬人的軍隊。以現在中國的能力來說，頂多能運輸二、三萬的軍隊。

李　：可以這麼說！在我擔任總統時期，向美國購買特殊的戰鬥直升機。只要以此來防衛，對方幾乎不可能登陸的。而且，如果開始準備登陸作戰就會馬上被發現，因此以台灣的戰鬥機編隊的飛彈，即可攻擊準備登陸的軍隊。所謂奇襲攻擊，在登陸作戰之前保持秘密很困難的。

69. 美國對馬英九優厚待遇，對陳水扁冷漠對待

二〇〇六年三月，國民黨主席馬英九訪問美國，受到美國政府熱烈款待，在華盛頓特區與副國務卿以及總統助理、國防部助理、亞太部長等美國政府要人會晤。美國詢問國民黨反對購入武器預算案一事，馬英九笑臉稱，打算在五月底以前回答。可能計畫說服國民黨幹部贊成預算案，但是，因榮譽主席連戰等的反對，導致國民黨無法贊成。

四月十四、十五兩日，以前一年胡錦濤、連戰會談協議的，由中國共產黨與中國國民黨共同舉辦，在北京召開「國共經貿論壇」。四月十一日，李登輝已經發表「國民黨爲了奪回政權，不惜變成中國併吞台灣的共犯。以國共兩黨操作經濟，將帶給台灣的主權安樂死」的聲明。如李登輝所憂慮畏懼的，連戰在論壇開會的致詞中指出：「除了農業、金

融、能源利用等三部門的中台協力之外，中台也必須共同推進飛機的直航、學歷相互認證、產業的規格化等。」這是以經濟和人員的交流視同是在國內進行一樣爲目標，一步一步將台灣實質變成中國的一部分的做法。在論壇閉會的十五日，民進黨與台聯大力抨擊連戰：「連戰甘於成爲中國的台灣統一戰線的工具。」和連戰會談的胡錦濤則強調：「雙方在『一個中國』的原則下，反對並壓制台灣獨立，方可排除損害中台關係之和平發展的最大危機。」

訪美的中國國家主席胡錦濤，在四月二十日與美國總統布希會談。布希陳述「美國政府堅持一個中國的政策，反對片面變更台灣海峽的現狀」，胡錦濤也說「以最大的努力與誠意追求兩岸的和平統一，但絕不容許台灣獨立」。

陳水扁總統希望五月訪問中美洲途中在舊金山、回途在紐約過境，但美國給予的答覆是，僅同意在阿拉斯加加油。接到這種屈辱性答覆的陳水扁，拒絕經由美國，而選擇在阿拉伯的阿布達比以及荷蘭的阿姆斯特丹加油，飛越大西洋繞遠路，花費二日在五月五日抵達巴拉圭，八日在哥斯大黎加出席總統就職典禮，且與承認台灣的中美五國領袖會談。五月十日，面對美國眾議院國際關係委員會對這項問題的質詢，傑利克副國務卿回答說：「我們絕對不可以給台灣邁向獨立的動向任何的勇氣。因爲，獨立就意味戰爭。」所謂「邁向獨立的動向」，就是指陳水扁總統實質上廢止「國家統一綱領與國家統一委員會」，而且，對於陳總統指向制定台灣憲法感到憂慮畏懼。中國尚無占領台灣的能力，若以這種事爲理由發生戰爭時，國際社會的抨擊就只會集中在中國。中國不可能發動這種顯然無任何利益，只會蒙受重大損失的行動。美國政府似乎受到中國的威脅，隨中國所思被任意操縱。

擔任想推行中國民主改革而在一九八七年下台的中國共產黨總書記胡耀邦顧問的阮銘，在其著作《被共產中國欺騙的美國》[49]，有如下記述：「中國的領導人目標明確。逼迫美國放棄協助台灣的自衛，和台灣內部的親中勢力謀合，趁機奪取台灣。中國計畫的時期是二〇〇八年。中國期待『中國國民黨』能在那一年的總統大選獲勝，以俾進行『國共合作』『統一交涉』。爲了達成這目標，中國領導人的對美戰略也明確。一是，迫使美國不得不『不支持』或『反對』台灣的民主進展。將台灣一步一步的民主化步驟（例如總統大選、公民投票、憲政改革、憲法修改等），全部譴責爲『台灣獨立』，在此同時，將中國的對台灣作戰稱爲『反台灣獨立』戰爭。因爲美國的領導人柯林頓或布希都說過『不支持台灣獨立』或『反對台灣獨立』，因此，中國認爲可趁此機會將『台灣』改稱爲『台灣獨立』、將對台灣作戰改稱爲『反台灣獨立』作戰，讓美國無從干涉。」實際情形正如這位曾位居中國共產黨中樞，深諳中國政府做法的阮銘所言。

多數人認爲，美國政府之所以優厚禮遇在野黨的國民黨主席，而冷漠對待陳水扁總統，主要是美國反對民進黨政

49　阮銘著，《被共產中國欺騙的美國》，第三〇一頁。

府，希望國民黨奪回政權，這讓國民黨大為欣喜，也讓民進黨承受重大打擊。在訪美中累積受歡迎點數的馬英九，接著又訪問日本。

馬英九是在七月十日訪日，十三日回國，但翌十四日國民黨系的有力報紙《中國時報》，便大幅報導這次的訪日相當成功。《中國時報》以所謂「『過去受李登輝影響，以為台灣人多支持台獨』：安倍晉三會見，盼『馬英九效應』」的標題，報導如下的馬英九採訪記事：「國民黨主席馬英九昨天結束訪日。馬此行與下屆日本首相熱門人選、內閣官房長官（譯按：內閣秘書長）安倍晉三見面時，他向馬強調，日本立場反對台獨，主張台海維持現狀；但很多國會議員太年輕，受到『李登輝效應』影響太深，導致對台資訊被誤導，希望未來也能產生『馬英九效應』發揮一定作用。馬英九聞言，為昭信於安倍晉三，還當場拿出台灣內部針對統獨所做的民調結果。據透露，看過民調數據的安倍，當場向馬表示，『我鬆了一口氣！』」一樣是國民黨系的《聯合報》，也以「馬英九訪問小泉繼承者」為題作雷同的報導。

但事實上，安倍晉三並未會晤馬英九。安倍說：「透過翻譯，用電話和馬英九談了十分鐘左右，但僅止於日常的寒暄程度，完全沒有涉及如報導所說的事情。」馬英九認為，緊接在美國之後，若也能受到日本有力政治家的優厚禮遇，即可大幅強化做為下一任總統候選人的立場，故說出這般子烏虛有的謊言。居然能夠大言不慚地對新聞記者說這樣的謊言！如果是在歐美諸國或日本說出這樣的謊言，這位政治家就會立即垮台。經由《自由時報》大幅報導這事情的眞正經緯後，台灣人大概也都知道馬英九的虛僞不實，但是，他的人氣卻不見下滑。這顯現台灣社會可能已經受到中國文化的深度汙染。

70. 連陳水扁總統夫人都因貪汙嫌疑被起訴

二〇〇六年春，大眾媒體大幅報導陳水扁總統的女婿趙建銘及其家人，因股票的內線交易，受到檢察官調查。報導中也指出，總統夫人吳淑珍女士也有參與。如果總統夫人都買賣股票，其近親者對股票交易也不會有所躊躇。權力者的近親有人買賣股票時，爲了接近權力者，當然會出現提供內部資訊的企業經營者。總統夫人買賣股票這件事本身，就不是很恰當，陳水扁總統可能也無法制止因自己而半身不遂的妻子的興趣。五月，有關人士紛紛遭到起訴，趙建銘被求刑有期徒刑八年，罰款三千萬元。這個事件之後，總統府的機要費非法使用問題緊接著成爲調查對象。

數名總統親近都受到調查，八月，總統伉儷也接受訊問。任何國家的總統或首相都有編列機要費，但不曾聽聞被追究其用途的案例。如果要一項一項說明其用途，那麼，機密就不是機密了。在台灣，以前也不需要用收據報銷，但二〇〇二年以後，卻突然變成調查的對象。即使如此，提到

「關係到重要機密的支出」時，未必要提出收據，但陳總統爲了證明自己的清白，聽說提出了所有的收據。在這些收據當中，含有吳淑珍夫人朋友的收據，以致引起機要費流爲私人使用的嫌疑。曾任民進黨主席、現在是接近「統一派」的施明德，要求陳總統引咎下台，率領數千人的紅衫軍在總統府附近開始靜坐抗議，國民黨主席馬英九與親民黨主席宋楚瑜也和施明德並肩靜坐。

十一月三日，台北地方法院檢察署將吳淑珍夫人和陳總統最親近的馬永成（前總統府副祕書長）等四人，以挪用機要費和僞造文書罪起訴。陳水扁總統表示，從就任總統以來，自發性將薪水的一半歸還國庫，其金額在六年間高達三千萬元。接著又說，如果妻子在一審被判決有罪，自己立即下台。爲了有利國民黨，預測這項判決可能到二〇〇八年三月的總統大選前才會審判。很多人都認爲這事件是政治審判。這幾年來，民進黨的縣、市長政治家因貪汙罪被起訴的事件相繼發生。國民黨或親民黨的政治家也有被追究貪汙罪，不過，被做爲目標的似乎以民進黨這一方占多數。在國民黨的獨裁時代，並沒有在野黨的存在，因此，即使權力者這一方的政治家有重大貪汙的行徑，也不曾被追究問罪。凡是被追究的，就是在權力鬥爭上敗陣的人。法官和檢察官現在壓倒性多數仍屬國民黨系，政治性審判的情形多也是不爭的事實。可是，如「所有的權力都是腐敗」一言，取得政權以來，民進黨的腐敗也是越來越嚴重。多數的國民已經習慣國民黨員的貪瀆，卻強力要求民進黨必須清廉潔白，因此，這些貪汙事件帶給民進黨很大的打擊。此外，趙建銘在十二月二十七日，受到有期徒刑六年，罰款三千萬元的一審判決。

71. 中國的意向優於台灣防衛的國民黨與親民黨

二〇〇六年九月二十四日，陳水扁表示「現行憲法的領土範圍，完全與現實不符，如何處理，必須慎重考慮」，暗示修訂憲法以變更領土。翌日，美國國務院發言人立即公開表示「美國不承認台灣進行有關領土定義的憲法修訂」，這是宛如命令屬國般的發言。當蒙古的駐美大使向國務卿萊絲表示「在中華民國憲法上，現在也把我國視爲中國的領土」時，萊絲面露驚愕表情說「眞的嗎？」以親中國派爲主的國務院官員，連這種事都沒有向上級長官報告。

十月三十一日，在立法院的委員會上，國民黨與親民黨否決政府所提出的向美國購買武器的預算案。這是第六十二次的否決。因爲駐台的美國代表暗示，如果這次的立法院院會沒有通過購買武器的預算，恐怕美國會中止出售武器給台灣，因此，國民黨略改態度，承認排除六十六架改良型F16的採購預算案。台灣空軍所擁有的舊式F16，是無力對抗中國從俄羅斯購買的蘇愷30等，因此，台灣政府亟欲購置改良型F16，但是因中國的反對，國民黨與親民黨也就不肯承認該預算。美國的政府或國會認爲：「台灣不是眞心想防衛自國。既然如此，美國有必要協助台灣的防衛嗎？」於是更強力抨擊陳水扁政府。如同美國政府爲中國代辯般拘束陳水扁政府，國民黨與親民黨也遵行中國政府的旨意，極力阻止購買武器的預算，或許美國不是很清楚這樣的事實，以致抨擊一味指向陳水扁政府。國民黨認爲，萬一招致國內的抨擊，或美國眞的了解事實而將抨擊矛頭指向國民黨，就大事不妙了，於是，在翌年六月，國民黨終於承認購買六十六架新型F16的預算。

72. 在民進黨政府下大幅提高的台灣人意識

對陳水扁政府而言，在二〇〇六年，不僅受到美國種種的壓力，在訪問中美洲時受到屈辱性的待遇，連夫人都遭到起訴，是使陳總統的人氣大幅凋落的最壞的一年。十二月九日舉行台北與高雄的市長選舉，預測原本國民黨勢力強大的台北，國民黨會獲得壓倒性勝利，連民進黨地盤的南部高雄，也認爲國民黨頗占優勢。可是，在台北市長選舉上，國民黨的郝龍斌以54%的得票率當選，善戰的謝長廷則獲得41%的得票率，高雄則僅以微差由民進黨的陳菊當選。

進入二〇〇七年以後，民進黨方面的攻勢變得很顯著，台灣的政治氣氛開始改變。二月十三日，馬英九因台北市長時代所領取的市長特別費出現非法挪用，以侵占罪被起訴。這可能是支持民進黨的檢察官的反擊吧！馬英九辭掉國民黨主席，但表明出馬參加總統大選。國民黨的黨章規定「不推薦被起訴者爲候選人」，於是，國民黨將規定修正爲「一審判決有罪就不推薦」。

民進黨也推動「正名」運動，二月九日，將「中華郵政」的名稱變更爲「台灣郵政」、將「中國造船」改爲「台灣國際造船」、將「中國石油」改爲「台灣中油」。美國國務院仍一貫地說「美國不支持片面變更台灣的現狀，不支持以獨立爲目標的台灣當局的任何措施。例如，雖是由台灣當局經營的企業，但不支持變更名稱」，連這種事都要干涉。

在台灣的歷史教育上，是把「中國史」做爲「本國史」來教育學子，但現在決定從新學期開始，在高中同時使用「台灣史」與「中國史」二本教科書，個別做爲不同的科目來教育。這也是在提高台灣人的國家認同吧！

三月四日，陳水扁總統在台北召開的「台灣人公共事務會」（FAPA）創立二十五週年大會上，陳述「台灣的獨立、正名、制定新憲法」的必要性。FAPA是以對美外交爲主要目的，以台獨聯盟美國本部爲中心所成立的組織，現在有如同親睦會般的感覺，但多數的成員都是獨立派，因此，陳總統的這項發言對他們具有極大的吸引力。翌日，中國的共產黨與政府的國台辦，共同對陳水扁的這項發言提出抨擊時，美國國務院發言人也立即表述：「陳總統在二〇〇〇年的就職演說中信誓旦旦表示，『不宣布獨立、不變更國號』。反對讓此承諾產生疑問的這次發言。」

四月十一日訪日的溫家寶總理，也以文書向日本政府要求反對「台灣獨立」，但是，安倍晉三首相予以拒絕，僅回答「堅持在一九七二年日中共同聲明所表明的立場」。

四月二十六日，發表翌年在中國舉辦的奧運會聖火傳遞路線。聖火從北韓經由越南送到台灣，再經過香港、澳門，然後巡迴中國各都市。將聖火從北韓越過台灣送到越南，讓台灣進入中國領土，就是要給世界留下台灣是中國領土的印象，這是非常明白的事。台灣方面在即日拒絕聖火經過台灣。

73. 民進黨與國民黨決定總統候選人

距離二〇〇八年三月二十二日舉行的總統大選還不到一年，台灣的總統大選氣氛相當高亢。在其之前的一月十二日舉行立法院選舉，但是，對台灣的未來具有決定性影響的，是「獨立派」或「統一派」的哪一方當選總統。

在國民黨只有馬英九一枝獨秀，登記總統候選人初選的只有他一人。五月二日，國民黨的中央委員會決定推薦馬英九爲候選人。馬英九指名台灣人的前行政院院長蕭萬長爲副總統候選人。六月二十四日，國民黨的黨員代表大會決定馬英九與蕭萬長爲總統、副總統候選人的同時，取消有關推薦的黨章規定「一審判定有罪」，將之改爲「有罪判決定讞」。八月十四日，馬英九在一審獲判無罪。檢察官雖提出上訴，但十二月二十八日，台北高等法院支持一審判決，駁回檢察官的上訴。

民進黨方面有四人參選黨內初選，五月六日由黨員進行選舉。謝長廷以44.7%的得票率名列第一，行政院長蘇貞昌以33.4%名列第二。之後進行民意調查，以民調結果占70%，這次的黨員投票結果占30%來計算，然後將名列第一者做爲民進黨推薦的候選人。不過，蘇貞昌立即表示「全力支持黨員投票第一名的謝長廷」，而辭退總統候選人資格。接著，位居第三和第四的候選人也辭退，決定謝長廷爲民進黨的總統候選人。謝長廷指名蘇貞昌爲副總統候選人，如此一來，便決定民進黨的總統、副總統候選人。在蘇貞昌之後的行政院長，則由前行政院長張俊雄接任。

五月十九日，舉行將位於總統府附近的中正紀念堂變更名稱爲國立台灣民主紀念館的紀念典禮。中正是蔣介石的名字，這是爲了紀念蔣介石，在廣大的廣場上所建造的巨大建築物。在紀念典禮上，陳水扁總統發表演說指出：「五十八年前的今天，中國國民黨政權在台灣施行戒嚴令，前後持續三十八年，台灣國民受到專制獨裁政權的統治。其影響仍留到現在。」國民黨的台北市長郝龍斌，將行政院決定進行的這項變更，以所謂違反文化資產保護法相對抗，更撤走覆蓋在中正紀念堂匾額上的罩子。這是讓獨立派與統一派路線差異變成鮮明的對立，也是總統大選的前哨戰。

74. 李登輝訪日「最盡興的旅行」

前台灣總統李登輝，偕同曾文惠夫人與媳婦、孫女、台灣獨立建國聯盟主席黃昭堂等人，在二〇〇七年從五月三十日至六月九日訪問日本。二〇〇一年與二〇〇四年訪日時，考慮中國要求的日本政府，限制李登輝的行動，使他既無法前往東京，也不能發表演講或召開記者會。這次，中國政府也要求限制李登輝在日本的言行與活動，但日本政府予以拒絕。原本中日兩國預定在李登輝訪日後，於德國舉行的主要國家高層會議後進行中國胡錦濤主席與安倍晉三首相的會談，中國政府便通知日方中止這項會談。日本方面也傳達安倍首相的想法，「如果牽涉到李登輝訪日，就沒必要和胡主席晤談」。見狀的中國似乎碰到軟釘子，於是說「對李登輝的訪日不提出任何條件。希望按預定舉行胡、安倍會談」。李登輝一行來日的當夜，記者詢問「李登輝先生表示希望祭拜祀奉在靖國神社的兄長」，安倍首相回答說「我認爲李登輝先生是以私人身分來日。日本是自由的國家，因此有信仰的自由。這是他本人就能判斷的事」。李登輝參拜靖國神社的翌日，舉行安倍、胡會談，但聽說胡是「完全未提及與李登輝訪日有關的問題」。

五月三十日午後一時多，飛抵成田機場的李登輝一行，不僅受到有關人士或新聞媒體群的包圍，也獲得手持太陽旗或「日本李登輝之友會」旗幟二百多人的熱烈歡迎。其後，在前往的地方也聚集很多的李登輝迷，一行人備受民眾的歡迎。從成田機場前往住宿的大倉飯店途中，李登輝暫停前往參觀御台場，也舉行第一次的記者會。李登輝的這次訪日，是以「學術、文化交流與探訪『奧之細道』之旅」爲題。翌日，立即參訪東京的芭蕉紀念館，李登輝夫妻興致一來，也當場吟詠俳句。六月一日，在東京獲頒第一屆後藤新平獎的李登輝，也進行紀念演講，其中有如下敘述：

後藤新平，是從一八九八年三月起共計八年七個月間，在台灣總督兒玉源太郎之下擔任民政長官。他上任時期的台灣，是盜匪橫行，霍亂、鼠疫、傷寒、赤痢、瘧疾蔓延的瘴癘之地，有爲數頗眾的吸鴉片者，沒有顯著產業的未開發狀態。後藤大力整飭治安、確立住民的自治制度、整備基礎建設、根絕惡疫、普及教育、改良、增產農產物、促進產業開發。在後藤構築的這種基礎上，產生今日產業發達、物產豐饒的台灣。連接後藤新平與我的根本精神的連繫，是具有強大的信仰吧！我確信，後藤新平是我的偉大精神導師。

六月六日，在秋田市的國際教養大學（中嶋嶺雄校長），面對來自世界各國的留學生與日本人學生，以「日本的教育與台灣——我所走過的路」爲題，進行特別演講，有如下的闡述：

何謂日本文化？就是尊重崇高精神與美的心靈混合體，這不僅是日本人的生活，也是日本的文化。武士道，曾經是日本人的道德體系。武士生活的有機性發達，不久便成爲日本人的行動基準，也變成生存的哲學。武士道精神，在具體上是以公德心、秩序、名譽、勇氣、清高、惻隱之心、實踐躬行爲內容，做爲日本人的精神，深深浸透於生活之中。

翌七日上午十時，李登輝偕同家人與三浦朱門、曾野綾子夫妻、黃昭堂一起參拜靖國神社。靖國神社供奉在上次大戰陣亡的台灣人二萬八千人，其中包括在一九四五年於馬尼拉陣亡的李登輝胞兄海軍上等機關兵李登欽（日本名岩里武則）。李登輝前往靖國神社之前，在飯店面對記者說：「我要去參拜靖國神社。把六十二年不曾晤面的胞兄合祀於靖國神社，保護其遺靈，個人在此深表感謝之意。我家沒有胞兄的遺髮、遺骨，也沒有遺灰。做爲家族一員來訪問，爲了表示對胞兄的尊敬之念，我非去不可。」聽說李登輝參拜靖國神社時，黯然神傷地潸然淚下。

從當天下午五時起，李登輝就在聚集一千三百位聽眾的大倉飯店，以「二〇〇七年及其後的世界情勢」爲題進行演講，之後就參加歡迎酒會。在這次演講中，李登輝有如下的敘述：

領導世界的美國，因伊拉克問題和布希政府的弱化，短暫失去東亞的主導權。現在，中國與俄羅斯正急速抬頭。安倍首相想把日本轉換成爲「普通的國家」，一旦成功，日本即可在國際社會扮演更積極的角色。中國經濟正處在瓦解前夕，但從長期來看，美國和中國爭奪太平洋的制海權是不可避免的。在這當中成爲戰略性核心的，是美國和台灣的關係。台灣的立法委員選舉後，緊接著就是明年三月舉行的總統大選，這將決定台灣的前途。中國期待國民黨獲勝，因此，一方面維持對國民黨的影響力，一方面則對民進黨內部進行更積極的策動，努力加強對民進黨的影響力[50]。

李登輝一行，行程中邊夾著演講會，邊走訪和松尾芭蕉的「奧之細道」有密切關係的名勝古蹟。李登輝在離開日本的六月九日的正午之前，在日本外國特派員協會和超過三百人的世界各國的新聞記者會面，會上，他對這次的旅行有如下陳述：「這次的旅行，是迄今以來的旅行中最盡興的旅行。長久以來，滿心期盼一探究竟的『奧之細道』雖然只走了一半，但心靈備感充實，實際感受到日本文化的特徵浸透於日本人的生活以及和自然的調和中。可惜的是沒有踏遍芭蕉的全部足跡，僅遊覽深川、千住、日光、仙台、松島、平泉、山寺、象潟等，象潟以後的路線就必須安排明年或下次的機會再來攬勝一遊。」

50　這三次的演講與講義收錄在《李登輝訪日——給日本的音信》（二〇〇七年十一月，MADOKA出版刊）。

75. 聯合國大會熱烈討論台灣申請加盟聯合國議案

二〇〇六年九月十二日，聯合國大會將台灣友好國所提出的「中華民國加盟聯合國問題」，做爲有關大會議題的案子被否決。這是一九九三年以來，第十四次的否決。翌日，陳水扁總統表示「從明年起，以台灣名義申請加盟聯合國」。聯合國憲章明記「中華民國是聯合國安全保障理事會的常任理事國」，而中華人民共和國占有其地位，是依據一九七一年聯合國大會二七五八號決議，承認中華民國的一切權利由中華人民共和國繼承，因此，台灣以中華民國名義要求參加聯合國，就是要求回復中華民國擔任安全保障理事會常任理事國的一九七〇年以前的狀態。聯合國不可能理會這種提案，因此對中國來說，這是不痛也不癢，反而是方便的提案。台灣之所以持續採取這種無意義的行動，就是總統或立法委員都難以採取否定中華民國的言行。但是，如果能在台灣廣泛議論「爲什麼聯合國不理會中華民國」的問題，應該就能接近問題的本質，而出現各式各樣的提案。之所以不這樣做，主要是陷入惰性，變成停止思考的狀態所致吧。以台灣名義申請加盟聯合國，就是要打破這樣的狀態。

進入二〇〇七年，陳水扁政府爲了以台灣名義申請加盟聯合國，以及強化這項申請，於是，準備進行公民投票。六月十三日，中國當局痛陳「陳水扁當局針對以台灣名義加盟聯合國一事進行公民投票，就是走向『台灣法理性獨立』的重要階段」，暗示要對台灣進行武力攻擊。美國國務院也對此立即反應，馬可馬庫發言人在六月十九日發表說：「台灣領導人的公民投票提案，是和他向國際社會再三承諾的事相矛盾。美國反對片面的變更台灣地位的任何行動。」

雖然以台灣名義申請加盟聯合國，但是，如果被指出「台灣的正式國名是中華民國」，那麼一切努力將無疾而終。但這將導致台灣內部有關「中華民國的國名非變更爲台灣不可」的輿論更加高漲。中國方面說「台灣走向法理性獨立的重要階段」，就是指這件事。將台灣的國名從「中華民國」變更爲「台灣」，在法理上意味著台灣從中華民國獨立。採取所謂「中華民國已經滅亡」立場的中國，主張「不承認台灣從中華民國獨立」是相互矛盾的。和中國這種說法唱同調的美國，對台灣施加壓力，也是不經大腦的胡亂作爲。

過去的陳水扁政府，對美國總是極盡哈腰作揖的卑微態度，但這次完全不同了。美國國務院抨擊陳總統的翌日，台灣的外交部表述「陳總統所推行的提案，並未違反陳總統的承諾，和變革現狀沒有關係」，強調推行公民投票。六月二十二日，陳總統顯現所謂「只要自己努力，下一任的總統與政府就不必畏懼美國和中國」的決意，坦率說明這是爲了讓下一任的政府容易將中華民國變更爲台灣的政策。七月三十一日，下一任總統候選人謝長廷表示：「如果自己當選，在四年的任期內，會將國名從中華民國變更爲台灣。」

以往中華民國加盟聯合國的案子，是透過台灣的友好國家來進行，但這次以台灣名義提出的申請書，是以陳水扁總統之名，在七月十九日寄給聯合國秘書長潘基文。翌二十日，中國外交部大力譴責：「以台灣名義加盟聯合國，就是將台灣從中國分裂的台灣獨立陰謀，我們斷然反對。」七月二十三日，聯合國秘書處明白表示，潘秘書長不受理台灣的申請書，予以退回。其理由說明是：「依據將中華人民共和國做爲中國唯一正當的政府、具有代表權的一九七一年聯合國大會決議，爲了維持『一個中國』的政策。」翌二十四日，陳總統痛斥潘秘書長「聯合國的秘書處沒有處理申請加盟的權限」，其翌日，馬英九也支持陳總統說「不受理加盟申請，眞的很奇怪」。

潘秘書長以「一個中國」的政策爲理由不受理台灣的加盟申請，正表示他認爲「台灣是中華人民共和國的一部分」。聯合國的二七五八號決議雖承認「中華人民共和國是中國唯一正當的政府」，但並不是承認「台灣是中國的一部分」。所謂「依據舊金山和平條約，日本放棄台灣，使台灣的法理性地位未定」，就是承認這項條約的以美國爲首的主要國家與日本的官方見解。從一九七一年以後，多數國家都對中國有所顧忌而不願觸及此事，但是，如果放任聯合國祕書長的錯誤見解，久而久之這個誤解可能就變成眞的了。在不得已之下，美國與日本申斥聯合國祕書處「有關台灣地位認定的解釋不適切」。

七月二十七日，陳總統不僅將加盟申請書寄給潘秘書長，也寄給安全保障理事的主席國中國的聯合國大使王光亞。八月一日，王光亞明白表示拒絕受理申請書，八月八日，潘秘書長也發表拒絕受理。但是，九月二十一日召開的聯合國大會，則就「不把台灣加盟聯合國的申請做爲大會議題」的恰當與否進行討論，有一百四十個國家表明意見。美國和日本保持沉默，明確贊成做爲議題的有十七個國家。最後，決定「台灣加盟聯合國的問題，不做爲這次大會的議題」。但暌違了三十六年，有關台灣加盟聯合國的問題終於在大會被討論，備受國際注目。對台灣來說，也算是大收穫。

76. 陳水扁總統從正面反駁美國政府

二〇〇七年八月二十日，台灣的教育部長杜正勝（相當於日本的文部科學大臣）解釋第二七五八號聯合國大會決議，說明「聯合國認爲，從一九四九年起中華民國就不存在，回復一九四九年以後中華人民共和國應該具有的聯合國權利」，然後說明「聯合國視爲中國唯一正當政府承認的中華人民共和國，從未統治過台灣，台灣是主權獨立國家，因此，以台灣名義申請加盟聯合國是最合理且正當的方式」。台灣政府的閣員公然說「中華民國不存在」，這可能是頭一遭吧。李登輝曾經說過：「有關中華民國已經不存在的問題，陳總統也有同樣的想法，只因現任總統無法開口說出，因此由卸任的我代替他說。」我想，陳總統大概要讓閣員先發言，以觀察各方的反應。但這次杜正勝的發言，在台灣並未引起重大問題。

對陳水扁政府所推行的這種「台灣化」路線，美國和中國備感不安。幾個月來，美國國務院發言人的發言總是受到陳水扁政府的漠視，因此，副國務卿涅克羅鵬迪在八月二十七日陳述說：「我們認爲有關以台灣名義加盟聯合國的公民投票，是朝向宣布台灣獨立的第一步，是改變台灣海峽現狀的方向，因此，美國予以反對。」對連副國務卿都發表意見而感到竊喜的中國政府，跟進表明：「對於近年來美國政府數度表明反對台灣當局『有關加盟聯合國的公民投票』的舉措予以稱讚。表明反對『台灣獨立』，並加以牽制，是爲了台灣海峽與亞太地區的和平與安定的重要關鍵，符合中美共同的利益。」可是，台灣方面並未因此而畏縮退怯，外交部發言人痛斥：「對於涅克羅鵬迪先生有關公民投票的談話，深感遺憾。美國方面的這種解釋是不正確的。公民投票是台灣的內部問題，是依據民主的核心價值，和平表明民意的方式。」

九月六日，台獨聯盟在台北市召開中央委員會。黃昭堂從一九九五年被選爲台獨聯盟主席以來，連任六屆擔任十二年的主席，在這次的中央委員會又以壓倒性多數被選爲主席。黃昭堂主席如下的報告，留給我極爲深刻的印象：「自從我辭去總統府的國策顧問以來，和陳總統的關係變得更緊密。我建議他對美國一定要挺起腰桿，以強硬態度面對，陳總統也確實加以實行，我們就在後面大力支援他。台獨聯盟不是單獨進行各種的活動，而是要和多數的組織聯手合作一起推行。我覺得，台灣獨立的理念已廣泛浸透於各處，出現讓我們自豪的好成果。連陳總統都以台灣名義申請加盟聯合國，我要給予他極高的評價。」

黃昭堂個性寬容，姿態又很柔軟，但依據基本理念不扭曲原則，清白辭去國策顧問，或許因爲這樣而留給陳總統極佳的印象。以台獨聯盟這個不大的組織爲中心，竟然能夠召集二百二十萬人參加手牽手護台灣活動，正是由於無數大小的組織共同合作下方可臻至的。這也是領導者具有統率力，組織方法又巧妙的緣故，不過也是台灣獨立理念極爲浸透，方可獲得如此的協力合作。在數年前，多的是只是聽到「台灣獨立」，就認爲是偏激派而敬而遠之的人。在國民黨獨裁下，僅主張「台灣獨立」就被視爲符合叛亂罪，因此也是不能強人所難。所謂台灣獨立，是從中華民國體制獨立，只要推行民主化，即可終結專制獨裁體制，台灣人自己制定自己的憲法，廢棄獨裁者強制施行的憲法，即可達成台灣法理上的民主化。如果民眾了解只要推行台灣的民主化，台灣就可以成爲眞正獨立的國家時，就不會對台灣獨立有反感。可是，只是理論也無法順利推行。最重要的，是國家認同的問題。在蔣家政權的教育和宣傳下，多數的台灣人都相信「自己是中國人」。相信自己是中國人的人，只要聽到台灣獨立就會反射性地認爲是壞事，而不想了解台灣獨立的意義。民進黨執政後，台灣人意識大幅提升，但這並非只是民進黨的功績。在李登輝政府末期的一九九九年，政府所進行的民意調查顯示，擁有自己是台灣人意識的人占全體國民的38.8%，但是，如果僅限於長期留在中國從事商業活動等人，則擁有自己是台灣人意識的人占50%。這是實際和中國人與中國社會接觸後，才提高台灣人意識。直至二〇〇六年，台灣企業對中國的投資累計額，依據台灣政府的統計，高達五四九億美元，但若包括經由第三國的投資，金額就遠高於此了。在這些台灣企業工作的台灣人及其家人，約有一百萬人居住在中國，如果涵蓋觀光客在內，則一年間約有超過四百萬的台灣人往來台灣與中國。當然，這種影響極大，進入二〇〇七年以後，擁有「我是台灣人，不是中國人」意識的人占全體國民的62%，「我是台灣人，也是中國人」占33%，「我是中國人，不是台灣人」則驟減到只剩5%。在此之下，政治家就能說出過去噤口不敢言說的事情。

九月十四日，陳水扁總統透過視訊與紐約記者群進行會談時，嚴詞抨擊布希總統，說：「美國反對我們以『台灣』名義加盟聯合國的眞正理由，在於『中國的妨礙與恫嚇』，做爲民主社會領導人的美國，爲什麼不能對中國說不呢？」

十月十日的國慶日，在總統府前舉行睽違十六年的閱兵大典，公開展示台灣自力開發的飛彈等武器。台灣人不斷受到中國的軍事恫嚇，在了解台灣也具有反擊能力，而在士氣上受到鼓舞的人相當多。陳水扁就任總統七年半以來，這一天的演說堪稱打破過去窠臼，思路井然有序，充滿說服力。以下介紹我認為在政治上較為重要的幾項摘要：

以中華民國的名義要求返回聯合國，無疑是向第二七五八號聯合國大會決議挑戰，這是和中華人民共和國爭奪中國代表權，但事實上，我們並沒有這樣的意圖。我們的目的，是要把二三〇〇萬國民的代表送進聯合國，實現當然的權利，因此，以台灣名義向聯合國重新申請加盟。為此，在聯合國大會進行了四個多小時的討論，有一四〇個國家表明意見，備受國際社會的注目。這是一項成功的外交性突破。

「主權在民」是民主的眞諦，而公民投票更是「主權在民」最具體也最直接的實踐。在明年一月十二日立法委員選舉的同時，進行要求「追討政黨不當財產」的公民投票，在三月二十二日總統大選的同時，預定進行要求「以台灣名義加盟聯合國」的公民投票。

自由、民主、人權與和平等普世價值，不能有雙重標準，更沒有大、小國之分。國際社會不能懾服於中國的軍事霸權，就要求台灣消音噤聲，更不能為了圖謀中國的商業利益，而將中國對台灣的軍事威脅、外交打壓與經濟統戰完全視而不見。

美國布希總統前年十一月在日本京都發表演說時指出：

「自由的國家是和平的國家，自由的國家不威脅鄰國，自由的國家爲國民提供充滿希望的未來與前景……並帶來只有自由才能保障的和平與穩定。」同時，公開讚揚台灣的自由民主是值得其他國家及中國借鏡的典範。因此，一個愈民主的台灣愈能對中國的民主化發揮「燈塔效應」，也更有助於維護亞太地區的安全與穩定，完全符合美國、日本及鄰近國家的共同利益。

隨著中國的迅速崛起及軍備的不斷擴張，「中國威脅」不再侷限於台海的對峙，實已嚴重衝擊世界的和平。國際社會不但不應加入中國打壓台灣民主的行列，更應強力要求中國立即撤除部署在東南沿海瞄準台灣的飛彈，停止針對性的犯台軍事演習，廢止所謂的「反分裂國家法」，以及加速政治與民主的改革……

「以中華民國名義返回聯合國」是無意義的作爲，是可以簡單就向國民說明的，因此，民進黨取得政權後，若能立即停止先前的做法，而向民眾說明「以台灣名義重新申請加盟聯合國」，或許現在就能變更國名。雖然時間上慢了一點，不過這次所做的事可能影響今後要做的事。布希總統常說自由民主，卻以雙重標準來阻止台灣的民主化，因此陳總統才會對布希總統予以激烈的抨擊。從保護亞太地區的和平與安定的大局來看，顯而易見的是，不能一味遵從中國的要求，將台灣置於孤立狀態，而是要把台灣納入國際性的安全保障體制內。

發表這項演說的翌日，陳總統在記者招待會上做出重大的發言。陳總統陳述在一九五〇年三月十三日當時蔣介石總統所說的「中華民國因大陸淪陷而滅亡。我們都是亡國之民」，接著又明確指出「只要掛上中華民國的看板，台灣就無法參加國際社會，也無法前進」。蔣介石說中華民國已經滅亡的三個月後，韓戰爆發，美國又重新給予援助，使蔣介石政權得以死灰復燃。陳總統就這問題表述：「因爲有台灣的存在，蔣家政權才能利用中華民國的名稱借宿寄生，統治台灣數十年。必須明確表示我們究竟是甚麼。」我們的國家是包括中國大陸的中華民國呢？還是和中國大陸沒有關係的台灣國呢？必須強調我們不再受騙，體認台灣就是台灣。

美國的政府和國會不是一塊攻不破的磐石。美國國務院似乎受到中國外交工作的籠絡，但是，美國國防部應該非常清楚，台灣一旦被中國奪走，亞太地區的勢力均衡就會瓦解，而會很熱心地支援台灣。雖然美國國會的親台灣派占壓倒性多數，然因中國長袖善舞的外交宣傳，使親中國派逐漸增加。

日本在中國大陸與蔣介石的國民黨軍作戰時，讓美國對蔣介石伸出援助的，是畢業於哈佛大學、和法蘭克林・羅斯福總統有深交的宋子文。宋子文把這些援助的一部分撒向美國的政治家或新聞媒體，塑造支援中國的中國游說團，在援助更增加以後，就利用更多的金錢強化中國游說團。宋子文把蔣介石夫人、也是自己的親妹妹宋美齡叫到美國，協助對美宣傳。從幼小時期就留學美國，精通英語的宋美齡，向美國民眾訴說「基督徒的蔣介石率領劣勢的軍隊，奮勇對抗強大的日本侵略軍」，極力拉攏美國的輿論成爲夥伴。美國民眾的感受或許是「率領少數軍隊的王子在中國奮勇對抗強大盜賊軍，而美麗的王妃向我們訴求給予援助」。日本的外交，完全敗在如此巧妙的中國國民黨的對美外交宣傳工作。現在中國共產黨對美外交宣傳工作的巧妙性，絕不遜於當時的中國國民黨，而且，他們擁有極爲充沛的資金。如果台灣持續保持沉默，對美國的要求唯唯諾諾，那麼，即使是認爲應該支援台灣的美國人，也會覺得裡外不是人，難以提出應有的主張。我們必須確實斥責美國政府的錯誤，應該要求的事情就要要求，以俾增加在美國的台灣夥伴。

77. 面臨存亡危機的台灣

在二〇〇八年一月十二日舉行的立法院選舉，咸認國民黨一定會獲勝。在三年前的選舉，多數人都預測民進黨與台聯的執政黨聯合一定過半數，但在執政黨過於自信的大意下，充滿危機感的國民黨大撒金錢攻勢，抱著必死的決心防衛的結果，有人認爲會顛覆預測。但是，這次因選舉制度的根本性變更，說民進黨沒有勝算的是大有人在。

過去的選舉制度，立法委員的名額是二二五人，在中選區制併用不分區代表制。新的選舉制度，是將名額減半爲一一三人，在小選區選出七十三人，然後以對政黨的投票選出比例代表三十四人，原住民是以特別配額分配六席。此外，立法委員的任期從原來的三年延長爲四年。台灣的人口約二三〇〇萬人，因此，七十三個小選區的人口平均約有三十一萬人，但人口再少的縣也分配一席，所以位於中國沿岸的島嶼，人口只有一萬人左右的馬祖、不足六萬人的金門都能選出一位立法委員。原住民的人口只不過四十八萬人，但因種族語言完全不同，主要的居住地區也不同，因此賦予選出六位立法委員的權利。聽說，這八席無疑的都會由國民黨獲得。其他也有二、三個國民黨絕對有利的選區，因此，一般認爲執政黨想在立法院過半數是很勉強的。不過，決定台灣未來的並非立法委員選舉，而是總統大選。

現在的國民黨是由擁有堅定中華思想的「統一派」支配，但這種思想的統一派僅占少數。在李登輝總統時代推行「寧靜革命」的民主化過程中，當時傾注熱情的國民黨立法委員，此時幾乎都被排除在外，但多數被稱爲「本土派」的現任國民黨立法委員，只是以個人的利害關係留在國民黨。如果這次的總統大選由民進黨獲勝，即可延續十二年的民進黨政府，因此，多數的「本土派」立法委員可能會認爲離開國民黨另創新黨，然後和民進黨組成聯合政府的做法對他們會比較有利。如此一來，執政黨才能首度在立法院占多數，正式推行民主化與台灣化，使「統一」的可能性化爲烏有。

如了解這情形的阮銘所言，中國共產黨期待中國國民黨能在這次的總統大選獲勝，然後以「國共合作」推行「統一」。中國在過去的二次總統大選爲了讓「統一派」獲勝，以「文攻武嚇」等手段來干涉，但終歸失敗，他們認爲這次是最後機會，不惜一切手段都要讓國民黨獲勝。如果國民黨的馬英九眞的當選總統，接下來中國將會採取甚麼手段呢？

二〇〇五年四月，中國共產黨總書記胡錦濤與中國國民黨主席連戰以「反對台灣獨立，追求台灣海峽的和平安定。終結敵對狀態，推動簽訂和平協定」達成協議。一年後，再度與連戰會談的胡錦濤表示：「雙方在『一個中國』的原則下，反對、壓制台灣獨立，才能排除損害中台關係和平發展的最大危機。」如何將台灣置於中國的支配下，其方策都包含在這段談話中。

即使這次的總統大選國民黨獲勝，但持續推行和過去一樣的民主性選舉時，國民黨也難以保證四年後的總統大選一定可以再獲勝。如果國民黨政府推行「統一」，即使認爲無所謂的台灣人，也會產生危機感吧！睽違八年奪回政權的國民黨員，爲了分杯羹必然會爭權奪利，因此，國民的不滿也會不斷升高。在這種情況下，非壓制獨立派不可。亦即，不能放任民進黨等自由的政治活動。

國民黨的保守派認爲，李登輝政府以來的民主化是「對中華民國的叛逆」，因此，必須壓制這種叛逆。蔣家政權時代的國民黨，長達四十年以上將組成在野黨與民主化運動視爲叛亂罪，而加以鎭壓。難道又要回到那樣的時代嗎？可是，爲此就必須要有鎭壓所必要的武力爲背景。期待以台灣人占大多數的台灣軍來達成鎭壓效果是很困難的。於是，爲了追求台灣海峽的和平安定，就必須簽訂和平協定。僅在和平協定上列入「爲了保護台灣海峽的和平安定，兩岸的軍隊緊密合作」一項，就足夠了。這是從中國和台灣的陸海空軍，在中國和台灣頻繁進行軍事共同演習開始。讓中國的海空軍能自由使用台灣的基地，中國爲了保護這些基地而配置陸軍駐紮時，即可睥睨台灣的反政府運動。中國收回香港時，最先進行的工作，就是將中國軍駐紮在香港。如果中國的增援軍隨時都能送進台灣，那麼，台灣就被置於中國的支配下。李登輝前總統曾說，二〇〇八年的總統大選將決定台灣的命運，如果外省人的國民黨候選人馬英九當選，台灣就會被中國併吞而進入非常危險的狀態，可能就是設想這種情況吧[51]！

如此一來，東亞的勢力均衡就會從此根本瓦解。現在，中國海軍爲了進軍太平洋，必須航經沖繩本島和宮古島之間的海峽，或者經過台灣和菲律賓之間的巴士海峽。中國海軍進出太平洋時，勢必躲不過日本與台灣的監視。但是，台灣面臨太平洋，如果中國把台灣納爲基地，中國海軍就能自由進出太平洋。而且，支配台灣的中國軍，就可以控制台灣海峽與巴士海峽，使南海變成中國的內海。中國將位於南海的重要島嶼都置於實效支配下，就在一九九二年制定領海及毗連區法，主張大部分的南海是自國的領海。從日本到面臨南海的東南亞諸國，以及通過印度洋到日本倚賴大部分石油的

51　《VOICE》（二〇〇七年十月號），第一〇六頁。

中東諸國，接著前往歐洲或非洲的海上交通線，都要通過中國主張爲領海的南海正中央。如果中國眞的做爲領海實效支配南海時，即使外國船隻說擁有通航權，但中國照樣會妨礙通航。

一九九五年，中國總理李鵬對澳洲總理表示：「如果照這種情勢發展，日本在二十年後就會消失。」他意有所指的可能就是：「日本做爲生命線的海上交通線，被置於中國的支配下，因而變成中國的屬國，使做爲獨立國的日本消失。」中國軍的幹部當中，有人構思「將太平洋分割成東西，東面做爲美國的勢力圈，西面做爲中國的勢力圈」。他們可能想模仿將東歐置於支配下的蘇聯，和以美國爲盟主的西歐對峙，透過對足以毀滅人類的核武大戰的恐懼，以確保和平的東西冷戰時代。的確，若將日本的資本與技術置於支配下，中國即可搖身變成和過去蘇聯一樣強大，進而成爲足以對抗美國的超級大國，擁有如此的構思亦非不可思議。

這樣的事態不是空思妄想，前防衛研究所研究室長、杏林大學教授的平松茂雄博士，在其著作《台灣問題——中國與美國的軍事爭執》《中國將併吞日本》《中國將把日本掠奪殆盡》[52]就一再提出警告，但似乎沒有人眞正認眞思考這些問題。但是，如果目睹中國現實上把台灣置於支配下時，

52　平松茂雄著，《台灣問題 —— 中國與美國的軍事爭執》（二〇〇五年，勁草書房刊）、《中國將併吞日本》（二〇〇六年，講談社INTERNATIONAL刊）、《中國將把日本掠奪殆盡》（二〇〇七年，PHP研究所刊）。

相信已經被和平沖昏頭的日本人也不能再漠視了。問題就在於僅憑日本的力量是無以對應的。一旦國民黨取得政權，中國和台灣達成協議，利用台灣的軍事基地或駐軍台灣時，美國能否加以阻止仍有疑問。但是，如果美國體認到事態的發展將關係到自國的未來與重大的國家利益時，就有在一瞬間一八〇度變更政策，採取強硬政策的可能性。韓戰爆發時就是一例。一九五〇年一月五日，美國總統杜魯門表態「美國不希望捲入中國的國內紛亂，不想再援助蔣介石政權」。一週後，美國國務卿艾契遜說「美國在太平洋的防衛線，是從阿留申列島，通過日本、沖繩到菲律賓群島。在此地域之外，美國無法予以防衛」，很明白的將朝鮮半島和台灣排除在美國的防衛線外。於是，蘇聯的史達林便認同金日成侵攻韓國，六月二十五日，北韓軍開始侵攻韓國，二日後，杜魯門總統便下令美軍向韓國出動，派遣第七艦隊航行於台灣海峽，不久，又重新開始援助蔣介石政權。

台灣正面臨存亡危機，必須早一日讓美國政治家認識台灣的危機就是美國的危機。居住在美國的台灣人（台灣裔美國人），應該爲此扮演重大角色。從蔣家政權的恐怖政治逃到美國留學的台灣人，多數都沒有回到台灣，所以他們的孩子是正值盛年的美國人，也都活躍於各界。台灣人約有半數說在美國有親人或朋友，其人數或許超過一百萬人。由這些台灣裔的人們向美國民眾說明台灣的實情，策動美國政治家的認知，相信對台灣會有很大裨益。

但最重要的事，就是台灣人爲了保護自己的國家與自台灣雖非大國，也絕非蕞爾小國。以人口、經濟力來說，台灣在世界上是名列前位的國家。即使如此，在世界中卻只有台灣不能加盟聯合國，在國際社會處在孤立狀態。爲此，台灣被疏離在國際性的安全保障體制之外。中國聲明使用武力併吞台灣，逐步強化軍力，因此，國際社會都認爲台灣是有可能爆發戰爭的最危險地區。如果中國併吞台灣，就會立即改變世界的勢力均衡。因此，台灣一旦爆發戰爭，很可能會發展成爲世界性的大戰爭。台灣問題絕非只是台灣人的問題，但是，國際社會不僅不努力排除這種戰爭的可能性，反而將台灣置於孤立狀態，而更加深戰爭的危機。我想，這是現代世界最令人匪夷所思的現象。連稱「和台灣是命運共同體」的日本，都不能說對台灣有深切的關心。一般而言，人對不了解的事是不會關心的。可能是多數的日本人因爲不太了解台灣的事情，而對台灣的關心較爲淡薄吧。

的確，台灣的事情是不太容易理解的。日本戰敗後，占領台灣的中國國民黨政權長期實行專制獨裁政治，使台灣經過極爲困頓艱難的過程後，終於變成民主的社會。但是，仍然殘留眾多的弊病。給台灣內部帶來眾多困難與混亂的國家認同問題，因爲是心理性問題而使外界難以理解。隨著民主化的進展，人民從獨裁時代的教育被解放出來，使其國家認同也急速變化。台灣社會是在多方面引起激烈變化的社會。

爲了讓大家理解台灣問題，我著手撰寫這本書。爲了邁向建設自由、民主的台灣國，我和台灣人共同奮鬥了將近半世紀，因此，以自己的體驗與見聞爲中心，撰寫這部二戰後的台灣簡史。其實，我在一九九六年就由文藝春秋出版以《台灣獨立運動私記》爲題的書。但是，那本書是從我參與台灣問題的一九六一年寫到一九七一年就結束。如果像那本書般詳細撰寫之後的歷史，就會變成好幾本書的篇幅。因此，這一次就把應該撰寫的項目緊縮到最小限度，盡可能言簡意賅地敘述。

我呈寄本書原稿，並隨附一函給李登輝先生請求「能否頒賜刊載卷首的話語」，李登輝先生竟然一口應允我這種厚顏的請託，眞是讓我感動至極。

李登輝先生，在此謹致最高的謝意。

二〇〇八年正月

宗像隆幸

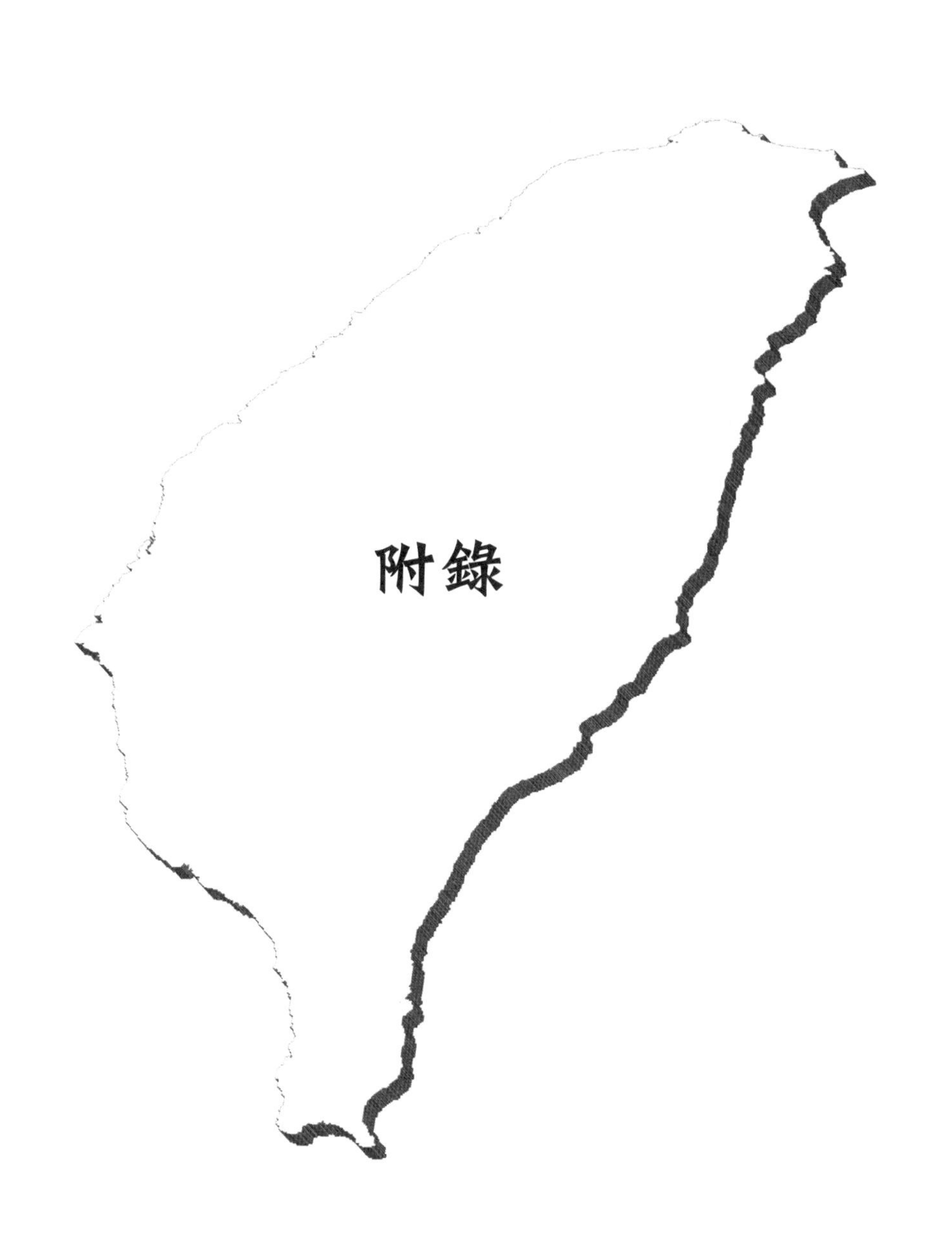

附錄

台灣往何處去？

【作者按】

中國國民黨在八年後再度取得政權，台灣將迎接歷史性的轉換期。本著作的原書（日文）已經在總統大選前的二〇〇八年二月於東京出版，因此未觸及中國國民黨在總統大選獲勝後的情形。在這本中譯版內，筆者特地附加了在《自由》月刊六月號所發表的這篇論文。

強大的中國國民黨政權誕生

在三月二十二日舉行的台灣總統大選，中國國民黨候選人馬英九獲得約七六五萬票（得票率約58%），相對於民主進步黨候選人謝長廷，足足有二二一萬票的巨大差距，取得壓倒性的勝利。時隔八年，台灣政權再度從民進黨轉移到中國國民黨。在一月十二日舉行的立法委員選舉，當選名單上，國民黨有八十一人、民進黨二十七人、其他五人，國民黨獲得壓倒性勝利。陳水扁執政的八年間，執政黨方面，即使將民進黨和以李登輝前總統爲精神領袖的台灣團結聯盟（台聯）一併合計起來，也達不到立法院的過半數，以致政治的混亂始終不斷。相對之下，接下來的馬英九政府，只要獲得國民黨的支持，根本就不需擔心在野黨的反對，任何的法律都能順利通過。

在立法委員選舉上大敗的民進黨陣營，咸認如果總統大選也敗北，將使中國國民黨的獨裁政治再度復活，因而引起很大的危機感。民進黨陣營籠罩在一片總統大選絕對不可以輸，已經被逼到絕境的氣氛下，紛紛認爲實際上有獲勝的可能性。雖然民進黨在立法委員選舉上大敗，但是和上一次當選八十九人成爲第一大黨的得票率相比，這次的得票率還稍微增加到37%。這次選舉的主要敗因在於選舉制度的變更。之前，是採用「中選區＋不分區代表制」，但現在則改爲「小選區＋不分區代表制」，名額也從二二五人減半爲一一三人。實質上已合併親民黨的中國國民黨，以51%的得票率在不分區代表方面當選了二十人，而民進黨也當選十四人。小選區的當選者，國民黨有六十一人，而民進黨卻只有十三人，這項差距使國民黨獲得壓倒性勝利。台聯的得票率比前一次減少一半以上，低於當選不分區代表所必要的5%，前一次當選了十二人，這一次卻全軍覆沒。國民黨在小選區制的優勢，有其歷史性的理由。台灣舉行第一次的民主性立法委員選舉，是在李登輝總統時代的一九九二年，不過，在禁止成立在野黨的兩蔣獨裁時代，也有舉辦各式地方選舉。國民黨的政治家們必須在黨員間互相競爭，因此各個都在當地建立強固的選舉地盤，所以改爲小選區制之後，就相當有利於繼承這些地盤的政治人物。

民進黨陣營內有很多人將整個台灣視爲一個選區，因此，即使立法委員選舉大敗，仍認爲總統大選一定能夠扳回頹勢獲得勝利。馬英九擔任過兩任台北市長，卻無顯著的建樹，反觀謝長廷，他也曾在僅次於台北的第二大都市高雄，擔任過兩任市長，其卓著的政績是任何人都肯定的。而且，馬英九是出生於香港的中國系，相對的，謝長廷則是土生土長的台灣人。一九四五年日本投降，聯軍總司令麥帥命令中國國民黨蔣介石委員長占領台灣以來，台灣有近半世紀被從中國渡海來台的人所統治。他們僅占台灣人口的13%，以所謂「白色恐怖」的殘酷政策統治台灣人，因此，在多數的台灣人之間，對中國系留有無法消除的反感，這種反感在南部人的心中尤其強烈。以上種種的情由，被認爲將對謝長廷帶來極有利的影響。

可是，馬英九是擁有不可思議之人氣的男人，尤其在女性間的人氣更高。他高挺的身材，加上帥氣的容姿和巧妙的做秀，都是他人氣高而不墜的原因。二〇〇七年夏天，馬英九特別在對中國系強烈反感的南部進行Long Stay，住宿在幾個台灣人的家庭，他口口聲聲強調：「我是吃台灣米、喝台灣水長大的台灣人。我的故鄉是台灣。」這難道不是了不起的做秀嗎？依據當時台灣多數媒體的調查顯示，馬英九的支持率超過謝長廷的二倍。專制獨裁時代的中國國民黨，支配了台灣所有的媒體，時至今日，台灣的媒體八成以上都屬於國民黨系，這些媒體所做的民意調查，當然都是對國民黨有利。在過去二次總統大選時，如果媒體的民意調查是正確無誤的，那麼陳水扁是不可能當選的。可是，謝長廷陣營也承認馬英九的支持率非常高。在此之下，謝長廷陣營便揭舉所謂「逆轉勝」的口號。在謝長廷陣營不懈的努力下，一般咸認已縮小和馬英九的差距。接著，謝長廷陣營所期待的，是李登輝前總統表明積極支持謝長廷的態勢。謝長廷本人，以及親近李登輝先生的幾位人士都前往拜會請託，不過，在總統大選的前一個月，還是無法獲得如意的答覆。在過去都很尊敬李登輝先生的台灣人當中，也能聽到抨擊李登輝的聲音。例如，李登輝對於民進黨在立法委員選舉時剝奪台聯的選票，導致台聯潰滅而勃然大怒，或者，看到馬英九選情有利而想靠攏等等。李登輝先生不可能受到這種感情的影響，也不可能採取投機性的行動。我也在思考，究竟是什麼原因呢？

對台灣新政治情勢的戰略

我反覆閱讀李登輝先生以〈領導者的力量——做爲領導者的決斷力與現場主義〉爲題，刊載於《Voice》二〇〇七年十月號上的特稿。其中有如下記述：

即將於明年舉行的總統大選，將左右台灣的命運。在現在台灣的選舉上擁有力量的，是中國國民黨。明年的大選，如果外省人（大陸出身者）的國民黨候選人馬英九當選，台灣恐怕會被中國大陸併吞，而進入非常危險的狀態。……那麼，台灣要以怎樣的方式，才能夠擺脫對立性的政治狀況，創造一個安定性的政治狀況呢？就我個人認爲，唯有政界的重組。這種重組，和謝候選人所倡導的「共生」姿態不謀而合。不走兩邊極端的立場，強調中間路線。不要思考如何處理和中國大陸的關係，首要考慮台灣國內的安定。現在中國國民黨的大部分黨員是台灣人，如果能夠把這些人拉進自己的陣營，這個議案是有可能實行的。

李登輝先生的想法，可能就是這樣吧！如果掌握「統一派」主導權的中國國民黨馬英九當選，那麼，被中國併吞的危險性就非常大，因此，希望謝長廷當選。可是，即使謝長廷當選，立法院卻被國民黨以多數控制，因此，安定政治的方法唯有重組政界。大部分的國民黨黨員是台灣人，因此絕對反對「統一」。爲了拉攏他們成爲自己的夥伴，就必須採取中間路線。

因此，李先生才強調台聯是採取中間路線。如果立法委員選舉國民黨沒有以大幅差距獲得壓倒性勝利，加上民進黨在總統大選上能夠獲勝，那麼，國民黨要奪回政權是渺無希望的，可預測將會出現政界重組，誕生安定的政權。

但是，立法委員選舉卻出現任何人都始料未及的結果——國民黨獲得壓倒性的勝利。以全體立法委員的三分之二以上進行罷免總統的決議，然後在公民投票獲得選舉人總額四分之一以上贊成，即可罷免總統。即使民進黨在總統大選上獲勝，國民黨隨時都可以進行罷免決議。罷免後又重新舉行總統大選，如此的惡鬥狀況不斷反覆上演，只會讓政治越來越混亂。

狀況已變化到這種程度，就必須要有新戰略。我想，李登輝先生不表明支持謝長廷，可能是在思考馬英九成爲總統時的戰略。此刻，在我腦中浮現的，是一九九八年六月受邀參加李登輝總統晚餐會時總統所說的話。當我提出「國民黨的統一派也只是利用北京的力量，可能沒有眞心想和中國統一」時，總統就說：「不，那些人是眞心的。他們憎恨被台灣人統治。」

無論怎麼看，都不覺得馬英九執著於「統一」。國民黨內眞心想要「統一」的，只不過是少數人，因此，只要不讓馬英九總統被這些少數人利用，就能減少中國併呑台灣的危險性。

雖是題外話，不過還是想說明筆者受到李總統邀請的一些事情。一九九七年十二月，一位好友向我介紹末次一郎先生，表示末次先生想聽聽我對台灣問題的說明。在這之前，我不曾聽過末次一郎的姓名，但聽說他是在政治界或高級官僚間被譽爲「歷代總理的老師」或「日本唯一國士」的人物。我從一開始就能夠毫無芥蒂地和末次先生侃侃而談，馬上就明白這是一位了不起的大人物。和他見面二、三次後，我就很希望末次先生能夠和李總統見面，於是飛鴻來往安排。不久，李登輝、末次會談終於實現，之後的晚餐會我也受邀參加。他們二人在第一次會談時就意氣投合，其後二人便形成緊密的聯絡管道，也進行了二次的會談。從總統卸任後不久，李登輝先生便表明希望訪問日本。中國提出強烈的反對，以河野洋平外相爲首的日本親中派政治家或外務省都主張：「李登輝前總統的訪日，將使日中關係惡化，絕對不可以同意。」對此，森喜朗首相也備感困擾。末次先生在其間進行必要的事先協調，確實支持森首相，因此，縱然河野外相語帶威脅說「同意發簽證，我就辭職」，但外務省終究不得不同意李登輝先生的入境。李登輝先生於二〇〇一年四月訪日，在倉敷中央醫院接受診療。末次先生深表歉意地說：「這次是來累積實績，這也是不得已的。明年再盛大歡迎李登輝先生吧！」但很遺憾，末次先生在這一年的七月辭世。除此之外，末次先生也爲台灣的很多事盡心盡力，關於這方面的情況，在最近由Madoka出版發行的拙著《台灣建國——和台灣人共同走過的四十七年》中有詳細的介紹。

馬英九政府不會往「統一」突進

在李登輝總統時代的十二年間，台灣雖處在國民黨政權的統治下，但是，已經從獨裁國家蛻變爲民主國家，能夠以公民的直接選舉，選出總統、立法委員，也確立言論、出版、結社等的自由。李登輝總統放棄所謂「在中華民國之下統一全中國」的蔣政權國策，推行中華民國的台灣化。可是，由於守舊派的頑強抵抗，所以還無法臻至「中華民國＝台灣」的法制化。在李登輝先生之後，繼任中國國民黨主席的連戰，將李登輝從黨除名，大力譴責他所進行的台灣化政策，乃是對中華民國的叛亂之舉。

連戰再度復活蔣政權時代「一個中國＝中華民國」的虛構，開始和中國共產黨直接交涉。中國方面以承認「一個中國」做爲交涉的前提，因此中國以國賓待遇迎接連戰，胡錦濤主席更親自和連戰會談。當然，中國共產黨所主張的「一個中國」是中華人民共和國，中國並不承認中華民國的存在。可是，國民黨主張的「一個中國＝中華民國」，對中國共產黨來說更爲合意。聯合國憲章上記載，中華民國是安全保障理事會的常任理事國之一，其中並無中華人民共和國的名稱。中華人民共和國之所以會變成安理會常任理事國，主要是依據一九七一年十月聯合國大會所通過的阿爾巴尼亞決議案，認定中華民國已經不存在，中華民國的一切權利由中華人民共和國繼承。可是，這並沒有認定台灣也變成中華人民共和國的領土。在阿爾巴尼亞決議案上記載：「中華人民共和國的代表，是聯合國內中國唯一合法的代表，將蔣介石的代表即時從聯合國以及所有聯合國機關除名。」之所以沒有記載「將中華民國除名」，而記載「將蔣介石的代表除名」的理由，在於台灣是日本在舊金山和平條約上所放棄的歸屬未定的地區，並不是中華民國的領土，因此，中華民國在喪失中國領土的那一時間點就已經滅亡，在台灣土地上的中華民國，是被視爲以蔣介石爲領袖的亡命集團所捏造出來的。撰寫這份阿爾巴尼亞決議案的是中國總理周恩來，他很清楚，要將聯合國加盟國除名，必須有安理會的提議以及大會三分之二以上的贊成，如果記載「將中華民國除名」，勢必遭到安理會的否決，因此他才不得不這樣寫。周恩來對季辛吉表示，如果聯合國大會通過阿爾巴尼亞決議案，那麼「台灣的地位就變成未定」。連強硬主張台灣是自國領土的中國，都知道「台灣的法律地位未定」，聯合國也是如此承認。在簽署的舊金山和平條約上，無論是以美、英爲首的戰勝國，或是戰敗國的日本，都認定台灣的法律地位未定，但是，自從中國加盟聯合國以來，多數國家都不對此表明態度。二〇〇七年，當聯合國秘書長說台灣是中國的領土時，美國、日本都一致指責其解釋是錯誤的，但卻未言明「台灣的法律地位未定」。美國、日本都只承認「一個中國＝中華人民共和國」，並沒有承認台灣是中國的領土。可是，美國、日本都不講明「台灣的法律地位未定，依據人民自決的原則，只有台灣人民擁有決定台灣地位的權利」，結果使中國公然以武力恫嚇要求台灣人民「統一」，而在台灣也有呼應中國要求的「統一派」。

中國在二〇〇五年三月制定「反分裂國家法」，將對台灣行使武力的舉止法律化後，中國國民黨主席連戰於翌月訪中，和胡錦濤主席舉行會談，發表包括「反對台灣獨立，追求台灣海峽的和平安定。終結敵對狀態，推動簽訂和平協定」等的協議事項。這份協議事項的主旨在於和平協定。中國將台灣視爲自國的一省，因此，這是在「一個中國」框架內的和平協定。如果締結這樣的協定，就可以高舉所謂爲了協力保護台灣海峽的和平與安全的名目，使中國和台灣的軍隊在中國和台灣進行共同軍事演習。屆時，中國的海空軍可以頻繁使用台灣的軍港或空軍基地，假借修理軍艦或空軍飛機或補給資材等理由，將軍隊送往台灣。如果中國可以把軍隊駐紮在台灣，那麼，中國就能隨時把大軍送往台灣。打算要締結這樣危險的協定，因此將連戰視爲眞心想要「統一」的人士是沒錯的。緊接在連戰之後，親民黨主席宋楚瑜也訪問中國，和胡錦濤主席進行會談，發表和連戰相同的協議。當年李登輝總統踏出打破「中華民國＝中國」虛構的一步，廢止「台灣省」時，宋楚瑜就對李總統舉出叛旗。他也是眞心想要「統一」的人士。連戰在二〇〇六年再度訪中，和胡錦濤會面時，在「一個中國」的原則下，談論「反對、壓制台灣獨立」。如果他打算以力量來壓制獨立派，那不就和蔣政權時代的做法如出一轍嗎？

在馬英九當選總統的翌日記者會上，馬英九表示：「我的任期最多八年，對發展兩岸關係的承諾不能太多。雖然我會戮力於具有長期性、戰略性基礎的作爲，但是，要實現理想卻不簡單。當前，希望能夠盡快和中國簽訂和平協定。」國民黨的最終目的是「中國的統一」，所以馬英九所說的「理想」，可能就是「統一」。以上這番話，就是他否認將以自己的政權進行「統一」。可是，問題在於「和平協定」。我想，「協定」包括馬英九所主張的兩岸共同市場，不過，這在具體化階段可能會出現各種問題，因此不可能簡單的實現。危險的是「和平協定」。雖以中國撤除瞄準台灣的飛彈爲條件，但是，只是把瞄準台灣的飛彈轉向別的地方，實質上並無意義。只要簽訂對中國有利的和平協定，就能啓開併吞台灣之門，那麼中國是會接受表面上的讓步的。我想，馬英九大概尙未察覺到和平協定的危險性。掌握強大權力的馬英九，如果受到中國共產黨或「統一」確信者的利用，就很難保護台灣的獨立了。

三月二十六日的《產經新聞》，登載對李登輝前總統的專訪特稿。當中李登輝提到：「發展台灣經濟，必須要有日本的技術。一定要改善日台關係。雖然我是處在被國民黨除名的立場，不過只要對方拜託我，我也希望能善加利用自己的智慧與經驗。要擔任駐日代表，我年齡太大了，不過，我想若以自由人士的形態或許可盡棉薄之力。」這一則報導不斷出現在台灣的電視新聞上。翌二十七日，馬英九與蕭萬長（副總統當選人）連袂訪問李登輝，懇求協助。在李登輝執政時代，蕭萬長是行政院長，馬英九則是法務部長，二人登門請求李登輝協助是極爲自然之事。如果有李登輝的指導，馬英九就不會像連戰那樣受到「統一派」策略的影響。李登輝不表明支持謝長廷，在投票的前二日，只說「自己的一票是投給謝長廷」，我想，大概李先生已經預測到事態會如此才這樣說吧！

我請洞悉台灣政治情勢的台灣好友大致分析國民黨立法

委員的情形時，他表示，其中約三成是以中國系第二、三代爲中心的統一派，不過，在他們的年輕一輩當中，幾乎沒有把「統一」視爲自己使命的確信者，此外，約三成是堅決反對「統一」的台灣人，其餘約四成也幾乎都是台灣人，只不過他們是以自己的利益爲主要關心點，並不考慮天下國家的問題。既然如此，即可認爲除非受到「統一」確信者或中國共產黨策略的蒙蔽，否則馬英九政權是不會往「統一」突進的。

馬英九所要思考的，應該是如何使自己的人氣在台灣高漲不墜，以俾四年後蟬聯總統。一心想要和中國統一的，只有約5%的國民而已，包括中國系在內的大多數國民都不希望和中國統一，因此，可以說馬英九唯恐推行和中國的統一政策而使自己失去人氣。可是，也不是沒有危險性存在。擔任台北市長時代的馬英九，把大多數的工作都委諸他人處理。他沒有定見，所言所行會因民意的動向而時時改變。說得好聽一點，馬英九是姿態非常柔軟、融通無礙的人物。在此之下，馬英九所推行的政策會因建議的人或周圍的人而有所改變。傳聞，連戰希望擔任和中國進行談判的海峽交流基金會的董事長，不過，如果察覺到其危險性，馬英九大概會選用更安全的人來擔任。馬英九也不希望被國民黨的元老擺佈。他以巨大差距當選總統，所以應該很容易貫徹自己的意見。

馬英九也有一八〇度轉變的可能性

李登輝先生在記者招待會上曾言：「陳水扁政府在八年間甚麼也沒有做。」的確，雖想要列舉其政績，卻總也想不出來。陳水扁總統自己在三月七日的記者招待會上提到，「我在就任總統當時，認爲自己是台灣人、而不是中國人的國民僅占36%，但現在卻高達70%」，就是要強調台灣人意識的提高是自己的政績。可是，台灣人意識首先是由李登輝總統一手推進，陳總統是加以繼承才有今天的成果。李登輝先生在總統任內打出所謂「新台灣人」的概念，他大聲疾呼「無論是從古時候就住在台灣的人，或是大戰後從中國渡海來台的人及其子孫，現在都是新台灣人」，中國系的馬英九當選爲總統，可謂是「新台灣人」概念廣泛浸透於國民之間的證據。

李登輝總統雖推行中華民國的台灣化，但當時仍然死抱中華民國不放的元老力量強大，他站在中國國民黨主席的立場，是不能否定中華民國的國號的。

在黨綱上揭舉實現台灣共和國的民進黨總統陳水扁，最重要的任務就是制定台灣憲法，廢棄中華民國憲法。但是，陳水扁在二〇〇〇年五月的總統就職演說中，卻屈服於美國的壓力，公開承諾「不變更國號」。美國政府沒有深入了解台灣問題，所以遵從中國的要求而對台灣施加壓力，陳水扁總統應該說服美國政府才對。

歷屆的美國政府一貫地在世界各地推廣民主主義。中華民國憲法是中國人在中國為了中國所制定的憲法，是和台灣沒有關係的憲法。所謂民主主義，是自己統治自己，遵從自己所制定的法律或由自己選出的代表所制定的法律。如果沒有制定台灣憲法，就無法以法律佐證台灣的民主。如果陳水扁強調說，制定台灣憲法是台灣眞正民主化所不可或缺的要件，相信美國政府是不可能反對的。

此外，美國以台灣關係法公開承諾防衛台灣。但是，聯合國依據阿爾巴尼亞決議案，認定中華民國已經滅亡，中華民國的所有權利由中華人民共和國繼承。在台灣所稱的中華民國，是中國的亡命政權，在中國當局看來，就是叛亂份子。所以，即使國際法嚴禁以武力恫嚇外國、或對外國行使武力，但中國卻能夠以「台灣問題是國內問題」來搪塞抵賴。如果制定台灣憲法，台灣和中國是不同國家就很明確，而中國主張的「統一」就是侵略也變成很明白的事，美國就容易防衛台灣。而且，制定台灣憲法也和美國的國家利益一致。台灣一旦被中國併吞，台灣海峽、巴士海峽就會處在中國的支配之下，中國已經在領海法上將大部分區域劃定為自國領海的南海，實質上就會變成中國的領海，日本視為生命線的海上交通線便會受到中國的壓制。對此問題憂心忡忡的日本人不少，如果能夠向日本說明，防衛台灣就必須制定台灣憲法，或許日本政府或日本的政治家也會挺身說服美國。

如果能對國內做如下說明，相信民眾也能理解：以中華民國的國名，無論是加盟聯合國或復歸國際社會都是不可能的，而且，也不可能讓中國停止對台灣的武力恫嚇，因此，變更國名爲台灣是勢在必行。爲此，必須進行公民投票。如果以公民投票決議從中華民國變更國號爲台灣，那麼，制定台灣憲法即可具體化。可是，陳水扁卻在總統就職演說中封閉此道。陳水扁掩耳不聽必須變更國名主張的聲音，在蟬聯的第二任總統就職演說中，又做出和第一任一樣的公開承諾。

陳水扁就任第二任總統不久的二〇〇四年七月，以李登輝先生爲總代表的手護台灣大聯盟，開始策動制定台灣憲法運動，而李登輝先生把我以〈爲什麼需要台灣憲法——以李登輝前總統爲中心開始制憲運動〉爲題，長達二十一頁登載在《自由》二〇〇四年十月號上的這篇論文，做成中譯版小冊子，做爲制定台灣憲法運動的教本。在李登輝先生的推薦下，台灣發行量最大的《自由時報》，在九月二十一日以三頁版面登載這篇論文。在前面引用的《Voice》特稿中，李登輝先生曾寫到：「（陳水扁）想要舉行台灣加盟聯合國的公民投票，但時期尚早。很遺憾，現在的台灣不具加盟聯合國的資格。在台灣常使用『台灣在實質上是一個國家，是獨立具有主權的國家』的說詞，但是，這個『國家』欠缺法律的佐證。」台灣的正式國名是中華民國，因此，在法律上不能說是主權國家，當然沒有加盟聯合國的資格。

雖然馬英九的中國人意識強烈，不過以他的性格來說，並非沒有發生大變化的可能性。他在南部的台灣人家庭Long Stay時，應該深切了解到南部人擁有根深柢固的台灣人意識。因這次對追求自由的西藏人進行殘酷鎮壓，中國人民在中國共產黨獨裁政治下飽嚐痛苦生活的實情已廣泛爲世人所獲知。在年輕階層裡，台灣人意識已浸透到台灣的中國系是不容否定的事實。馬英九當選總統後，由台灣智庫針對美國、日本、中國、韓國的好感度所進行的民意調查，結果日本以36.6%高居第一位，美國以24.3%屈居第二位，韓國是5.1%，中國僅占3.0%敬陪末座。期待馬英九政權推展加盟聯合國政策的人有71.3%，反對的只有6.9%。當民眾廣泛認識到不變更國名就不能加盟聯合國後，馬英九應該也很難漠視這股民意吧！

馬英九公開承諾要和中國形成共同市場的主張，似乎獲得多數民眾的支持，但是，究竟要以哪種形式簽訂協定呢？中國根本不以民進黨政權爲談判對象，即使國民黨是在野黨，胡錦濤主席還是和連戰主席進行協議。當然，中國可能會和馬英九政權交涉，但是，不可能在中國共產黨和中國國民黨之間簽訂協定。無論是歐盟（EU）或北美自由貿易協定（NAFTA），都是在主權國家間的條約下成立的。中國共產黨不承認中華民國的存在，因此，中華人民共和國不可能和中華民國簽訂條約。做爲中國的一部分，要將台灣市場納入中國市場，是台灣民眾絕對不容許的做法。攸關國家安全保障的和平協定，若非主權國家間的協定，就很難簽訂。對於台灣的安全保障，美國有很深入的參與，因此，不可能漠視美國來簽訂和平協定吧！美國的布希政權還以抨擊陳水扁總統來支援馬英九呢！馬英九留學哈佛大學，取得博士學位，受到美國的影響很深，對美國似乎很有親切感。如果有美國政府的介入，中國保障台灣海峽的和平就算是好事，但是，這是意味放棄「統一」，我想，中國是不可能接受的。馬英九表示「盡快簽訂和平協定」，似乎認為此事能簡單進行。不過，或許他很快就會知道簽訂協定並不容易。李登輝先生主張「不要思考如何處理和中國大陸的關係，首要考慮台灣國內的安定」，這或許是比較正確的。

如果馬英九認真思考台灣的未來，想要留下媲美李登輝總統所進行的台灣民主化的政績，或許就會贊成變更中華民國的國名。如果不想拿下「統一」的看板，就不要拿下。國家和國家為了以對等的立場統一，必須依據主權國家和主權國家之間的條約，以中華民國的國名，在國際社會上是不被承認為主權國家的，這說明非變更國名不可。五十八歲的馬英九成為總統後，死抱中華民國不放的元老應該會急速失去影響力。只要馬英九決斷執意要變更國名，國民黨已占有立法院近四分之三的席位，加上民進黨的絕對贊成，立法院幾乎是會全體一致，鼎力協助馬英九完成劃時代的大事業。

民進黨返回初衷，開始群眾運動

這次總統大選的前後十日間，我正好在台灣。總統大選已如此迫近，但在台北市卻完全感受不到大選的氣氛。三月十六日，在台灣的主要都市，以民進黨爲中心，舉行一場支持謝長廷的最大遊行活動。頭戴寫有「逆轉勝」的紙帽行進於各主要街道，到了下午三時十四分時反轉帽子，然後從隊伍的先頭反時針逆行，和人擦身時擊掌並大喊口號。三時十四分隊伍反轉，是爲抗議三年前的三月十四日中國制定的「反分裂國家法」。我是在瀕臨太平洋的花蓮市參加這項行進活動。我覺得參加人數遠超過一萬人，但是，行進商店街時卻幾乎看不到甚麼熱烈反應。可能花蓮是國民黨擁有強大勢力的都市吧！而參加遊行活動的人大多數是從台北趕來的。以台灣全境來說，合計聚集了目標約一百萬人，但是，和四年前的手護台灣活動的聲勢迥然不同。四年前是由手護台灣大聯盟主辦，從台灣的南端一路到北端，沿著面向中國的西岸，形成手牽手的鎖鍊，雖然目標是一百萬人，但最後卻聚集了二百二十萬人，遊行活動熱烈非凡。三月二十一日夜，我前往台北市新公園參加民進黨主辦的集會，熱騰的氣氛只有籠罩在現場，離開會場一步，街道的景況和平常沒兩樣。三月二十二日，總統大選的投票在下午四時截止，隨後立即開始開票。不到三十分鐘，馬英九獲得壓倒性勝利的態勢已明朗化。

投票給馬英九的大部分選民，並不是希望和中國統一而投下這一票。單純認爲國民黨是統一派、民進黨是獨立派的觀念，已經跟不上時代了。投票給國民黨的人，幾乎都反對

「統一」，而是衷心期望能維護台灣獨立的獨立派。

李登輝總統時代的國民黨，大力推行台灣的民主化和中華民國的台灣化。因連戰主席推進急切接近中國共產黨的統一路線，才讓民眾對國民黨產生急進統一派的印象，但這不代表黨內的多數意見。在這八年間，國民黨內也進行世代交替，執拗「統一」的元老力量式微，反對「統一」的年輕一輩勢力確實增強。只要領導者以此方向爲目標，現在的國民黨可能比李總統時代更容易推展台灣化路線。

三月二十四日，我受邀參加台灣某好友的團體約每月一次的懇談會。召開這項聚會時，如果剛好我人在台北，都會受邀參加。直到現在，我已經參加好幾次。參加者以夫妻檔居多，是大家邊吃晚餐邊聊的聚會，過去我參加時都只有十來人，但今晚卻聚集了約二倍的人。席上有國家安全會議秘書長陳唐山（三日後，被任命爲總統府秘書長兼政權交接委員會主委）、立法委員蔡同榮、羅福全（前亞東關係協會會長、前駐日代表）等交情長達四十年的好友（他們都是長達三十年間被禁止回國，在美國的台灣獨立聯盟活躍的人物），以及李登輝之友會的黃崑虎會長等，大多數都是和我交往親密的人。

陳唐山說：「前天，原本預定要前往英國出差，因陳總統認爲總統大選可能以極小差距獲勝。以微小差距敗陣的國民黨，或許會發生暴動也不一定。在此之下，或許中國會趁勢發動某種行動，所以我被告知不要離開台灣。」民進黨的高層對這樣的大敗似乎大感意外。立法委員選舉和總統大選的大敗原因，正是這次聚會的話題。因占立法院多數的在野黨的反對，使民進黨主張的政策幾乎無法實現，進而使民進黨變成無能。另外，陳總統周圍的人或黨幹部的貪汙，也是因素之一，雖然相對於國民黨的貪汙，這只能說是小巫見大巫，但這不是理由，民衆對民進黨的貪汙出現強烈的反彈。如此這般，列舉了各式各樣的理由。但是，歸納大家的意見，一致認爲最大的敗因，在於民進黨內激烈的派系鬥爭，大家無法團結一心，以及組織力的弱化。原本是從群衆運動出發的民進黨，在取得政權後便忽略組織運動，終至難以收拾的後果，所以，必須回到原點重新開始。

席間，我針對連戰和胡錦濤的約定、馬英九公開承諾推進和中國和平協定的危險性提出質問，然而卻未獲得滿意的回答。有人說「這是以撤除瞄準台灣的飛彈爲條件，所以不會有問題」，在我反駁時，陳唐山說道：「我們和美國有進行緊密的軍事交流。」聽到這句話，我便了然於心。

二〇〇五年十二月，我拜見李登輝先生時，李先生提到在他擔任總統時代，每年都會進行三次美國、日本、台灣的緊密三國軍事會談，他感慨的說：「陳水扁究竟在做甚麼呢？」擔任國家安全會議秘書長的陳唐山，可能使美台間的緊密軍事交流復活了。

一九七九年，美國和中國締結邦交，和台灣斷交後，也廢棄美台安保條約，但是，卡特政權並沒有準備之後台灣的安全保障政策。依據由美國國會制定的台灣關係法，其後美國在台灣的安全保障上扮演重要的角色。當時台灣獨立聯盟的幾位幹部協助美國的有力議員制定台灣關係法，此時成爲台灣方面中心人物的就是陳唐山。他住在華盛頓特區，和美國有力議員交往緊密，才能夠承擔如此重大的任務。

在和台灣友人的懇談中，我深切感受到即使民進黨大敗，但他們並未失去奮鬥的幹勁。對於民進黨意料之外的大敗，我也深感驚愕，但並沒有帶來很大的衝擊。或許早已預料民進黨會敗北吧！在二〇〇六年八月由自由社出版的拙作《瀕臨危急存亡的台灣──如果中國併吞台灣，就把日本做爲屬國》，在序文的一開頭我就這樣寫：

台灣的陳水扁政權，現在已成死屍。二、三年來，執政的民主進步黨正急速腐敗中。二〇〇五年，前總統府副秘書長的貪汙曝光，陳總統夫人有關股票交易問題被質疑，而二〇〇六年五月，陳總統的女婿因涉嫌股票內線交易而遭到拘留。五月三十一日，陳總統發表將內政的政策決定權以及內閣人事權等下放行政院長，即使如此，仍然平息不了批判之聲，要求陳總統辭職下台的聲浪高漲。因選舉制度從中選區制變更爲小選區制，二〇〇七年的立法委員選舉，預測中國國民黨會獲得壓倒性的勝利，緊接著二〇〇八年三月的總統大選，國民黨奪回政權的可能性頗高。

和我一樣擔心、期待民進黨重建的民進黨支持者或許爲數頗衆。可是，看到黨內沒有爲了重建民進黨而團結一致，只是一味耽溺於派系鬥爭，因而從民進黨離心而退出的人可能也不少。民進黨是應該敗而敗。民進黨可能要回到初衷，從原點重新開始。民進黨應該展開群衆運動，讓全國民衆了解，爲了使台灣成爲被承認的主權國家，復歸國際社會，就必須變更中華民國的國名。

台灣國民文化運動

Let Taiwan be TAIWAN

台灣人應該覺悟，台灣建國之路，絕不能完全寄望在政黨與政治力量。台灣主體性的根源問題以及台灣國民靈魂的集體形塑和進化，是國家永遠不可動搖的基石，應該從文化奠基，經由社會覺醒才能眞正實現。

讓台灣成爲主權獨立的新國家，讓台灣人受到世界各國的尊敬是台灣運動者的最高目標。在當下媒體與教育的生產和市場價值體系仍受中國文化種族主義信仰的管控下，必須重新啓動台灣知識文化的第二波心靈改造進化工作，重新建構台灣人主體性文化符號價值的生產與市場價值體系，以形塑一代接一代台灣人的靈魂品質。基於此，我們發起「台灣新文化知識運動」，希望海內外台灣人共同爲台灣文化根源的生命力播下種籽，直到開花結果。我們建議各位台灣志士共同以下列方式，一起努力。

一、寫作並發表培育台灣人意識，或啓蒙人類共同普遍價值的心得或研究。

二、發行推動本運動的刊物及網站。

三、捐助推動本運動的資金。

四、每年至少以台幣一萬元購買台灣文史書籍，強化台灣意識。

五、過年過節希望以送書取代禮物。

六、普遍設置家庭圖書館。

七、成立社區讀書會的結盟組織。

台灣國民文化運動

【新國民文庫】出版基金

主催：黃文雄（Ko Bunyu）

計劃：本著台灣精神・台灣氣質意旨，五年內將出版100本台灣主體意識、國民基本智識、及文化教養啓蒙書。

参與贊助基金：每單位日幣10萬元、或美金1千、或台幣3萬以上。

贊助人權益：基金贊助人名單將於每本新國民文庫叢書上登載。並由台灣國民文化運動總部製頒感謝狀一幀。贊助人可獲台灣國民文庫陸續出版新書各１部，享再購本文庫及前衛出版各書特別優惠。

日本本舖：黃文雄事務所

〒160－008日本東京都新宿區三榮町9番地

Tel：(03)33564717　Fax：(03)33554186

e-mail：humiozimu@hotmail.com

台灣本舖：前衛出版社

11261台北市關渡立功街79巷9號

Tel：(02)28978119　Fax：(02)28930462

e-mail：a4791@ms15.hinet.net

國家圖書館出版品預行編目資料

台灣 建國：和台灣人共同走過的四十七年／宗像隆幸著；楊鴻儒 譯. - - 初版.- - 台北市：前衛，2008.05
352面；15×21公分

ISBN 978-957-801-588-3（平裝）

1. 宗像隆幸　2. 回憶錄　3. 台灣獨立運動

576.333　97005429

台灣 建國——和台灣人共同走過的四十七年

著　　者　宗像隆幸
譯　　者　楊鴻儒
責任編輯　周俊男
美術編輯　宸遠彩藝
出 版 者　台灣本鋪：前衛出版社
11261 台北市關渡立功街79巷9號
Tel：02-2897-8119　Fax：02-2893-0462
郵撥帳號：05625551
E-mail：a4791@ms15.hinet.net
http://www.avanguard.com.tw
日本本鋪：黃文雄事務所
humiozimu@hotmail.com
〒160-0008 日本東京都新宿區三榮町9番地
Tel：03-33564717　Fax：03-33554186
出版總監　林文欽　黃文雄
法律顧問　南國春秋法律事務所　林峰正律師
總 經 銷　紅螞蟻圖書有限公司
台北市內湖舊宗路二段121巷28、32號4樓
Tel：02-2795-3656　02-2795-4100
出版日期　2008年5月初版一刷

定　　價　新台幣350元

Printed in Taiwan　ISBN 978-957-801-588-3